REALIEN ZUR LITERATUR

ABT.: A

LITERATURWISSENSCHAFT UND GEISTEWISSENSCHAFTEN

INGEBORG WEBER-KELLERMANN

ANDREAS C. BIMMER

Einführung in die Volkskunde / Europäische Ethnologie

Eine Wissenschaftsgeschichte

2., erweiterte und ergänzte Auflage von
»Deutsche Volkskunde zwischen Germanistik
und Sozialwissenschaften«

MCLXXXV

J. B. METZLERSCHE VERLAGSBUCHHANDLUNG

STUTTGART

CIP-Kurztitelaufnahme der Deutschen Bibliothek

Weber-Kellermann, Ingeborg:
Einführung in die Volkskunde, europäische Ethnologie /
Ingeborg Weber-Kellermann; Andreas C. Bimmer. –
2., erw. u. erg. Aufl. – Stuttgart: Metzler, 1985.
(Sammlung Metzler; M 79: Abt.: A,
Literaturwissenschaft und Geisteswissenschaften)
ISBN 3-476-12079-1

NE: Bimmer, Andreas C.:; GT

1. Aufl. u. d. T.: Weber-Kellermann, Ingeborg:
Deutsche Volkskunde zwischen Germanistik
und Sozialwissenschaften

M 79

ISBN 3 476 12079 1

 Satz und Druck: Gulde-Druck GmbH, Tübingen
Printed in Germany

Vorwort zur 2. Auflage

Die erste Auflage dieses Bändchens hat 1969 aus dem Ausland manch positive Resonanz und aus dem Inland viel negative Kritik erfahren. Sie reichte von berechtigten Hinweisen auf wesentliche Lücken bis hin zu dem destruktiven Wunsch, es möge hoffentlich nie zu einer zweiten Auflage kommen!

Der Verlag bot uns nun die Möglichkeit zu wesentlichen Erweiterungen nach nunmehr 16 Jahren. Das bedeutete für uns nicht nur eine Ergänzung und Aktualisierung der historischen Kapitel mit der fehlenden und inzwischen neu erschienenen Literatur. Es wurde auch gerade im Rahmen der Wissenschaftsgeschichte versucht, den Ort der Volkskunde in seinem jeweiligen Geschichtsfeld festzumachen und etwas über die Realitäten des »Volkslebens« anzudeuten, das damals der Gegenstand der Volkskunde war oder hätte sein sollen.

Die wesentlichste Erweiterung erfuhr selbstverständlich das letzte Kapitel im Hinblick auf die seit der ersten Auflage vergangenen anderthalb Jahrzehnte. Der »Abschied vom Volksleben«, d.h. die Überwindung einer positivistischen Wissenschaft vom Kanon der Gegenstände, zeigt sich deutlich in den zahlreichen theoretischen und methodischen Bewegungen dieser Epoche. Ausschlaggebend wurde die neue Deutung der Objekte als Zeichensetzungen innerhalb gesellschaftlicher Kommunikationsprozesse. Deren Interpretation sowohl auf synchroner wie auf diachroner Ebene erlaubt erst den Einblick in die kulturellen Wertsysteme der untersuchten Gruppen. Die »Sozialwissenschaften« im Titel des Bändchens, die seinerzeit manchen Anstoß erregten, haben sich also inzwischen durchaus nicht als »Flachufer« (gegenüber dem »Steilufer der Germanistik«) erwiesen, wie Leopold Schmidt damals glaubte feststellen zu müssen, – sondern als ein festes Dach über historischem Fundament. Inzwischen ist die These vom sozialen Kontext, der jeden Forschungsgegenstand umgibt, zur selbstverständlichen Grundlage der Europäischen Ethnologie geworden.

Trotz unserer großen Bemühungen wird auch in diesem Band nicht jeder alles finden, was er sucht, und so werden wir wiederum Kritik ernten und von mancher Seite als subjektiv gescholten werden. Das ist bei einer verhältnismäßig kurzen wissenschaftsgeschichtlichen Zusammenfassung unvermeidlich, hängt aber auch mit einer hier in Marburg besonders geförderten wissenschaftlichen Richtung zusammen. Wir erwarten ein wenig Verständnis dafür, daß wir nicht alles aufzählen konnten, was in den letzten Jahrzehnten erschienen ist (nicht einmal unsere eigenen Publikationen!), – besonders nicht sämtliche Veröffentlichungen mit spezifisch regionaler Thematik. Wir haben durchaus Akzente gesetzt und vermitteln nach bestem Wissen eine Übersicht über die wissenschaftsgeschichtliche Entwicklung unseres Faches. Für die einzelnen Teilgebiete sei zusätzlich auf Sonderbibliographien und Spezialzusammenfassungen verwiesen. Für tatkräftige Mitarbeit haben wir wiederum Dorothea Zeh zu danken.

Die erste Auflage des Metzlerbändchens hat sich besonders für Einführungs-Lehrveranstaltungen und bei Prüfungsvorbereitungen bewährt. Wir wünschen auch dieser zweiten Auflage eine Erkenntnis-fördernde Funktion und widmen sie wiederum den Studenten.

Andreas C. Bimmer — Ingeborg Weber-Kellermann

Marburg, am 26. 3. 1985

Vorwort zur 1. Auflage

»... so läßt sich hier auch wohl behaupten, daß die Geschichte der Wissenschaft die Wissenschaft selbst sei.«
(Goethe »Zur Farbenlehre«, Vorwort)

Mit diesem Büchlein sei einer jungen Forschergeneration und den interessierten Vertretern der Nachbardisziplinen das Fach der *deutschen Volkskunde* neu präsentiert. Sein altmodischer und auch veralteter Name, der allzu leicht »völkische« Erinnerungen weckt oder volkstümelnde Sehnsucht nach vorgeblich heilen traditionsreichen Zuständen zu spiegeln scheint, kann ihm zum Hemmnis werden auf dem Wege zur Einstimmung in den Chor moderner Wissenschaftsbereiche. Bei näherem Zusehen umgreift er jedoch heute ein Fach, das sich seiner notwendigen Wandlungen im methodischen Ansatz wie im sozialwissenschaftlichen Selbstverständnis voll bewußt ist.

Seine an Umwegen, aber auch an Farbe reiche Geistesgeschichte bewegt sich auf weiten Strecken in dichter Nähe zu derjenigen der *Germanistik*. Insbesondere die Stoffgebiete der Volkspoesie sind hier kaum zu trennen und fanden neuerdings entsprechend gründliche Behandlung (vgl. Bausinger und ›Sammlung Metzler‹, Abt. Poetik). Weniger gut steht es mit neuer Literatur zum gesamten Umkreis des Faches.

Beitls überarbeitungsreifes »Wörterbuch der deutschen Volkskunde« kann nur mit großen Vorbehalten genannt werden, ebenso die materialreiche »Deutsche Volkskunde« von Adolf Bach. Sehr nützlich dagegen bleibt die Quellenanthologie von Gerhard Lutz, der man einen Fortsetzungsband wünscht.

Deutlicher zeigt sich das Bild des sich wandelnden Faches im üppigen volkskundlichen Blätterwald, in dem seit 1967 auch ein hoffnungsvolles Studentenblättchen sprießt. Hier zeigt sich klar, daß die heutige Volkskunde sich ihrer überregionalen und interdisziplinären gesellschaftlichen Aufgaben ebenso bewußt ist wie ihres völkerverbindenden Charakters im interethnischen Bereich. Wünschenswert wäre eine umfassende Wissenschaftsgeschichte der europäischen Volkskundeforschung, wie sie Giuseppe Cocchiara (1904–1965) aus italienischer Sicht angelegt hat.

Der vorliegende historische Abriß möchte der Erhellung geistesgeschichtlicher Kräfte und epochaler Einflüsse dienen und dem wissenden Verständnis für die Volkskunde. Mein Dank gebührt vor allem Ernst Metelmann, dem Herausgeber der ›Sammlung Metzler‹, der mich zu diesem Band ermutigte und mir mit seiner reichen Literaturkenntnis hilfreich war. Für Unterstützung bei den Korrekturen habe ich Annemie Schenk und für technische Mitarbeit Helga Vonhof und Dorothea Zeh zu danken.

Marburg/Lahn, im Oktober 1968

Ingeborg Weber-Kellermann

Inhalt

Allgemeine neuere Literatur zur Volkskunde:

Bach, Adolf: Deutsche Volkskunde. Wege und Organisation, Probleme, System, Methoden, Ergebnisse u. Aufgaben, Schrifttum. Mit 57 Skizzen u. Karten [3]1960.

Bausinger, Hermann: Volkskunde. Von der Altertumskunde zur Kulturanalyse. (1971), Neuauflage 1979.

Bausinger, Hermann; Jeggle, Utz; Korff, Gottfried; Scharfe, Martin: Grundzüge der Volkskunde. 1978.

Beitl, Richard (Hrsg.): Wörterbuch der deutschen Volkskunde. 2., neubearb. Aufl. 1955; 3., neubearb. Aufl. 1974 (unter Mitarbeit von Klaus Beitl).

Cocchiara, Guiseppe: Storia del folklore in Europa. 1954.

Francis, Emerich: Ethnos und Demos. Soziologische Beiträge zur Volkstheorie. 1965.

Gerndt, Helge: Kultur als Forschungsfeld. Über volkskundliches Denken und Arbeiten. 1981.

Greverus, Ina-Maria: Kultur und Alltagswelt. Eine Einführung in Fragen der Kulturanthropologie. 1978.

Handwörterbuch des deutschen Aberglaubens. Hrsg. v. E. Hoffmann-Krayer u. H. Bächtold-Stäubli. 10 Bde. 1927–1942.

Hultkrantz, Åke: General Ethnological Concepts. International Dictionary of Regional European Ethnology and Folklore. 1960ff.

IRO-Volkskunde. Europäische Länder. Beharrung und Wandel der europäischen Volkskultur in der Gegenwart. Hrsg. v. Torsten Gebhard u. Josef Hanika. 1963.

Jacobeit, Wolfgang: Bäuerliche Arbeit und Wirtschaft. Ein Beitrag zur Wissenschaftsgeschichte der deutschen Volkskunde. 1965.

König, René (Hrsg.): Handbuch der empirischen Sozialforschung. 1973.

Kuczynski, Jürgen: Geschichte des Alltags des deutschen Volkes. Studien. 5 Bände. 1980ff.

Lutz, Gerhard (Hrsg.): Volkskunde. Ein Handbuch zur Geschichte ihrer Probleme. 1958.

Mühlmann, Wilhelm Emil: Homo Creator. Abhandlungen zur Soziologie, Anthropologie u. Ethnologie. 1962.

Nixdorff, Heide u. Thomas Hauschild: Europäische Ethnologie. Theorie- und Methodendiskussion aus ethnologischer und volkskundlicher Sicht. 1982.

Sammlung Metzler, Abt. Poetik: M. Hain: Rätsel. 1966; E. Leibfried: Fabel. [4]1982; M. Lüthi: Märchen. [7]1979; L. Röhrich: Sage. [2]1971; H. Rosenfeld: Legende. [4]1982; W. Suppan: Volkslied. [2]1978.

Ranke, Kurt: Enzyklopädie des Märchens. Handwörterbuch zur historischen und vergleichenden Erzählforschung. 1975ff., Bd. 1ff.

Schmidt, Leopold: Gegenwartsvolkskunde. Eine bibliographische Einführung. Wien 1976.

Stammler, Wolfgang (Hrsg.): Deutsche Philologie im Aufriß. Bd. III. 2., überarb. Aufl. 1967. Sp. 2547–3050: V. Abt. Volkskunde.

Svensson, Sigfrid: Einführung in die Europäische Ethnologie. 1973.
Wiegelmann, Günter; Zender, Matthias; Heilfurth, Gerhard: Volkskunde. Eine Einführung. 1977.
Wildhaber, Robert: Internationale volkskundliche Bibliographie. 1917ff.; Brednich, Rolf-W. (Hrsg.) seit 1976.

Periodica

Bayerisches Jahrbuch für Volkskunde. 1950ff.
Bayerische Blätter für Volkskunde. 1974ff.
Beiträge zur deutschen Volks- und Altertumskunde. 1954ff.
Demos. Volkskundliche Informationen aus den Volksdemokratien. 1960ff.
Deutsches Jahrbuch für Volkskunde 1955ff.; Jahrbuch für Volkskunde und Kulturgeschichte. NF 16 (1973).
Die Nachbarn. 1948ff.
Ethnologia Europaea. 1967ff.
Fabula. Zeitschrift für Erzählforschung. 1957ff.
Hessische Blätter für Volkskunde. 1899ff.; Hessische Blätter für Volks- und Kulturforschung. NF 1975/76ff.
Jahrbuch für Volkskunde. Im Auftrag der Görres-Gesellschaft. NF 1978ff.
Jahrbuch für ostdeutsche Volkskunde. 1955ff.
Jahrbuch für Volksliedforschung. 1928ff.
Jahrbuch des österreichischen Volksliedwerkes. 1952ff.
Kieler Blätter zur Volkskunde. 1969ff.
Österreichische Zeitschrift für Volkskunde. 1895ff.
Rheinisches Jahrbuch für Volkskunde. 1950ff.
Rheinisch-Westfälische Zeitschrift für Volkskunde. 1951ff.
Mitteilungen der Deutschen Gesellschaft für Volkskunde. 19ff.; dgv-Informationen. 1971ff.
Notizen (Frankfurt). 1974ff.
Schweizer Volkskunde.
Tübinger Korrespondenzblatt. 1970ff.
Volkskunde-Forum. Zeitschrift für Volkskunde-Studenten. 1967–1969.
Volkskunde in Niedersachsen. Berichte – Mitteilungen – Termine. 1984f.
Volkskunst. Zeitschrift für volkstümliche Sachkultur. 1978ff.
VRRM-Mitteilungen. Korrespondenzblatt des Volkskunderates Rhein-Maas. 1982ff.
Württembergisches Jahrbuch für Volkskunde. 1952ff.; ab 1970 unter dem Titel: Forschungen und Berichte zur Volkskunde in Baden-Württemberg; ab 1985 unter dem Titel: Beiträge zur Volkskunde in Baden-Württemberg.
Zeitschrift für Volkskunde. 1891ff.

Atlanten

Atlas der deutschen Volkskunde. NF hrsg. von Matthias Zender. 1959ff.

Atlas der schweizerischen Volkskunde. Hrsg. v. Paul Geiger u. Richard Weiß. 1951ff.

Österreichischer Volkskundeatlas. Hrsg. v. Ernst Burgstaller u. Adolf Helbok. 1959ff.

I. Vorläufer und erste Ansätze

Beschreibt man den Inhalt volkskundlichen Forschungsstrebens als Dialogie zwischen dem Volksleben selbst und der Einordnung und Interpretation der aufgesammelten Volkslebensäußerungen, so wäre die Volkskunde so alt, wie es intellektuelle Beobachter dieses Volkslebens gibt.

Die Antike kannte bereits eine »Laographie«, und Herodot (ca. 485–425 v. Chr.) verband erdkundliches und geschichtliches Wissen mit seinen Reiseerfahrungen zu einer Art von Völkerkunde seiner Zeit. Als unterhaltsamer Autor der Periklesepoche und Freund des Sophokles kannte er den kolonialen Einzugsbereich der Griechen und beschrieb als nördlichstes Volk die Skythen in Südrußland. Er gehörte zu den »Logographen« seiner Zeit, d. h. also zu den Geschichts- und Geschichtenschreibern und fügte Geschehenes und Gehörtes zu einem bunten Bild zusammen, das damals auch für Wirtschaft und Politik von informativer Bedeutung war.

Fünfhundert Jahre später beschrieb der Römer Tacitus (50–116) in seiner »Germania« (98) ein fremdes Nachbarvolk aus dem kulturpädagogischen Blickpunkt des römischen Patrioten und vermittelte der Nachwelt unschätzbare Kenntnisse frühgeschichtlichen Lebens. Wenn jedoch Wilhelm Heinrich Riehl (s. Kap. V) Tacitus als den »Propheten der selbständigen Volkskunde« preist, so geht er damit zu weit in der Aufwertung eines Berichterstatters, der doch hauptsächlich an den kriegerischen Qualitäten der Germanen interessiert war und seinen verweichlichten Landsleuten einen Spiegel vorhalten wollte.

Die nächste Epoche dokumentierbaren erwachenden Interesses am einfachen Leben war das Mittelalter, und im Zeitalter der Kreuzzüge belebte sich die Aufmerksamkeit für fremde Länder und ihre Bewohner. Bald wurde auch eine Erschütterung der traditionellen Herrschaftsverhältnisse und Standesordnungen erkennbar. Neidhart von Reuenthal (1. Hälfte des 13. Jahrhunderts) bezeugt mit seinen jahreszeitlich charakterisierten Tanzliedern bayerisch-österreichischer Prägung eine neue Richtung dichterischer Zwiesprache zwischen adligem Hofmann und derben Dorfleuten. Bei Walther von der Vogelweide (um 1170 bis um 1230) findet sich dann der Gedanke an ein die Stämme verbindendes Reich.

Mit dem Beginn der Neuzeit, als das Band des Christentums von den Völkerindividualitäten abfiel, als sich das Interesse an der irdischen Welt machtvoll regte, als in Italien das Wesen der Wissenschaft in der Wahrheitsfindung erkannt wurde, bereitete sich langsam der Boden für ethnische und nationale Wissensbereiche. Im Zeitalter des Humanismus, in der Renaissance und im Reformationsjahrhundert knüpften sich die Fäden zur Geisteshaltung der Antike, öffneten die Entdeckungsfahrten nach Übersee den Blick für die Eigenarten ferner Völkerschaften, beflügelte der kulturelle Wettstreit mit Italien die Anteilnahme am eigenen Volkstum.

Das erste Beispiel einer deutschen Stammesvolkskunde lieferte der Karthäuserprior Werner Rolevinck (1425–1502) mit seinem »Lob Altsachsens« von 1478. Der Heidelberger Kanzelredner Rudolf Agricola (1443–1486) forderte die lebensnahe Erforschung von Ländern und Völkersitten.

Aus realistischer Kenntnis des Volkslebens schöpfte der Straßburger Gelehrte Sebastian Brant (1458–1521) die Metaphern zu seinem großen Lehrgedicht »Das Narrenschiff« von 1494, dem der Freund Johannes Geiler von Kaisersberg (1445–1510) die Stoffe für 110 seiner volkstümlichen deutschen Predigten entnahm. – Der mainfränkische Priester Johannes Boehm, genannt Bohemus (1490–1533) publizierte 1520 seine »Fundgrube«, eine Art von volkskundlichem Zeitbild im Sinne eines humanistischen Gegenstücks zu Tacitus' »Germania«, in der zum erstenmal der Stand des Bauern gegenüber Klerus, Adel und Bürgertum positiv herausgearbeitet wurde.

1521 folgte »Omnium gentium mores et ritus« mit einer geographischen Aufteilung der bekannten Völker Europas, Asiens und Afrikas und dem Versuch von naiven Einzelschilderungen über Wesensart, Nahrung, Tracht, Wohnen, Volks- und Festbrauch. Kulturphilosophisch setzt er eine gottgewollte Entwicklung vom paradiesischen Urzustand über barbarisches Naturleben bis zur Zivilisation im Zeichen des Christentums voraus.

Das »Weltbuch« (1534) des Sebastian Franck (1499–1542), der sich als Schüler des Bohemus bezeichnete, enthält eine Fülle von Anregungen aus dessen Werk, betont aber noch stärker die christlichen Werte. So entsteht eine ganze Reihe von »Weltbüchern« in dieser Zeit der Welt-Neuentdeckungen.

Die Brantschen Metaphern nahm Thomas Murner (1475–1536) in seinen gesellschaftskritischen Dichtungen »Narrenbeschwörung« und »Schelmenzunft« (1512) wieder auf. – Eine wahre Goldader für die Kenntnis reformationszeitlichen Volkstums aber ist das Werk des großen Satirikers Johann Fischart (um 1546–1590), besonders sein »Gargantua« von 1575, den er dem »Gargantua et Pantagruel« (1534/1555) des Franzosen François Rabelais (um 1494–1555) nachgedichtet hatte.

Straßburg, der Wirkungsort von Fischart, Brant, Kaisersberg u. a., war damals ein wirtschaftliches und kulturelles Zentrum Europas mit seinen Druckereien und seinem hochentwickelten Kunsthandwerk. Schon 1529 hatte sich dort die Reformation durchgesetzt, es galt als Refugium für Ketzer und Hugenotten, und Geiler von Kaisersberg predigte von der Kanzel gegen dogmatische Engstirnigkeit und Zinswucher; 1570 kam Fischart in die Stadt und veröffentlichte dort seine komisch polemischen Streitschriften: »Aller Praktik Großmutter« (1572), ein Spott gegen wahrsagende Kalendermacher; »Flöh Hatz, Weiber Tratz« (1573), ein allegorisches Zeitgedicht; »Das glückhafte Schiff von Zürich« (1576); »Philosophisch Ehezuchtbüchlein« (1578).

Ist auch auf diese Weise die Kulturgeschichte der frühen Neuzeit reich belegt durch eine üppige Literatur, die die derbe Sinnenfreude am Volksleben in Stadt und Land widerspiegelt, so fehlt doch im allgemeinen die reflektierende Auseinandersetzung mit der volkstümlichen Geisteshaltung. Wohl sang Fischart in seinem »Glückhaft Schiff von Zürich« (1576) ein begeistertes Preislied auf die friedliche Arbeit, die die Welt zu verändern vermöge. Aber das waren Einzelfälle. Meist herrschte, entsprechend der christlichen Weltordnung, das Bild des gottgewollt armen oder tölpelhaft dummen Bauern vor, der in jeder Konfliktsituation der Unterlegene ist, – ein Bild, das der Nürnberger Meistersinger Hans Sachs (1494–1576) zur Unterhaltung einer patrizischen Bildungsschicht in restaurativem Geist in seinen Fastnachtsspielen zeichnete und das eine Korrektur erfahren muß durch die sozialkritische Darstellung der Selbstzeugnisse dieses unterdrückten und notleidenden Standes (Strobach).

Im 17. Jahrhundert entfernte man sich dann in patrizisch-barockaler Haltung immer mehr von einem einfühlsamen Verstehen des niederen Volkes hin zu einer geistigen Exklusivität, in der das Volk nur als »Pöbel« Raum hatte. Den Doktorarbeiten, Predigten und Traktaten dieser Zeit war die volkstümliche Glaubenswelt nichts anderes als bekämpfenswerter Aberglaube; den Fürstenhöfen mit ihrer selbstdarstellerischen Prachtentfaltung diente volkstümliche Motivik zur Kulisse und zum Kostüm ihrer Aufzüge und Inventionen. Volkskünstlerische Leistungen wurden bestenfalls wie Kuriositäten in die Wunderkabinette der Schlösser eingesammelt als absonderliche Zeugnisse kulturellen Tiefstands.

Die gesellschaftliche Ordnung war fest in ständische Zwänge gefügt, wofür die bildliche Darstellung der Ständetreppe ein klares Muster abgibt. Zu den Figurationsgefügen dieser Zeit gehörte eine Fülle von Ordnungen, Kleidervorschriften und Etiketten der verschiedensten Art, die die Abgrenzung der gesellschaftlichen Gruppen voneinander markierte. Norbert Elias hat u. a. die Hierarchie der Wohnhäuser als Symbol der sozialen Hierarchie dargestellt, aber auch die Zeremonien des königlichen levé's, die Etiketten des Vortritts u. v. a. m. Die älteste Schwester Friedrichs II., die Markgräfin Wilhemine von Bayreuth (1709–1758) beschreibt in ihren »Memoiren« bis ins kleinste die »höfischen Manieren«, will sagen: die Etikette, die das Verhalten bestimmte und jedem seinen »richtigen« Platz zuwies. Es ist übrigens von großem Interesse zu beobachten, wie insbesondere das Bauerntum bis in unser Jahrhundert derartige Regeln, angepaßt an die soziale Zone des Dorfes, übernommen und befolgt hat. In der Zeit der voll funktionierenden, von der höfischen Gesellschaft bestimmten Standesordnung stand die Landbevölkerung, großenteils noch in Leibeigenschaft gebunden, an den unteren Stufen der ständischen Treppe – entsprechend dem Kinder-Ballspielvers:

Kaiser – König – Edelmann –
Bürger – Bauer – Bettelmann.

Auf wissenschaftlichem Gebiet brachte das 18. Jahrhundert eine Wendung, als der Italiener Giambattista Vico (1668–1744) durch sein Werk »Prinzipien einer neuen Wissenschaft über die allgemeine Natur der Völker« (1725) der Geschichtsbetrachtung einen völlig neuen Inhalt zu geben suchte. Er sah die Geschichte der Menschheit sich in drei Zeitaltern entwickeln: 1. dem Zeitalter der Götter (mit einer Priesterkastenherrschaft); 2. dem Zeitalter der Heroen (mit einer aristokratischen Herrschaft); 3. dem Zeitalter der Menschen mit volksfreien Republiken und humanen Monarchien. Nach eigener Übereinkunft hätten sich die Völker ihre Sprachen geschaffen, über die sie absolute Herren seien, ebenso wie über ihre humanen Regierungsformen. So sei es der »Volksgeist« selbst, der den Gesetzen ihre Gesinnungen liefere, und die allenthalben übereinstimmenden Ideen gäben der geistigen Entwicklung der einzelnen Völker wie der ganzen Menschheit die Triebkräfte. Geschichte ist also für Vico nicht mehr das Werk einzelner »Genien« oder staatspolitischer Führer, sondern die Formung eines naturgegebenen kollektiven Menschengeistes, der sich in den verschiedenen Völkerpersönlichkeiten Ausdruck schafft.

Endlich war für ihn und seine Anhänger das »Volk« aus seiner Verbannung in die Niederungen des Pöbels erlöst. Die geschichtliche Entwicklungslehre des italienischen philosophischen Revolutionärs integrierte es in den Gesamtverband der kulturtragenden und -schaffenden Bevölkerung; damit stand er im Zusammenhang politischer und staatsrechtlicher Gesellschaftsauffassungen, wie sie sich im Zeitalter des Absolutismus voll entfalteten.

Literatur

Boehm, Johannes: Repertorium librorum trium Joannis Boemi de omnium gentium ritibus etc. Augsburg 1520.

Bolte, Johannes: Der Bauer im dt. Liede. 1890.

Brant, Sebastian: Das Narrenschiff. Straßburg 1494; Textausgabe von *Fried-*

rich Zarncke. 1854, reprograph. Nachdruck 1964; Übertragungen ins Neuhochdeutsche erschienen z.B. 1958, 1962 (Neudrucke dt. Litwerke. NF. 5), 1964. (Reclams Univ.-Bibl. Nr. 898/900.)
Daxelmüller, Christoph: Disputationes Curiosae. Zum »volkskundlichen« Polyhistorismus an den Universitäten des 17. u. 18. Jh. Diss. Würzburg 1979.
Elias, Norbert: Die höfische Gesellschaft. (1969) 1983.
Fehrle, Eugen: Die Germania des Tacitus als Quelle für dt. Volkskunde. In: Schweiz. Arch. f. Vkde 26 (1926), S. 229–253.
Fischart, Johannes: Sämtl. Werke, 3 Bde, hrsg. v. A. Hauffen. 1895ff. (Kürschners Dt. Nationalliteratur.) – Einzelausgaben: Geschichtsklitterung (Gargantua). Text, Glossar. 1963/64; Das Glückhafte Schiff von Zürich. [2]1957 (Neudrucke dt. Litwerke d. 16. u. 17. Jhs. 182), 1967 (Reclams Univ.-Bibl. Nr. 190).
Haller, Albrecht von: Die Alpen. 1729.
Kohler, Erika: Martin Luther und der Festbrauch. 1959.
Mackensen, Lutz: Deutsches Volkstum von Tacitus bis Luther. 1930.
Moser-Rath, Elfriede: »Lustige Gesellschaft« Schwank und Witz des 17. u. 18. Jhs. in kultur- und sozialgeschichtlichem Kontext. 1984.
Peuckert, Will-Erich: Sebastian Franck. 1943; Die große Wende. 1: Das apokalyptische Saeculum und Luther. 1948, reprograph. Nachdruck 1966. – vgl. auch: Festschrift f. WEP. 1955.
Pfister, Friedrich: Anfänge der Volkskunde im alten Griechenland. In: Volkskunde-Arbeit. Lauffer-Festschrift. 1934, S. 37–48.
Rolevinck, Werner: De laude veteris Saxoniae, nunc Westfalia dictae. Lat. u. dt. ed. L. Tross. 1865.
Sachs, Hans: Sämtl. Fastnachtsspiele, 7 Bde, hrsg. v. E. Goetze. 1880/87, reprograph. Nachdruck 1964. – vgl. *Catholy, Eckehard:* Fastnachtsspiel. (Slg. Metzler. 56.) 1966, zu Sachs: S. 50ff.
Schmidt, Erich Ludwig: Von der taciteischen zur humanistischen Germania. In: Dt. Jb. f. Vkde 1 (1955), S. 11–40; Johannes Bohemus ›Das dt. Volk‹ (1520). Schulprogramm 1910.
Sieber, Friedrich: Volk und volkstümliche Motivik im Festwerk des Barocks. 1960. Vgl. zu diesem Thema die Arbeiten von Richard Alewyn: Das große Welttheater. Die Epoche der höfischen Feste in Dokument und Deutung. (Rowohlts deutsche Enzyklopädie 92), Reinbek 1959; u.a.
Spamer, Adolf: Wesen, Wege und Ziele der Volkskunde. 1928; Aberglaubensbekämpfung des Barock. Ein Handwörter-Buch dt. Aberglaubens von 1721 u. sein Verfasser. In: Miscellanea Academica Berolinensia, Bd. II/1, 1950, S. 133–159.
Strobach, Hermann: Bauernklagen. 1964. 1975
Strobach, Hermann: (Hrsg.): Der arm man 1525. Volkskundliche Studie.
Trüdinger, Karl: Studien zur Geschichte der griech.-röm. Ethnographie. 1918.
Vico, Giambattista: Die neue Wissenschaft über die gemeinschaftliche Natur der Völker. Nach d. Ausg. v. 1744 aus d. Ital. übers. v. *Erich Auerbach.* 1966. (Rowohlts Klassiker, Lit. u. d. Wiss. 196/197.)

Wilhelmine von Bayreuth: Memoiren. Eine preußische Königstochter. Glanz und Elend am Hofe des Soldatenkönigs in den Memoiren der Markgräfin Wilhelmine v. Bayreuth. Aus dem Französischen übersetzt von Annette Kolb. Neu hrsg. von Ingeborg Weber-Kellermann (mit einem Sachregister zur Kulturgeschichte). 1981.

Die Entwicklung des Territorialstaates mit seinem zentralistischen Verwaltungsapparat begünstigte nicht nur das landesherrliche, sondern auch das wissenschaftliche Interesse an Land und Leuten. Es waren die großen Werke topographischer Statistik, in denen der Volkskunde breiter Platz eingeräumt wurde, verstanden sie sich doch nicht als dürres Zahlenwerk, sondern als gründliche Statusbeschreibung der Landesbevölkerung. Und so findet sich auch in einer derartigen aufklärerischen Statistik von 1787 ein früher Beleg für den Begriff ›*Volkskunde*‹. Josef Mader (1754–1815), Prager Professor für Reichsgeschichte und Staatenkunde, verwendete ihn im statistisch-beschreibenden Sinne seiner Zeit, der heute wieder völlig modern anmutet: Die Menschen- und Völkerkunde (davon »Volkskunde« als Singular) schildere die Zahl, Eigenschaften und Handlungen der Menschen, ihr häusliches und gesellschaftliches Leben, wofür eine vergleichende Betrachtung sich als unumgänglich notwendig erweise. »Die feinere Schattierung und Temperatur in den Sitten, Gebräuchen, Grundsätzen, die gerade das Individuelle und Charakteristische ausmache, kann man nur durch viele und genaue Vergleichungen bemerken und ausdrücken« (S. 14). Und wenn vielleicht die Statistik im engeren Verstande auch nur die politische Verfassung zum Gegenstand habe, schreibt Mader weiter, so sei diese doch so dicht mit der Denkungs- und Lebensart der Bevölkerung, mit der Religion, den Gewerben, den Sitten und Gebräuchen der Einwohner verbunden, daß man diese Gegenstände nicht trennen könne, da sie nur einer aus dem anderen zu erklären und zu beurteilen seien.

Fünf Jahre früher wurde das Wort Volks-Kunde in einer Reisezeitschrift erwähnt, die typisch war für die Reisemanie der oberen Stände im 18. Jh.: »Der Reisende. Ein Wochenblatt zur Ausbreitung gemeinnütziger Kenntnisse.« ab 1782 in Hamburg erschienen mit dem Ziel, den »Menschen« unter allen Himmelsstrichen zu zeigen, denn die Kenntnis der »Landsleute«, ihrer Sitten, Denkarten, Kenntnisse, Mundarten sei vernachlässigt. Sie aber sei besonders wichtig für Dichter, zeige »natürlichste Einfalt und Sprache, Volks-Lieder, Vergnügungen und Säligkeiten, wovon Städter kaum Begriffe haben!« Im 2. Quartal wird eine Clostergeschichte über den schwäbischen Maientag zitiert von 1778, und darin heißt es:

»Das lehrreiche Buch, aus dem wir gegenwärtig ausziehn, bezieht sich sonst bloß auf den Geistlichen Stand und die gelehrte Erziehung. Das wenige, was zur Volks-Kunde darein verwebt ist, würde also für die meisten Leser, die weder Geistliche sind noch studieren, gleichsam verloren sein, wenn *der*

Reisende es nicht aufläse. Bei dieser Veranlassung bitten wir aber auch alle, denen Volks-Kunde wenigstens ebenso sehr am Herzen liegt, als Kenntnis der Höfe und vornehmen Stände [...], sie wollen solche Volks-Feste nicht vernachlässigen [...].«

Der Wissenschaftsname ›Völkerkunde‹ erscheint zuerst bei J. Chr. Gatterer: Abriß der Geographie. 1778. Abt. »Menschen- und Völkerkunde«; vgl. Helmut Möller in: ZfVkde 60 (1964), S. 220.

Noch deutlicher tritt der Bereich der Volkskunde bei dem Kieler Professor Christian Heinrich Niemann (1761–1832) ins Licht der Wissenschaftsgeschichte. 1802 hatte er eine »Skize zur Beschreibung eines Landdistrikts« veröffentlicht, die auf weiten Strecken den Wert einer Anleitung zur volkskundlichen Terrainforschung besitzt. Neben der Ortsstatistik und -geschichte, der Naturbeschreibung und Witterungskunde und den wirtschaftlichen Verhältnissen lenkte er die Aufmerksamkeit des Befragers auf die Gemeindeverfassung, auf Kirche, Schul- und Sozialwesen und Gesindefragen, auf sämtliche Einzelheiten der Landwirtschaft in ihren Haupt- und Nebengewerben und nicht zuletzt auf die »Kultur- und Sittenkunde«, worunter er aber nicht nur Sitten und Gebräuche versteht, sondern auch das subjektive Verhalten der Bevölkerung zu Kleidung und Nahrung, Arbeit und Feierabend, Armut und Reichtum, Jugend und Alter, Krankheit und Tod. In dem 1807 erschienenen »Abris« faßte er die Ergebnisse in einer »Statistischen Tafel« zusammen, auf der die volkskundliche Thematik unter der Rubrik »Nationalkunde« erschien und mit »Volkssitten- und Kulturkunde« schlechthin die soziopsychologischen Verhaltensweisen gemeint sind, wie sie sich in den überlieferten Gewohnheiten beim Bauen und Wohnen, Sich-Kleiden und Sich-Ernähren, Arbeiten und Feiern zu erkennen geben. Man fühlt sich hier erinnert an die »Mildheimische Sittentafel«, die Rudolph Zacharias Becker (1752–1822) in seinem aufklärerisch pädagogischen Lesebuch 1799 veröffentlichte, damit sie in jedem Bauernhaus als Richtschnur des Handelns an sichtbarer Stelle aufgehängt werden sollte.

Beckers »Noth- und Hilfsbüchlein« war ein Sach- und Unterrichtsbuch für den Bauernstand und zu seiner Zeit eine Art von Bestseller. Eine andere Art von Sachbüchern dieser Zeit bildete die sogenannte »Hausväterliteratur«, Hausbücher, die alles Wissens- und Lernenswerte über den christlichen Hausstand enthielten: Erfahrung und Lehre für die Haus- und Landwirtschaft, Kinder- und Kirchenzucht, Behandlung von Krankheiten bei Mensch und Vieh, aber auch alle möglichen Verhaltensweisen im Arbeits- und Festleben.

Der Versuch der aufklärerischen Statistiker, die Volkskunde in ein größeres Wissenschaftssystem der Landeskunde im weitesten Sinne einzuordnen, war nützlich und brachte, wie Wiegelmann ausführt, sachgerechte und detaillierte Objektbeschreibungen und die »Einbettung der Kultur in die Umwelt von Natur, Wirtschaft und Gesellschaft« (1977, S. 16). Das sagt aber doch nicht genug aus über die Rolle dieser Schriften für die Kenntnis der tatsächlichen Lebensverhältnisse, besonders der damaligen Landbevölkerung. Es herrschte ja noch die Leibeigenschaft. Während in Mitteldeutschland, im Norden, Westen und Süden die Bedingungen der Grundherrschaft galten, d.h. daß die Bauern ihr Land häufig als Pachthof einigermaßen frei bearbeiten konnten, stand das gesamte ostelbische Territorium unter gutsherrschaftlichen Verhältnissen mit einer kaum vorstellbaren arbeitsmäßigen und persönlichen Abhängigkeit der Bauern. Der Breslauer Geschichtsprofessor Christian Garve (1742–1798) hat die wirtschaftlichen Verhältnisse der hörigen schlesischen Bauern und deren Einwirkungen auf ihre Verhaltens- und Denkweisen eindringlich dargestellt:

»Der Charakter der Bauern wird hauptsächlich durch zwey Ursachen bestimmt. Erstlich durch ihre Beschäftigung, die eine körperlich schwere einförmige Arbeit ist und wenig Umgang mit Menschen andrer Stände veranlaßt; zweytens durch ihr bürgerliches Verhältniß, nach welchem sie in einer beständigen Abhängigkeit von einem ihnen gegenwärtigen Herrn leben, dessen Gerichtsbarkeit sie unterworfen und dem sie zu Diensten und Abgaben verpflichtet sind. [...] Kein Stand wird so unaufhörlich der Oberherrschaft gewahr, die andre über ihn haben, als der Bauernstand«,

schreibt er weiter und vergleicht die Situation der Bauern als diejenige der am meisten verachteten Klasse innerhalb der bürgerlichen Gesellschaft mit der rechtlosen Stellung des Judentums innerhalb der deutschen Staaten. Die Erfahrungen der Bauern lehrten diese, den Gutsbesitzer als einen eigennützigen, nur auf den eigenen Vorteil bedachten Herrn zu sehen, der ihren eigenen Interessen grundsätzlich entgegenarbeitet. Daraus ergäbe sich, so meint Garve, ein starkes Zusammengehörigkeitsgefühl der Bauern, ein gewisser Corpsgeist, der sich von Angehörigen anderer Stände nur durch Herrschaft und Zwang beeinflussen ließe. Diese dauernde Konfrontierung mit einem vermeintlichen Gegner, wie Garve urteilt, der ihm durch ausgeübte Macht fürchterlich, durch die geforderten Abgaben und Dienste verhaßt sei, dem er sich aber andererseits auf keine Weise entziehen könne, führe ihn, da offener Widerstand zumeist unmöglich, zu Betrug, List und heimlichen Ränken, weshalb man häufig die Tücke als eine besondere Eigentümlichkeit des bäuerlichen Charakters bezeichne. Als kluger Beobachter bemerkt aber der

Verfasser, daß der Bauer den bürgerlichen »Unterregenten« (Inspektoren, Pächter usw.), die ihm näher stehen und in einer größeren Vertraulichkeit mit ihm leben, im allgemeinen noch feindlicher und unwilliger gegenüberstehe als dem Edelmanne, dessen Recht zu befehlen er für »natürlicher und gegründeter« halte.

So sah es – zumindest in Ostelbien – tatsächlich beim Landvolke aus, das ja damals den größten Teil der Bevölkerung darstellte. Die Beschreibung von Land und Leuten in lobenswerter Sachgenauigkeit diente zudem doch auch den Eroberungskriegen, von denen das 18. Jahrhundert erfüllt war und die nach dem Dreißigjährigen Krieg von den stehenden Söldnerheeren geführt wurden. 20 Jahre Dienstzeit galten als üblich, und um 1740, also zur Zeit des »Soldatenkönigs«, bestand z. B. ein Fünftel der Berliner Bevölkerung aus Soldaten. Von den üblen Anwerbungsmethoden, mit denen die männliche Jugend der kleinen Leute in ganz Europa geködert wurde, berichtet der Schweizer Ulrich Bräker (1735–1798) in seinen Lebenserinnerungen. Er beschreibt, wie er zwangsweise auf die Fahne vereidigt wurde, wie er dem Spießrutenlaufen der Deserteure beiwohnen mußte und wie er schließlich bei einer der Schlachten des Siebenjährigen Krieges glücklich desertieren konnte. Das hört sich freilich anders an als die Friederizianische Kriegsgeschichte, die später mit ihrem Patriotismus die Lesebücher füllte. Dabei hätte schon die Fülle von Desertierungsliedern (vgl. Steinitz: Volkslieder demokratischen Charakters. Bd. I, S. 315 ff.) die Aufmerksamkeit der Volksforscher auf sich ziehen müssen.

Es scheint also, als wären die Topographien von Land und Leuten, die uns Nachfahren so reiche Informationen vermitteln, nicht unbedingt nur um der landeskundlichen Kenntnisse erhoben worden. Man wollte auch die Regierungsfähigkeit dieser Untertanen kennenlernen und Nachrichten für die Verwaltung gewinnen. Man wollte überprüfen, wie sie in das Gefüge der Machthierarchie einzuordnen seien.

Bei den Romantikern fanden die Arbeiten der Aufklärer keinen Widerhall und wurden erst von Wilhelm Heinrich Riehl in gewissem Sinne wieder aufgenommen (s. Kap. V). Aber auch andere wissenschaftliche Arbeiten aus aufklärerischer Gesinnung mit höchst beachtenswerten Gesichtspunkten wurden übersehen. Hier ist die kleine Veröffentlichung des Landpfarrers und Volksschullehrers F. A. K. Fink (1783–1846) zu nennen, der wohl vor allem Anregungen durch die realistischen Zustandsschilderungen des schon genannten Christian Garve erfahren hatte. Nach Finks Meinung sollten alle jene, die von Berufs wegen mit dem Volke zu tun haben, also Lehrer, Geistliche, Verwaltungsbeamte, in ihrer Ausbildung

Kenntnisse von der Lebenswelt des Volkes erhalten, worunter er vornehmlich das Landvolk verstand. Er forderte, daß die Hochschulen eigene Lehrstellen für Volkskunde einrichten sollten, von denen aus man das Sommerhalbjahr dem Erwerb praktischer Erfahrungen auf dem Lande widmen solle und das Winterhalbjahr den notwendigen theoretischen Erörterungen, die einmünden sollten in eine vernünftige und anwendbare Volksbildungskunde. Das gutgemeinte Büchlein fand eine ausführliche Rezension in Cottas »Literaturblatt«, und es ist nicht ohne wissenschaftsgeschichtliche Pikanterie, daß es Achim von Arnim war, der die Schrift des Dorfpfarrers gründlich verriß.

Seltsamerweise hat auch die Reiseliteratur der Aufklärungsepoche in der Geschichte der Volkskunde kaum Resonanz gefunden. Dabei ist sie von mehreren Seiten her von hohem Interesse. Ihre Verfasser waren zumeist scharfe Beobachter, die der Volkskunde eine Menge objektiver Tatbestände liefern, so daß die Reiseberichte in die Reihe der ergiebigen volkskundlichen Quellen einzuordnen sind. Darüber hinaus aber spiegeln sie oft den Stil epochaler Geistigkeit wider, was die Völker- und Stammescharakteristik anbetrifft, den pädagogisch angestachelten Wettbewerb im Hinblick auf die geschilderten nationalen Tugenden und Vorzüge. Wären schon die berühmten Reiseschilderungen dieser Zeit mit Nutzen auszuwerten, wie die Beschreibung einer Reise durch Deutschland von Friedrich Nicolai (1733–1811), Goethes Reisebilder oder diejenigen Friedrich Leopold von Stolbergs (1750–1819), so gilt das auch für die weniger bekannte Reiseliteratur.

Außer dem durch häufige Auflagen bekanntgewordenen »Demokritos« von Karl Julius Weber (1767–1832) sind hier die »Briefe« des Theologen Wölfling zu nennen, der in der damals beliebten Darstellungsform der Briefsammlung die Einwohner »bey ihren alltäglichen Beschäftigungen unter allen möglichen Gesichtspunkten« (S. 9) in ihrer Lebensweise schildert. Da er sich dabei keineswegs auf die Landbevölkerung beschränkte, sondern alle ihm begegnenden Stände miteinbezog, gewinnt das Werk den Wert einer kleinen Volkskunde des 18. Jahrhunderts, in der er vorab »nicht die Sachen, sondern die Menschen« seinem fiktiven Briefpartner beschreiben möchte (S. 14). Anders die 1783 in Zürich erschienenen »Briefe eines reisenden Franzosen über Deutschland«. Der anonyme Verfasser (Johann Kaspar Riesbeck, 1754–1786), Jurist aus Höchst in Westfalen, wirkte seit 1780 auf Goethes Empfehlung als Redakteur bei der neugegründeten ›Zürcher Zeitung‹, und seine amüsante und mit vielen pikanten Zutaten gewürzte Reisereportage war vor allem den politisch-gesellschaftlichen Zuständen in den territorialen Kulturzentren gewidmet. War das weitschweifige und mit ausführlichem Hofklatsch angereicherte Werk auch ein wahrer Bestseller zu seiner Zeit, so erreichte es doch nicht die ethnographischen Qualitäten der Wölflingschen Briefsammlung.

Hatte das Zeitalter des Barock sich auf ein Interesse am Kuriosen beschränkt, so entwickelte sich nun in der Aufklärung das Bestreben, die engen Grenzen sowohl im territorialen wie im geistigen Sinne zu überwinden und die Phänomene nationaler Eigenart im wechselseitigen Vergleich zu erklären und zu interpretieren. Für diese Tendenz liefern die aufklärerischen Reisebeschreibungen mit ihrer rationalistischen Darstellung der Phänomene ein beredtes Zeugnis. In ihrem Mittelpunkt stand der Mensch als sozial und national-stammlich charakterisiertes Wesen. Im Vorwort zu seinem Reisebuch über England und Italien schreibt Johann Wilhelm von Archenholz (1743–1812), man müsse auf einer Reise seine Aufmerksamkeit auf alle begegnenden Lebensverhältnisse richten, »war doch der Mensch immer in seinen mannigfaltigen sowohl sittlichen als politischen Verbindungen und Verhältnissen der Hauptgegenstand meiner Beobachtungen« (S. X). Was ist das anderes als die an den Volksforscher gerichtete moderne Forderung, die volkskulturellen Phänomene innerhalb ihrer sozial-psychologischen und ökonomisch-politischen Gebundenheit zu interpretieren?

Mit Recht spricht Bausinger von der unbekümmerten Vermischung der Epochalstile in diesem letzten Viertel des 18. Jahrhunderts und kennzeichnet die Problematik einer Ambivalenz der Absichten am Beispiel des Naturbegriffes. Er richtet sich einerseits gegen die Verhärtungen und vermeintlichen Fehlentwicklungen der Zeit: Naturrecht gegen positives Recht, natürliche Religion gegen dogmatische Tradition, natürliche Kleidung gegen Fischbeinkorsetts. Aber auf der anderen Seite orientierte sich das Natürliche und Vernünftige am Bestehenden, blieb relativ stumpf gegenüber allen Wandlungen. Was »natürlich« sei, wurde an den Normen und Formen der eigenen Zeit abgelesen; und die Moralischen Wochenschriften aus England dienten der »Unterhaltsamen Bauernaufklärung«, die nach wie vor den Patriarchalismus pries. Hier wird etwas erkennbar von der allgemein herrschenden patriarchalischen Denkweise, die sich auch in der Staatsführung im Bild vom Landesvater und den Landeskindern widerspiegelte.

Die oft geäußerte Meinung, daß Sturm und Drang ausschließlich im Gegensatz zu Geist, Gesinnung und Stil der Aufklärung zu stellen seien (Narr u. Bausinger S. 236), läßt sich am Beispiel einer solchen Persönlichkeit wie Christian Friedrich Daniel Schubart (1739–1791) widerlegen. Die deutsche Literatur- und Geistesgeschichte siedelt ihn im geistigen Feld des jungen Schiller an; aber ebenso ist er ein Kind der Aufklärung und hat in einem »Volkskunde« überschriebenen Artikel der Nr. 36 seiner ›Vaterlandschronik‹ von 1788, der die Reitkünste der Engländer glossiert, in gleicher Weise Völkereigenschaften und nationale Selbstdarstellung geschildert wie seine rationalistischen Zeitgenossen.

Persönliches Geschichtserlebnis in der Begegnung mit dem Volk verband sich auch für den bayerischen Aufklärer Lorenz von Westenrieder (1748–1829) mit seiner Geschichtstheorie, wenn er 1780 schrieb, es sei »eine Sache von höchster Wichtigkeit, daß eine Nation sich selber kennenlerne«. Und wenn auch die Begriffe »Nation« und »Volk« in diesen aufklärerischen Schriften noch ganz unpräzise und mehrdeutig angewendet werden, so ist es gerade der soziale, auf den *Menschen* als Forschungsobjekt gerichtete Aspekt, der die Schriften und Überlegungen jener Zeit für den heutigen Leser so anziehend macht. Es war aufklärerischer Geist, in dem Goethe seine Ottilie in ihr Tagebuch schreiben ließ: »das eigentliche Studium der Menschheit ist der Mensch«.

Es ist keinesfalls länger zulässig, »die Aufklärung lediglich als zerstörerischen Einbruch einer rein oberschichtlichen, volksfremden Ideenwelt in eine noch intakte Volkskultur« (Dünninger) zu beurteilen. Sie hat in ihrem realistischen Interesse an den Lebensumständen der Bevölkerung im Gegenteil der Volksforschung die besten Ansätze geliefert.

Genannt seien in diesem Zusammenhang die Martin-Fellmer-Handschrift von 1764 über Siebenbürgen und die Knaffl-Handschrift von 1813 über ein steirisches Dorf (bei deren Herausgabe Geramb übrigens die wirtschaftlichen Passagen als »volkskundlich ohne Interesse« wegließ). Waren auch die Forschungsziele besonders der Statistiker zuweilen gar zu direkt auf unmittelbaren kameralistischen Nutzen gerichtet, so darf doch die Objektivität und Lebensbezogenheit aufklärerischer Landeskunde nicht unterschätzt werden, wie es seitens der Vertreter des Faches Volkskunde häufig geschah.

In besonderem Maße betraf die »Aufklärung« aber auch den Kampf der protestantischen Seelsorger gegen den Aberglauben, in dem sie ärgste Volksverdummung erblickten, Hexen- und Teufelswerk. Zu Anfang des Jahrhunderts erschien die »Gestriegelte Rokkenphilosophie« von Johann Georg Schmidt, ein zwischen 1706 und 1729 veröffentlichtes Aberglaubenslexikon, in dem an die 1000 abergläubische Gebräuche aufgezählt und aus aufklärerischem Standpunkt abgewiesen wurden. »Erfahrung« nimmt aber auch der Abergläubische für sich in Anspruch, und so wurde hier gelehrte Tradition ins Feld geführt: die Rockenphilosophie entpuppte sich als eine Neubearbeitung älterer Werke. Im Zeitalter blühender Naturwissenschaften entlarvte man auch den Aberglauben physikalisch und historisch. Das Sammeln abergläubischer Daten geschah also hier aus Aufklärerethos – im Gegensatz zum Sammelfleiß der Romantiker, die das Alte erhalten wollten.

Zu den ergiebigen Quellen protestantisch-pietistischen Volkslebens im 18. Jahrhundert gehört auch die »Lebensgeschichte des Johann Heinrich Jung-Stilling« (1740–1817, Stilling – von: die »Stillen«, d.h. die Pietisten). Die von Goethe bearbeitete, 1777 herausgegebene Jugendgeschichte des späteren Professors für Kameralwissenschaften birgt schöne Informationen über Handwerker- und Dorfschulmeisterleben im Siegerland. – Mit der Nennung solcher Titel deutet sich der Charakter der Volkskunde als einer Sozialwissenschaft an.

Auch dort, wo es sich äußerlich um einzelne sozialkulturelle Phänomene handelte, wie bei Friedrich Christian Jonathan Fischer (1750–1797) in seiner Schrift über die Probenächte oder Karl Friedrich Kronbiegel (1756–1806) in seiner Darstellung Thüringer Trachten, stand stets der Mensch in seinen vielfach determinierten Verhaltensweisen und -normen im Mittelpunkt der Betrachtung. Und so kommt es, daß gerade das letztgenannte Werk in seiner 2. Auflage von 1806, 13 Jahre nach seinem ersten Erscheinen, dank der getreuen Beobachtung durch seinen Verfasser Wandlungsprozesse des Volkslebens in seinen Objektivationen erkennbar macht, wie sie von der romantischen Volksforschung kaum jemals festgehalten und dargestellt worden sind. Die Akzente verlagerten sich dann nach und nach vom Menschen auf die Kulturgüter, auf die Überlieferungs*stoffe* in ihrer Qualität als Zeugen einer vergangenen und zurückersehnten Geisteswelt.

Literatur

Archenholz, Joh. Wilh. von: England und Italien. Bd. 1. 1786.

Bausinger, Hermann: Schiller und Schubart. In: Hie gut Württemberg II (1960), Nr. 4 u. 5, S. 25f. u. 33f.; Aufklärung und Aberglaube. In: DVjs. 37 (1963), S. 345–362.

Becker, Rudolf Zacharias: Noth- und Hilfsbüchlein oder lehrreiche Freuden- und Trauergeschichte der Einwohner zu Mildheim. Tl. 1. 1787, weitere Tle. 1798ff.

Bräker, Ulrich: Der arme Mann in Tockenburg. In: Werke, 1964, S. 83–281.

Brandsch, Gottlieb (Hrsg.): Die Martin-Fellmer-Handschrift. Eine Darstellung der Geschichte und Volkskunde der Siebenbürger Sachsen aus dem Jahre 1764. 1935.

Dünninger, Josef: Volkstum und Aufklärung in Franken. In: Bayer. Jb. f. Vkde 1957, S. 29–42.
Fink, F. A. K.: Aus dem Volksleben. Ein Beitrag zur Volks- u. Volksbildungskunde. 1822. – Dazu *Mallon, O.:* Arnim-Bibliographie. 1925, Nr. 125.
Fischer, Friedr., Christian Jonathan: Über die Probenächte der teutschen Bauernmädchen. 1780.
Garve, Christian: Über den Charakter der Bauern und ihr Verhältnis gegen die Gutsherren und gegen die Regierung. Drey Vorlesungen an der Schlesischen Oekonomischen Gesellschaft. 1786.
Geramb, Viktor von (Hrsg.): Die Knaffl-Handschrift, eine obersteirische Volkskunde aus dem Jahre 1813. 1928.
Goethe, Joh. Wolfgang von: Die Wahlverwandtschaften (1809), Tl. 2, Kap. 7. Der zitierte Satz ist eine Übersetzung aus einem im 18. Jahrhundert oft zitierten Vers des *Alexander Pope* aus »Essay on man« (1733), II/2: »The proper study of mankind is man«; vgl. dazu Narr/Bausinger, S. 237f.
Hoffmann, Julius: Die »Hausväterliteratur«. 1954.
Jung-Stilling, Johann Heinrich: Lebensgeschichte. Hrsg. von G. A. Beurath. 1976.
Kronbiegel, Karl Friedrich: Über die Kleidertracht, Sitten und Gebräuche der altenburgischen Bauern. 1793, [2]1806.
Kutter, Uli: Volks-Kunde. Ein Beleg von 1782. In: ZfVkde 74 (1978), S. 161–166.
Lichtenberg, Heinz Otto: Unterhaltsame Bauernaufklärung. 1970.
Mader, Josef: Materialien zur alten und neuen Statistik von Böhmen (Prag 1787), deren 2. Kap. überschrieben ist: Verzeichniß einiger gedruckter Hilfmittel zu einer pragmatischen Landes-, *Volks-* und Staatskunde Böhmens.
Möller, Helmut: Aus den Anfängen der Volkskunde als Wissenschaft. In: ZfVkde 60 (1964), S. 217–233. Das frühe Auftreten der Volkskunde im wissenschaftlichen Schrifttum der Aufklärung ist hier zusammengestellt.
Ders.: Die kleinbürgerliche Familie im 18. Jh. Verhalten und Gruppenkultur. 1969.
Moser, Hans: Wege zur Volkskunde als Wissenschaft. In: Bayer. Jb. f. Vkde 1959, S. 124–158, bes. S. 127f.; Lorenz Westenrieder und die Volkskunde. In: ebda 1953, S. 159–188.
Narr, Dieter: Studien zur Spätaufklärung im deutschen Südwesten. 1978.
Ders. u. Hermann Bausinger: ›Volkskunde‹ 1788. Aus den Anfängen der Volkskunde als Wissenschaft. In: ZfVkde 60 (1964), S. 233–241.
Niemann, Christian Heinr.: Skize zur Beschreibung eines Landdistrikts: eines Amts, einer größeren oder kleineren Landschaft oder Landgemeine, eines Kirchspiels. In: Schlesw.-holst. Vaterlandskde 1802, S. IX-LII; Abris der Statistik und der Statenkunde nebst Fragmenten zur Geschichte derselben. 1807.
Rassem, Mohammed: Die Volkstumswissenschaft und der Etatismus. 1951.
Riesbeck, Johann Kaspar: Briefe eines reisenden Franzosen über Deutsch-

land. An seinen Bruder zu Paris. 1783; Übers. v. K. R., neu hrsg. und bearb. v. *Wolfgang Gerlach*. 1967.
Schmidt, Leopold: Geschichte der österreichischen Volkskunde. 1951; Volkskunde, Gegenreformation, Aufklärung. In: DVjs. 16 (1938), S. 75–94.
Siegert, Reinhart: Isaak Maus, der »Bauersmann in Badenheim«. Ein bäuerlicher Intellektueller der Goethezeit u. sein soziales Umfeld. In: ZfVkde 80 (1984), S. 229–264.
Sintenis, Christian Friedrich: Das größere Buch für Familien. [2]1807.
Stolberg, Friedrich Leopold von: Reise in Deutschland, der Schweiz, Italien und Sizilien in den Jahren 1791 und 1792. 4 Bde. 1794.
Weber, Carl Julius: Demokritos oder hinterlassene Briefe eines lachenden Philosophen. 1832/36, [2]1837/40 u. ö.; Auszug in Bd. 1, 1966. (Die Fundgrube 22.)
Weissert, Gottfried: Das Mildheimische Liederbuch. Studien zur volkspädagog. Literatur der Aufklärung. 1967, und die dort angegebene weiterführende Literatur.
Westenrieder, Lorenz von: In: Baier. Beitr. z. schönen und nützl. Literatur 2 (1780), S. 947 ff.
Wiegelmann, Günter: Geschichte der Forschung. In: Volkskunde. Eine Einführung. 1977, S. 9–26.
Wölfling, Chr. Briefe eines reisenden Franzosen über die Deutschen, ihre Verfassung, Sitten u. Gebräuche. Nebst Berichtigungen u. Bemerkungen von e. Deutschen. 1796.

III. Die Verklärungen der Volkskunde durch die Romantiker

Seit Vicos geschichtsphilosophischen Ideen (s. S. 4) erregte der Gedanke an eine geschichtsbildende Volksindividualität, die Vorstellung von einem geschichtlich wirkenden »Volksgeist« mehr und mehr die Gemüter. Dazu kam das Erwachen einer poetisch überhöhten Aufwertung der Kulturgüter vor allem des Landvolkes. Der »Zurück-zur-Natur«-Prophet Jean-Jacques Rousseau (1712–1778) wurde aus sozialem Bewußtsein und Zivilisationsüberdruß nicht nur zum philosophischen Vorkämpfer der französischen Revolution; seine Lehre von der Dominanz des Gefühls, der Gleichheit von Naturnähe und reinem wahren Leben machte ihn zugleich zum Leitstern einer romantischen Volkskunde. Er wollte der Menschenliebe der gebildeten Welt die Naturhaftigkeit und unbefangene Bildungslosigkeit der Landleute empfehlen, und von daher läßt es sich erklären, wenn die Romantiker seine demokratische Naturphilosophie zur Primitivitätsbewunderung und Bauernverherrlichung uminterpretierten.

Jedenfalls ist die Rolle Herders für die Geschichte der Volkskunde als Wissenschaft nicht zu verstehen ohne die Vicoschen Lehren vom Volksgeist und den Rousseauschen Gefühlsüberschwang in Richtung auf die kulturschöpferischen Qualitäten des bildungsfreien Menschen. Johann Gottfried Herder (1744–1803), angeregt durch die Sammlung der Runenlieder des englischen Bischofs Thomas Percy (1729–1811), erweckte in Deutschland für sein Zeitalter den Sinn für die Volksliedbegeisterung wie das Verständnis für die Volksliedsammlung mit seinen »Stimmen der Völker in Liedern«. Seine Vorstellung von den Liedern der Völker als reinstem Ausdruck der Völker- und Menschheitsseele offenbart seine vielfach verschwommenen Gedankengänge vom »Allgemeingeist« der Menschheit und »Nationalgeist« der Völker.

Das entsprach dem »esprit général« bei Charles de Montesquieu (1689–1755) in dessen »De l'esprit des lois« (1748).

Das »Volk« hatte für Herder in der Nachfolgeschaft Vicos die Qualität einer Persönlichkeit erhalten, einer überindividuellen Individualität, der durchaus schöpferische Eigenschaften zuzubilligen seien. In widerspruchsvollen Wendungen und Definitionen unterschied er zwischen dem »Nationalgeist« der Völker, der kontinuierlich aus mythischen Tiefen steigend ewig, unauslöschlich und angeboren sei, und andererseits dem sich selbst erzeugenden Charakter der Völker, der wieder zurechtgebracht werden müsse und durch die angleichenden Kräfte des Weltbürgertums Gefahr laufe, mehr und mehr auszulöschen. Die Äußerungen des Nationalgeistes aber sah Herder am reinsten ausgedrückt im Komplex der Volksdichtung, wo Vico noch die Dreiheit Sprache, Mythos und Kunst als Ausdrucksformen nannte.

Der Begriff ›Volksgeist‹ erscheint übrigens nicht bei Herder, sondern erst später bei Georg Wilhelm Friedrich Hegel (1770–1831), aber mehr im Sinne einer in sich verschlungenen Summe der »einzelnen Bewußtseine«, die sich dialektisch entwickeln und sich selbst zum Werke werden. Diese auf eine soziale Dialektik hinauslaufenden Gedankengänge sind allerdings in der Geschichte der Volkskunde kaum fruchtbar geworden (vgl. z. B. Hegels Sämtl. Werke, Bd. 2: Phänomenologie des Geistes. [3]1951, S. 553 f.).

Hier kam also ein neues Element in die »Kunde vom Volke«: sie erfaßte nicht mehr das Wissen über die Bevölkerung, die Beschreibung ihres Status, ihrer äußeren und inneren Lebensweise, die die aufklärerischen Schriftsteller angestrebt hatten; sondern sie sollte nun dazu dienen, die Geheimnisse des »Volksgeistes« zu erkennen, dessen Vorhandensein man durch die kulturellen Äußerungen des Volkes vor allem in Lied, Märchen und Sage, Glaube und Kult erst rückzuerschließen und zu beweisen suchte.

Aus den Liedern der Völker erwuchs Herder »das große Geheimnis der über die Erde verbreiteten Volksgenialitäten«. Er feierte in der »Vorrede der Volkslieder« den größten Sänger der Griechen, Homer, zugleich als den größten Volksdichter, und statt »geformter Regeln« ergriff er »die Naturgesetze der Poesie«. Mit seiner Begeisterung für die freie, schöne, naturhafte Vollkommenheit des Liedes zerstörte er den aufgeklärten Glauben an absolute meßbare Normen. Alle unverderbte, unverkünstelte Dichtung wurde ihm zum »Volkslied« – von Homer bis zu den Gesängen der Marktweiber in der Gegenwart. So findet sich in seiner Liedersammlung – der ersten in deutscher Sprache – ein Gemisch verschiedenster Kunstpoesien, die nur durch seinen dichterischen Genius zu einer Einheit verbunden werden konnten. In einer vielfach wechselnden Mischung ethnischer und sozialer Begriffsinhalte verwandte Herder »Volk« als Sammelbezeichnung für den schöpferischen Überlieferungsträger und hat damit der kommenden Wissenschaft vom Volke die Richtung gewiesen, der sie ohne Reflektion gefolgt ist. Empfand er sich selbst auch noch als Weltbürger, so schwang doch schon die Gestimmtheit zum Nationalen, zum eigenen Volk mit hinein in seine Suche nach der wahren Volkspoesie: »Großes Reich, Reich von zehn großen Völkern, Du hast keine Volkslieder? Und edles, Tugend, Scham und Sitte so tief liebendes Volk, ... Du hast keine Abdrücke deiner Seele den Späteren hinterlassen? Schweizer, Schwaben, Franken, Bayern, Tyroler, Westphalen, Sachsen, Wenden und Böhmen, Preußen, ihr habt allesamt nichts?«

Neben dem Ansatz zu einer gewissen Internationalität findet sich bei Herder auch schon die Aufwertung der frühgermanischen Glaubenswelt, deren Überreste nun nicht mehr – wie in Barock und Aufklärung – bemitleidenswerten Aberglauben bezeugen, sondern die heiligen Ursprünge einer »Nationaldenkart«.

Sein Aufruf zur Volksliedsammlung, dem der junge Goethe mit 12 Liedern aus dem Elsaß folgte, war übrigens auch zu seiner Zeit keine vereinzelte Erscheinung. Schon zu Anfang der siebziger Jahre hatte Gottfried August Bürger (1747–1794), der Dichter der »Leonore«, zur Sammlung deutscher Volkslieder gemahnt und Schubart zu gleicher Zeit einen Aufruf zur Sammlung der Volksdichtung ausgegeben. Forderte er auch eine Zusammenschau der stammlichen Mannigfaltigkeiten zur Nation, so darf doch darunter noch keine nationale Gesinnung im Geiste des 19. Jahrhunderts verstanden werden. Die Vorstellung von einer Sprach- und Kulturnation als eigene Größe neben dem Staat erwuchs erst auf dem Boden des romantischen Volksbegriffes (vgl. S. Suphans Ausgabe der Werke Herders, Bd. XXV, 1885, S. 5ff. u. 313ff.).

Diesen Begriffen hat übrigens Schiller in einer beachtenswerten, fast literatursoziologisch anmutenden Rezension der Bürgerschen Gedichte, erschienen 1791 in der »Allgemeinen Literatur-Zeitung« Nr. 13 und 14, widersprochen. Er spricht vom »schwankenden Wort Volk« und meint, ein »Volksdichter«, wie es Homer seinem Weltalter oder die Troubadors dem ihrigen waren, dürfte in unseren Tagen vergeblich gesucht werden. »Unsere Welt ist die homerische nicht mehr, wo alle Glieder der Gesellschaft in Empfinden und Meinen ungefähr dieselbe Stufe einnahmen, sich also leicht in derselben Schilderung erkennen, in denselben Gefühlen begegnen konnten. Jetzt ist zwischen der Auswahl der Nation und der Masse derselben ein sehr großer Abstand sichtbar.« Schiller bezweifelte daher, daß zu seiner Zeit ein Dichter tatsächlich Sprachrohr des Volkes sein könne, und stellte damit die ganze romantische Theorie von einem kontinuierlich sich forterbenden Volksgeist in Frage.

An dieser Stelle soll kurz angedeutet werden, auf welchem zeitgeschichtlichen Hintergrund das romantische Interesse für die eigene Kultur des Volkes, für seine schöpferische »Seele« erwacht war und sich so mächtig regte.

Die Französische Revolution hatte auch in Deutschland einiges in Gang gebracht, die bürgerlichen Menschenrechte ins Bewußtsein gehoben, den Gedanken einer Auflösung der ständisch-feudalen Gesellschaftsordnung belebt, einen gewissen Prestigeverlust des Adels eingeleitet und das Aufkommen eines Vierten Standes sichtbar gemacht. Aber eine Revolution fand, abgesehen von revolutionären Bewegungen im Südwesten Deutschlands, nicht statt. Zwar errichtete man im Badischen und in Mainz nach französischem Vorbild »Freiheitsbäume«, aber die Positionen der Landesfürsten und der mit ihnen verbundenen aristokratischen Oberschicht waren noch zu mächtig. Nur auf Nebenfeldern wurden emanzipatorische Bewegungen deutlich sichtbar, so z.B. auf dem Gebiet der Mode: Frauen aller Stände kleideten sich à la chemise und befreiten sich von den lästigen Fischbeinkorsetts; und die bürgerliche Herrenmode internationalisierte sich allmählich zum dunklen ernsten Wollstoffanzug mit Röhrenhose, der den in Wirtschaft und Technik tätigen Geschäftsmann oder Ingenieur kennzeichnete.

Daneben lebten etwa vier Fünftel der Bevölkerung auf dem Lande und von landwirtschaftlicher Arbeit. Die Stein-Hardenbergschen Reformen, die 1807 einsetzten, orientierten sich wohl zum Teil an der Napoleonischen Verfassung, waren aber zu sehr von Adelsinteressen gezeichnet, als daß sie eine schnelle Aufhebung der Leibeigenschaft in allen Provinzen und ein Erstarken selbständigen Bauerntums hätten herbeiführen können. Was war also das »Volk« in diesem diffusen gesellschaftlichen Zusammenhang? Wessen »Seele« sollte entdeckt werden? Als sich Napoleon 1799 zum französischen Kaiser krönen ließ, hatte das zunächst die breiteste Wirkung auf dem Gebiet des Militärischen: als Feldherr und Eroberer zerschlug er die Söldnerarmeen der alten Mächte und verbreitete Angst, aber auch Bewunderung bei der einfachen Bevölkerung. Er entfachte nationalen Widerstand, und die französische Besatzung wurde im allgemeinen als Knechtschaft empfunden. Die Freude am Prinzip der Freiwilligkeit im Militärischen, an Landsturm und Volksarmee und auch an demokratischen Ideen verband sich mit einem neuen nationalen Geist gegen die Fremdherrschaft.

»Aber der düstre Schatten, den Napoléons Riesengestalt auf meine frühsten Jahre geworfen, erbleicht vor dem Sonnenglanze der Erinnerung an die Freiheitskriege von 1813 und 1814. Dies eine Jahr der Erhebung entschädigte für die voran gegangenen sieben Jahre der Knechtschaft. Es wird nicht viele Momente in der Geschichte geben, wo ein ganzes Volk mit gleicher Opferwilligkeit alle seine zeitlichen Güter daran setzte, um das höchste geistige Gut, die Freiheit, zu erwerben. Daß dies große Gefühl alle Stände durchdrang, daß gar keiner zurückbleiben wollte in dem allgemeinen Wetteifer, daß Vornehme und Geringe in neidloser Vereinigung neben einander tätig waren, um das herrliche Ziel zu erreichen, das wird dem Andenken an jene Zeit immer eine ganz besondere Weihe geben.« (Gustav Parthey (1798–1872): Jugenderinnerungen. Teil I, S. 422.)

Diese systemlose Verflechtung gegensätzlicher sozialer und geistiger Strömungen bestimmte das gesellschaftliche Leben jener Zeit, und damit setzten sich auf ihre Weise die Persönlichkeiten auseinander, deren Werke für die Wissenschaftsgeschichte der Volkskunde bedeutsam wurden.

Die Hinwendung zum Nationalen im überhöhten Bild des eigenen Volkes, wie es im (vor allem westfälischen) Bauerntum verwirklicht sei, vollzog sich in der Gestalt eines Mannes, der geistig zwischen Aufklärung und Romantik stand und die Wissenschaftsgeschichte der Volkskunde auf das Entschiedenste beeinflußt hat: Justus Möser (1720–1794). Geschult an Montesquieu (1689–1755), bewegten den Osnabrücker Landesadvokaten zugleich Ziele praktischer Verwaltungskunde und staatlich-sozialer Rechtspflege im vaterländischen Sinne. Der Bau der Gesellschaft, deren Modell er im Bauernstaat des Mittelalters und im Gleichgewicht der Stände und Kräfte vorgezeichnet sah, schien sich ihm aufzulösen, und so richtete sich sein Protest ebenso gegen den Individualismus der Aufklärung, die Franzosenfreundlichkeit des preußischen Hofes und der gebildeten Schichten wie gegen die gleichmacherischen Gedanken der französischen Revolution. Die Zersetzung der Bauernkultur, worin er das Grundübel seiner Zeit zu entdecken glaubte, wollte er bekämpfen mit den Mitteln einer empirisch fundierten Sozialpolitik. Sein berühmt gewordenes und in zahllosen Neuauflagen erschienenes Werk »Patriotische Phantasien« (1774–1778) spiegelt ein breites Spektrum getreuester Beobachtungen, die einmünden in eine Verherrlichung altbäuerlicher Lebensweise. Die genaue Kenntnis seiner westfälischen Landsleute in allen Schichten und Ständen, besonders den ländlichen, gibt dem Möserschen Werk den unverwelklichen Reiz intimer hausväterlicher Vernünftigkeit und gesunden Menschenverstandes. Aber die Freude an oft sachgerechter Darstellung des Volkslebens darf nicht darüber hinwegtäuschen, daß Mösers Volksforschung doch nur einer Volkspflege zum Hintergrund dienen sollte, die sich in Reformvorschlägen für die Erhaltung einer Lebenswelt der Bildungslosen niederschlug, vor allem der Bauern. Und das idealisierende Bild, das Möser von seinen Bauern gezeichnet hat, wurde für die nächsten Generationen weithin zum Leitbild der volkskundlichen Wissenschaft – als gäbe es »den Bauern« als immerwährenden Topos.

Seine zahlreichen im ›Osnabrücker Intelligenzblatt‹ seit 1766 erschienenen Aufsätze hat seine Tochter Frau von Voigts 1774/1778 unter dem Titel »Patriotische Phantasien« herausgegeben. Das literarische Vorbild dieser Form waren die in England üblichen Wochenschriften, die im Plauderton über aktuelle Ereignisse und Probleme berichteten. Die Nachahmung dieses

Stiles in Deutschland verhalf zwischen 1740 und 1800 zahlreichen derartigen Wochenschriften zum Erscheinen, worüber die 1968 erschienene Arbeit von Wolfgang Martens ausführlich informiert.

Das Lob der Vernunft meint auch Goethes Urteil über Möser, mit dem er – gemeinsam mit Herder – 1773 die Flugschrift »Von deutscher Art und Kunst« verfaßt hatte. 1823 schrieb er: »Gern erwähn' ich dieses trefflichen Mannes, der, obgleich ich ihn niemals persönlich gekannt, . . . sehr großen Einfluß auf meine Bildung gehabt hat. Er war der tüchtige Menschenverstand selbst, wert, ein Zeitgenosse von Lessing zu sein, dem Repräsentanten des kritischen Geistes« (Jubiläumsausgabe, Bd. 37, S. 251 ff.); auch in »Dichtung und Wahrheit« (Tl. 3, 13. Buch) äußert er sich über Möser.

Daß neben den vielgelobten Qualitäten eines aufklärerischen Rechtswissenschaftlers auch ein antiaufklärerisches konservatives Möserbild zu zeichnen wäre, hat Bausinger nachdrücklich und überzeugend dargestellt.

Mit seiner Verherrlichung des Mittelalters aber hatte Möser auch bereits der romantischen Volksforschung und Volkstumsbegeisterung den Weg gewiesen. Die Hinwendung zum eigenen Volk und das Erwachen eines historischen Bewußtseins brachte eine Begeisterung für die Traditionsgüter der Vergangenheit mit sich, einen Enthusiasmus für das Aufsammeln der Volksüberlieferungen auf zahlreichen Gebieten, der dieser Zeit mit Recht ihre große Rolle in der Geschichte der Volkskunde zuweist.

Im Bereich des Volksliedes, der deutschen Volkskunde ältestes und liebstes Kind, hatte zunächst der Berliner Verleger Friedrich Nicolai (1733–1811) für Aufregung gesorgt, als er 1777 und 1778 mit einiger Arroganz seinen »Feynen kleynen Almanach voll schönerr echterr liblicher Volkslieder, lustiger Reyen und klaglicher Mordgeschichten« mit über 60 Liedern mit Melodien erscheinen ließ. Daß es sich dabei nicht um eine grundsätzliche Ablehnung des Themas Volkslied handelte, bewies er dadurch, daß er Büsching und von der Hagen sein gesamtes umfangreiches Volksliedmaterial für ihre 1807 erschienene Sammlung überließ. Die wissenschaftliche Erforschung des Volksliedes hatte schon früher eingesetzt. So versuchte Friedrich David Gräter (1768–1830) in seiner Zeitschrift »Bragur« (1791 ff.) einen kritischen Überblick über das Gesamtgebiet des Volksliedes zu geben. Zu wirklicher Popularität aber gelangte nach Herders kosmopolitischer Veröffentlichung das Thema 1805–1808 durch die erste breit angelegte Sammlung deutscher Volkslieder unter dem romantischen Titel »Des Knaben Wunderhorn«, und damit brach die große Zeit der deutschen Volksliedsammlung und -forschung an. Die beiden Anreger und Herausgeber Ludwig Achim von Arnim (1781–1831) und Clemens Brentano (1778–1842) hatten mancherlei Ziele im Auge: den Gebildeten und Verbildeten an den reinen Quell der Volksdichtung zu führen; das zerstreute deutsche Volk durch das Bewußtwerden dieses Gemeinschaftsbesitzes zu einen. Dabei gingen sie mit den aus dem Volksmund und durch die Mitarbeit des Heidelberger Freundeskreises zusammengetragenen Liedern nicht eben ängstlich um, sondern änderten und dichteten so lange an ihnen herum, bis sie jenen »Volksliedton« gewannen, der allein sie den Sammlern als »echtes Volkslied« erscheinen ließ.

Neben der verständnisvollen Besprechung Goethes ernteten sie auch philologisches Mißfallen, und Johann Heinrich Voss (1751–1826), der vor allem die selbstgedichteten Zugaben monierte, nannte das »Wunderhorn« einen »zusammengeschaufelten Wust, voll mutwilliger Verfälschungen, sogar mit untergeschobenem Machwerk, ... ein heilloser Mischmasch von allerlei buzigen, truzigen, schmuzigen und nichtsnuzigen Gassenhauern ...« (Stuttgarter ›Morgenblatt‹ Nr. 283 u. 284 v. 25. u. 26. 11. 1808).

Goethes Rezension brachte die ›Jenaische Allgemeine Literatur-Zeitung‹ v. 21. u. 22. 1. 1806; vgl. Goethe, Jubiläumsausgabe, Bd. 36, S. 247–263. Er entschuldigt S. 262 die Restaurationsbemühungen der Verf. mit dem Bemerken: »Wer weiß nicht, was ein Lied auszustehen hat, wenn es durch den Mund des Volkes, und nicht nur des ungebildeten, eine Weile durchgeht?«

Aber solche wissenschaftlichen Bedenken taten der allgemeinen Wirkung des Werkes keinen Abbruch. Zur Herbstmesse 1805 war der erste, Goethe zugeeignete Band erschienen; die Sammlung wurde zum Hausbuch der Nation und bestimmte bis weit über Uhland hinaus, ja teilweise bis in unsere Tage Volksliedstil und Volksliedbegriff.

Åke Hultkrantz feiert in seinen »General Ethnological Concepts« (1960) sogar Arnim und Brentano als Schöpfer des Begriffes ›Volkskunde‹: In der Quellenangabe für die Ballade »Schlacht bei Murten« (Originalausgabe, S. 58) heißt es: Von Veit Weber, aus Diebold Schillings Beschreibung der Burgundischen Kriege. Abgedruckt von Koch in der neuen Literatur- und Volkskunde 1. Bd., S. 93.« Doch handelt es sich hier um ein falsches Zitat der berühmten Herausgeber, denn die Zeitschrift hieß ›Literatur- und Völkerkunde‹; vgl. Helmut Möller in: ZfVkde 60 (1964), S. 220.

Zu *Volkslied* vgl. Suppan, Wolfgang: Volkslied. Seine Sammlung und Erforschung (Slg. Metzler, 52.) 1966, und die dort angeführte Literatur; Hansen, Wilhelm: Das Volkslied. In: Die dt. Volkskunde, Bd. 1, 1934, S. 283–298, und die dazu angeführte Literatur; Röhrich, Lutz u. Brednich, Rolf W.: Deutsche Volkslieder. Texte u. Melodien. 2 Bde., 1967.

Neben dem Volkslied waren es die Feste und Sitten des Landvolkes, die die Heidelberger Romantiker entdeckten und schilderten (das Eierlesen zu Neckarelz, »Das Holzapfelfest zu Dossenheim« bei Brentano, aber auch Goethes »Jahrmarktsfest zu Plundersweiler« u.a.). Der Zeitgeist begünstigte die Wiederentdeckung deutscher

Überlieferungen, und so nahm den größten Platz weiterhin die Sammlung der Volksüberlieferungen ein. Die Volksbüchersammlung Brentanos regte Joseph Görres (1776–1848) zur Herausgabe der »Teutschen Volksbücher« an (1807), die in 49 recht ungleichartigen Beiträgen die Historien von Genofeva, Griseldis, Magelone, Faust, aber auch Rübezahl und manches andere vereinte. Sein Ziel ging auf Rekreation ganz im Sinne Herders, nicht auf wissenschaftliche Erkenntnis; und so deutete er die Volksbücher um zu Zeugnissen ursprünglichen Volksgeistes, die doch tatsächlich nichts anderes sind als volkläufig gewordene Lesestoffe höfischer und patrizisch-bürgerlicher Kreise vergangener Jahrhunderte. Immerhin gebührt Görres das Verdienst, die Volkskunde auf diesen Bereich der Volksliteratur aufmerksam gemacht zu haben.

Politisch gehörte der revolutionäre Geschichtsprofessor und Herausgeber des ›Rheinischen Merkur‹ zu den Verherrlichern des »Volksgeistes« mit politisch-pädagogischem Ziel. Die Zeit der Freiheitskriege brach an und mit ihr das Kulminieren nationaler Gesinnung, verkörpert in der Persönlichkeit des »Turnvaters« Friedrich Ludwig Jahn (1778–1852), der 1806 aus seiner Göttinger Antrittsvorlesung auf die Jenaer Schlachtfelder stürmte. Das Manuskript seines Volkstumsbuches, das ihm bei dieser Gelegenheit verlorenging, rekonstruierte er, und es erlebte zwischen seinem ersten Erscheinen 1810 bis zum Jahre 1944 mindestens 16 Neuausgaben. Die Faszination, die dieses Buch so lange ausübte, verdankt es kaum seinen wissenschaftlichen Qualitäten. Es ist ein politisches Buch, in dem das »Volkstum« zum Zwecke politisch-nationaler Erziehung beschworen wird. In einer Ankündigung seines Werkes im ›Literärischen Anzeiger‹ von 1809 erklärte Jahn den Begriff als sorgfältig gewähltes Kunstwort. »Die bei der gelehrten Lesewelt hierdurch angängig gemachte Sache ist immer gewesen . . . Lange schon fand man in jedem Volk ein unnennbares Etwas, man gewahrte, daß selbst aus der Umwälzung, Wut und Not jenes Ungenannte nachwirkend und nachhaltig hervortrat . . .«; die »geschichtlichen Wahrzeichen zu völkerweltlichen Merkmalen geordnet«, schrieb er weiter, »würden eine eigene Wissenschaft, die Volkstumskunde, ausmachen«. Solche vagen, aber von glühendem Patriotismus getragenen Aussprüche durchziehen Jahns Buch vom deutschen Volkstum, das nur aus ideologiegeschichtlichen Gründen von Bedeutung ist und vielleicht deshalb, weil hier zum erstenmal neben ›Volkstum‹ der Begriff ›Volkskunst‹ erscheint, allerdings mit ganz anderen Sinngebungen; auch andere Gebiete werden unter den später gängigen Namen abgehandelt wie Volkslied und Volkstanz, Volksfest und Volksglauben, Volksnamen und Volkstracht. Jahn läßt es an Veranschaulichung nicht fehlen. Aber der Tenor seines Buches ist die Verkündung nationaler Einheit und Größe, volkhaft gebundenen Nationalwillens, kurzum: einer Volkstumsideologie, die er in den genannten Phänomenen zeichenhaft zu erkennen glaubte. Die im ganzen fünf Auflagen und Auswahl-Ausgaben seiner Schriften zwischen 1935 und 1944 haben erschreckend gezeigt, welche Möglichkeiten für nationalistische Deklamationen der deutschtümelnde Turnvater noch nach mehr als hundert Jahren bot (Golo Mann, Dt. Geschichte des 19. u. 20. Jhs, S. 89f.).

Auch Johann Gottlieb Fichte (1762–1814), allerdings in der Subtilität seines philosophischen idealistischen Denkgebäudes mit Jahn nicht zu vergleichen, verschmolz in seinen gegen die napoleonische Besatzung flammenden »Reden an die deutsche Nation« (1807/08) Volk und Nation zu einer Einheit, in deren Kultur dem Weltgeist Ausdruck verliehen sei. Aber in der liebevollen Überbewertung des eigenen Volkes als des einzig wahren, echten und ursprünglichen bestärkte auch er jenes nationalistische Element, das Freiheitsbewegung und Romantik verband.

Neben ihm steht der rügensche Bauernsohn Ernst Moritz Arndt (1769–1860), dessen im Volksliedton gedichtete Freiheitslieder (»Der Gott, der Eisen wachsen ließ«, »Es blasen die Trompeten«) schnell in den Bereich des vaterländischen Volksgesanges eingingen. Die 1815 gegründete, freiheitlich gesinnte ›Deutsche Burschenschaft‹ widmete ihm ihr »Kommersbuch«, wodurch das Volkslied auch in den Gemeinschaftsgesang der Gebildeten breiten Einlaß fand. – Eine andere, vom Geist der französischen Revolution getragene Schrift Arndts jedoch hat für die Volkskunde größere Bedeutung, wenn sie von dieser auch kaum beachtet worden ist: seine Geschichte der Leibeigenschaft in Pommern. In der gerechten Empörung des freiheitlich gesinnten Humanisten über die »Gräulichkeit« des Bauernlegens nach der sogenannten Bauernbefreiung schilderte er die Schicksale seiner bedrängten Landsleute und zeichnete damit gleichzeitig ein getreues Bild ihrer ländlichen Lebensführung.

So mischen sich im geistigen Spektrum dieser Zeit anscheinend höchst gegensätzliche Elemente zu einem epochalen Stil von außerordentlicher Geschlossenheit. Freiheitlicher Humanismus, demokratische Liberalität, progressive Weltgeöffnetheit standen nahtlos neben rückgewendeter Ursprünglichkeitssehnsucht, aufwertendem Bewahrenwollen des notwendig Vergehenden, Verherrlichung mittelalterlich-»altdeutschen« (Möller) Ständewesens und deutschen Bauerntums, ja in Einzelfällen bis hin zu äußerster nationalistischer Hybris. Das Besondere jener romantischen Epoche aber war das ausschließliche und tief gefühlsmäßige Engagement für die Sache, das ihre Vertreter erfüllte. Der volle Einsatz ihrer oft genialen Persönlichkeiten verhalf ihren Aussagen zu jener langanhaltenden und intensiven Wirkung, die anderen Wissenschaftler- und Künstlergenerationen versagt blieb.

Zu imponierender Harmonie und nachwirkender geistiger Kraft verbanden sich diese Elemente in den Gestalten der Brüder Grimm (Jacob 1785–1863, Wilhelm 1786–1859), und es ist der romantischen Heidelberger Dichterschule als großes Verdienst anzurechnen, daß sie die Brüder als Helfer und Mitarbeiter zunächst für das »Wunderhorn« gewinnen konnte.

Achim von Arnim hat ihre Rolle für die Volksliedsammlung in folgenden Versen dichterisch angesprochen, die auch für ihre Arbeitsweise auf dem Gebiet des deutschen Märchens gelten:

»Ihr achtet, was ein freies Herz gedichtet,
was uranfänglich, doch der Welt verbunden,
was keinem eigen, was sich selbst erfunden,
was unerkannt, doch immer geht verloren,
was oft erstirbt und schöner wird geboren.«

Damit ist mancherlei ausgesagt über das romantische Wissenschaftsverständnis und auch über die Freiheit des Sammlers und Dichters bei der Behandlung seiner Gegenstände.

Die Bemerkungen der Brüder zum Ursprung der Märchen und zur Herkunft der Volkspoesie, die aus der stillen Kraft des Ganzen leise emporgetrieben sei – »über die Art (aber), wie das zugegangen, liegt der Schleier des Geheimnisses gedeckt, an den man glauben soll« –, gehören zu den oft zitierten und kennzeichnenden Aussprüchen romantischer Wissenschaftsbetrachtung. »Gemeinsam allen Märchen sind die Überreste eines in die ältesten Zeiten hinaufreichenden Glaubens, der sich in bildlicher Auffassung übersinnlicher Dinge ausspricht. Das Mythische gleicht kleinen Stückchen eines zersprungenen Edelsteins, die auf dem von Gras und Blumen überwachsenen Boden zerstreut liegen und nur von dem schärfer blikkenden Auge entdeckt werden. Die Bedeutung davon ist längst verloren, aber sie wird noch empfunden« (KHM, Bd. 3, 1856, Anmerkungen). Hier liegen die Anfänge jener mythologischen Denk- und Forschungswege, die das ganze kommende Jahrhundert in den verschiedensten Richtungen durchzogen (vgl. Kap. IV). – Die Brüder Grimm, in ihrer Marburger Studienzeit 1802–1804 Schüler des Rechtshistorikers Carl Friedrich von Savigny (1779–1861), der seinerseits von seinem Lehrer Hegel her sehr wohl den Begriff der »Volksgeistigkeiten« kannte, sie aber dann mehr irrational als Ursprung der Nationen interpretierte, sahen im Volksgeist die schöpferischen und poetischen Qualitäten des Volkes selbst beschlossen. Aber seine Hervorbringungen bedurften der ordnenden Hand, und wie die Wunderhorn-Herausgeber die Kunst als das ordnende Element der freischaffenden Natur beigesellt und die ihnen zugeflossenen Lieder vielfach umgekünstelt hatten, so verfuhren auch die Brüder mit dem von ihnen und ihren Freunden aufgesammelten Märchenschatz, – jedoch mit dem Unterschied, daß sie nichts hinzudichteten, sondern nur aus verschiedenen Varianten eine neue, ihren Absichten gemäße Form kombinierten. Mit den von Wilhelm umgeschriebenen Märchen wurde ein Märchentyp und Märchenstil geschaffen, der für Literatur und Pädagogik der kommenden Generationen *den* Märchenton fixierte.

Bd. 1 der KHM erschien mit 85 Märchen 1812, Bd. 2 mit 70 Märchen 1815. Die KHM erlebten schon zu Lebzeiten der Brüder Grimm 17 Auflagen und gehören nach der Bibel zu den meistgelesenen, meistübersetzten und meistillustrierten Büchern der Weltliteratur.

Der Umdichtungsvorgang, der die »Kinder- und Hausmärchen« so nachdrücklich prägte, verlieh ihnen den Stil der romantischen Dichtung und beheimatete sie im 19. Jahrhundert. Das betraf nicht nur ihr künstlerisches Gesicht, sondern auch ihre sozialgeschichtliche Einbettung. Das bürgerliche Säkulum, in dessen biedermeierlicher Familienwelt nun auch das Kind zu seinem eigenen Recht kam, bot den fruchtbaren Boden. Hier wurden die Märchenfiguren lebendig, lieferten den Stoff für Theater- und Singspiele und gar zu Opern, brachten der Zuckerbäckerindustrie Gelegenheit für »echte« Hänsel-und-Gretel-Pfefferkuchenhäuschen. Der Siegeszug der KHM konnte nur erfolgen, weil die Kinderstuben des Bürgerhauses den willigen und begeisterten Konsumentenkreis lieferten. Die Märchen seien für Kinder und Alte geschrieben, so wollten es die Brüder, nur für die Verbildeten nicht, die derartiges verachten. So wurden die Märchen für die biedermeierliche Familie zum Volks- und Hausbuch, und ihr Erfolg hängt aufs engste mit der Sozialgeschichte der Familie im 19. Jahrhundert zusammen.

Danach ist verständlich, daß die KHM kaum eine Rückwirkung auf das mündliche Erzählen auf dem Lande ausgeübt haben, wie Kurt Ranke festgestellt hat. Auch scheint inzwischen erwiesen, daß Ludwig Bechstein (1801–1860), dessen »Deutsches Märchenbuch« 1845 erstmalig erschien und schon sieben Jahre später 63000 verkaufte Exemplare aufweisen konnte, ähnliche oder sogar noch größere Verlagserfolge hatte wie die Grimms, bei denen freilich die künstlerische Qualität der Märchenumdichtungen überwiegt.

Die Bemühungen der Romantiker um die Kulturfähigkeit der unteren Schichten, die sie im »Volk« erkannten, werden hier evident, die Sehnsucht nach dem Ursprünglich-Vollkommenen. Dieser sozialen Diachronie stand die bürgerliche grenzüberschreitende Synchronie gegenüber, die in einem Umarmungsideal Bürgertum und »Volk« vereinigte: alle Menschen werden Brüder! (Emmerich: Germ. Volkstumsideologie. S. 40f.).

Wissenschaftsgeschichtlich muß die Wirkungsbreite der KHM ernstlich hinterfragt werden. Eine Erklärung durch die Sozialgeschichte der Familie, in deren bürgerlicher Ausprägung sich die Kinderstube zum Ort des Vorlesens und Erzählens von Märchen entwickelte, wurde bereits gegeben. Aber neben der Zielgruppe Bürgerkinder in ihrer Kinderstube hatten die Brüder Grimm auch deutsche Volkstümlichkeit und nationale Denkart bei ihrer Sammelarbeit im Sinn. Daß sie hier in ideologischem Überschwang für das »Urdeutsche« (vgl. besonders die Anmerkungen im 3. Bd. der KHM von 1823) die Wirklichkeit beiseite ließen, ist inzwischen, insbesondere durch die Quellenstudien von Heinz Rölleke, erwiesen: Die Mehrzahl der KHM verdanken die Grimms nämlich hugenottischen Gewährsleuten, die ihrerseits aus französischen Märchensammlungen, vor allem des Charles Perrault (1628–1703), geschöpft haben. Damit ist der »urdeutsche Mythos«, dem die KHM angeblich entstammen, hinfällig geworden, und sie erscheinen als das, was sie doch eigentlich sind: weniger lebendige Volksüberlieferung als vielmehr kinderfreundlicher Lesestoff der Bürgerfamilie des 19. Jahrhunderts – und das nicht nur im deutschen, sondern auch im internationalen Sinne.

Die Brüder Grimm sind auch als Persönlichkeiten typisch für die Epoche, in der sie lebten: für Nationalgefühl und Freiheitsdrang, für Kontinuitätssehnsucht und die Anbindung an die historische Vergangenheit des eigenen Volkes, für die romantische Entdeckung von dessen Seele und Schöpferkraft auf der einen Seite – und für eine neue, ständeüberbrückende demokratische Gesinnung als Konsequenz aus dem Gedankengut der Französischen Revolution auf der anderen. Jacob hatte als Assistent seines Lehrers Savigny in Paris gearbeitet, dann als Verwaltungsbeamter in Kassel, wo er 1806 nach Einmarsch der Franzosen freiwillig und freimütig als Bibliothekar auch an der Privatbibliothek des König Jérome tätig war. Nach Wiederherstellung des Kurfürstentums Hessen trat er als Fachbeamter in den auswärtigen Dienst, der ihn schließlich zum Wiener Kongreß für längere Zeit in die österreichische Hauptstadt führte. Als beide Brüder 1819 die Ehrendoktorwürde von Marburg erhalten hatten, verbreiterte sich ihr eigener selbständiger wissenschaftlicher Weg. 1830 wurden sie als Professoren nach Göttingen berufen. Sieben Jahre später zogen sie die Konsequenz aus ihrem politischen

Protest gegen den König von Hannover, der das parlamentarische Grundgesetz, verkündet unter dem Eindruck der Pariser Revolution, immer wieder umgestoßen hatte. Sie gehörten zu den 7 Göttinger Professoren, die ein Protestschreiben an den König unterzeichneten und deshalb zur Strafe ihrer akademischen Ämter enthoben und aus dem Lande verwiesen wurden. Der König hatte solch ein couragiertes Handeln nicht erwartet, denn von ihm stammt der unverschämte Ausspruch, Professoren, Schauspieler und Huren könne man immer haben! So gewinnt die Protestaktion der Göttinger Sieben über ihre aktuelle Relevanz hinaus die Qualität einer Demonstration des bürgerlichen Mittelstandes als neuem Träger politisch aktiven Bewußtseins.

Die Grimms kehrten nach Kassel zurück zu ihrem Malerbruder Ludwig Emil Grimm (1790–1863). Dort erreichte sie 1840 die Berufung an die Preußische Akademie der Wissenschaften zu Berlin, wo sie bis zu ihrem Tode wirkten.

Es erscheint billig, im Nachhinein den Göttinger Akt der Zivilcourage als politisch naiv und unmündig zu verwerfen und dem demokratischen Charakter dieser Tat monarchistische Bekenntnisse aus Briefstellen entgegenzusetzen (Emmerich: Zur Kritik. S. 52ff.). Das ist ein unhistorisches Verfahren, das am Zeitgeist der Epoche und dem In-sie-Eingebundensein der Brüder vorbeigeht. Anders steht es mit der berechtigten Kritik an den Methoden und der Wirkungsgeschichte der Grimms, insbesondere gegenüber der Vielzahl ihrer Epigonen über 150 Jahre hinweg, die den Zeitgeist der Romantik keineswegs mehr für sich in Anspruch nehmen können, sondern in voller Ideologisierung des »Volkstümlichen« handelten oder gedankenlos in ausgetretenen Grimmschen Spuren liefen und eine unselige politische Prädisposition des Faches vorbereiteten. Davon wird in den nächsten Kapiteln die Rede sein.

1816–1818 hatten die Brüder ihren KHM zwei Sagenbände folgen lassen, die sie jedoch nicht als Hausbücher verstanden wissen wollten und die eine weniger gute Aufnahme fanden und die z. B. August Wilhelm Schlegel (1767–1845) scharf kritisierte wegen ihrer Suche nach »Spuren und Trümmern der Vorzeit«. Vielleicht wurde dadurch die Abwendung Jacobs von der intensiven Sammeltätigkeit beschleunigt und seine Zuwendung zur Philologie. Das bedeutete nichts Geringeres als die Begründung der germanistischen Sprachwissenschaft. Mit ihren großen Thesauren der Rechtsaltertümer und deutschen Mythologie wollten die Grimms in philologischer Exaktheit ein Gesamtbild der Kultur des deutschen Altertums bieten, und so verbanden sie Kulturgeschichte, Volkskunde, Altertumskunde und Germanistik zu einem schier unlösbaren Geflecht.

Jacob Grimm verdankt also die Volkskunde den Beginn systematischer, philologisch getreuer Sammelarbeit mit z.T. soziologisch anmutenden Tendenzen. Im Anschluß an das »Wunderhorn« entwarf er 1811 eine »Aufforderung an die gesamten Freunde deutscher Poesie und Geschichte«, in der er den Plan einer großangelegten Sammelaktion entrollte. Beachtenswert ist hier die Forderung nach buchstabengetreuer Sammlung von Rede und Sage, Sitte und Brauch »mit allem dem sogenannten Unsinn« und unter Einbeziehung von Mundart und Redeweise des einfachen Mannes. Mit diesen strengen Forderungen setzte er sich wohl in Gegensatz zu den weit freizügigeren Heidelberger Freunden, lieferte aber der Volkskunde die ersten soliden Grundpfeiler präziser Methodik in der Materialaufnahme. Auch seine organisatorischen Vorschläge für ein nach Provinzen aufgeteiltes Sammelnetz waren so klug durchdacht, daß sie der große Organisator der Volkskunde John Meier hundert Jahre später für seine Landesstellen nicht besser ersinnen konnte (s. Kap. VII). 1815 gründete Jacob Grimm von Wien aus eine Gesellschaft zur Sammlung von Volksüberlieferungen und versandte dazu ein ausführliches gedrucktes Zirkular (»Kleinere Schriften«, Bd. 7, 1884, S. 593–595), mit Hilfe dessen er in einer Art von Korrespondentenmethode eine Fülle von Volksüberlieferungen an seine Kasseler Arbeitsstelle ziehen wollte. Dieser Rundbrief sowohl wie ein weiterer auf Westfalen beschränkter Plan von 1822 sprach nicht nur von Volkspoesie und mündlicher Volksüberlieferung, sondern auch von Tracht und Hausrat, Dorf und Siedlung, Viehzucht und Ackerbau und offenbarte mit seinen Hinweisen auf Gewohnheiten und Verhaltensnormen, daß der gute Stil aufklärerischer Landeskunden noch nicht gänzlich vergessen war. Solch erster großer Ansatz zu einer wissenschaftlichen Bewältigung volkskundlicher Stoffülle wäre bedeutsamer für die Geschichte der Volkskunde als Wissenschaft gewesen als die oft zitierten Zeugnisse romantischer Volkstumsbegeisterung, die lange Zeit eine stärkere Wirkung ausübten.

Literatur

Arndt, Ernst Moritz: Versuch einer Geschichte der Leibeigenschaft in Pommern u. Rügen. 1803.

Arnim, Achim von u. Clemens Brentano: Des Knaben Wunderhorn. Alte deutsche Lieder. Hrsg. v. H. G. Thalheim. 3 Bde. 1966.

Schewe, Harry: Vorauswort zu einer historisch-kritischen und anhand der Originalquellen kommentierten Wunderhorn-Ausgabe. In: Dt. Jb. f. Vkde 2 (1956), S. 51–72.

Bausinger, Hermann: Konservative Aufklärung – Justus Möser vom Blickpunkt der Gegenwart. In: ZfVkde 68 (1972), S. 161–178.

Bechstein, Ludwig: Das deutsche Märchenbuch. 1845.
Benz, Richard: Geschichte und Aesthetik des dt. Volksbuchs. 1924.
Bürger, Gottfried August: Werke, hrsg. v. E. Grisebach. [5]1894, S. 246–251.
Büsching – von der Hagen: Sammlung deutscher Volkslieder. 1807.
Deneke, Ludwig: Jacob Grimm und sein Bruder Wilhelm. 1971.
Dyhrenfurth – Graebsch, Irene: Geschichte des deutschen Jugendbuches. 1951.
Ginschel, Gunhild: Der junge Jacob Grimm 1805–1819. 1967.
Görner, Otto: Der Volkslesestoff. In: Die dt. Volkskunde, Bd. 1. 1934, S. 388–399.
Görres, Joseph: Die teutschen Volksbücher. Nähere Würdigung der schönen Historien-, Wetter- u. Arzneybüchlein, welche theils innerer Werth, theils Zufall, Jahrhunderte hindurch bis auf unsere Zeit erhalten hat. Mit e. Zueignung an Clemens Brentano. 1807. – Neuausgabe mit e. Nachw. von Lutz Mackensen, 1925.
Grimm, Brüder: Kinder- und Hausmärchen (KHM), 3 Bde. 1812/15/23. – Zu Leben u. Werk der Brüder vgl.: Brüder Grimm Gedenken, mit 25 Beiträgen. In: Hess Bll. f. Vkde 54 (1963); Jacob Grimm. Zur 100. Wiederkehr s. Todestages. In: Dt. Jb. f. Vkde 9 (1963). – Deutsche Sagen, 2 Bde. 1816/18; Neuausg. in 1 Bd. nach d. 3. Aufl. v. 1891. 1956. – Deutsche Grammatik. 1819–1837; Rechtsaltertümer. 1828; Deutsche Mythologie. 1835; Deutsches Wörterbuch, seit 1852. – Von allen Werken liegen Neuausgaben vor, zur Deutschen Mythologie, Graz 1968, mit einem Vorwort von Leopold Kretzenbacher; Kleinere Schriften. Neudruck Bd. 1–8, 1965/66; Volkslieder. 1985.
Hammerich, Louis L.: Jacob Grimm und sein Werk. In: Brüder Grimm Gedenken 1963, S. 1–21.
  Höck, Alfred: Die Brüder Grimm als Studenten in Marburg. In: Brüder Grimm Gedenken 1963, S. 67–96.
  S. E.: Jacob Grimm über Volkskunde. In: Zs. d. Vereins f. Vkde 12 (1902), S. 96ff.
  Schulte-Kemminghausen, Karl-August: Die Brüder Grimm als Sammler von Volksliedern. In: Wissenschaftl. Annalen 4 (1955), S. 636–645.
  Steig, Reinhold: Jacob Grimms Plan zu einem Altdeutschen Sammler. In: Zs. d. Vereins f. Vkde 12 (1902), S. 129–138.
Herder, Johann Gottfried: Volkslieder, 2 Bde. 1778/79; erst seit 1807 unter dem Titel: Stimmen der Völker in Liedern. – Suphans Gesamtausgabe der Werke Herders erschien 1877/1901 u. wurde reprographisch neugedruckt 1967/68. Bd. 5 dieser Ausgabe enthält »Von dt. Art u. Kunst«, Bd. 25 »Volkslieder«.
Herder/Goethe/Frisi/Möser: Von dt. Art und Kunst. Einige fliegende Blätter. Hrsg. v. Hans Dietrich Irmscher. (Reclams Univ.-Bibl. Nr. 7497/98.) 1968.
  Moser, Hugo: Volk, Volksgeist, Volkskultur. Die Auffassungen J. G. Herders in heutiger Sicht. In: ZfVkde 53 (1956/57), S. 127–140, und die dort angegebene Literatur.
Jahn, Friedrich Ludwig: Deutsches Volkstum. 1810; Werke zum Deutschen

Volkstum. 1833. – Neuausgaben des »Deutsches Volkstum« u.a. 1896 (Meyers Volksbücher. H. 1132/35), 1926 (f. d. Mittelstufe hrsg. v. H. Gerstenberg), 1935 Reclams Univ.-Bibl. Nr. 2638/40), 1944 (Frontausgabe), Neudruck 1980 –. Es ist für die richtige Einschätzung dieser Begriffswelt nicht uninteressant, daß in der Hitlerzeit an der Berliner Universität ein Lehrstuhl für »Volkstumskunde« errichtet wurde –, neben dem durch Adolf Spamer vertretenen Lehrstuhl für Volkskunde. Der Lehrstuhlinhaber Frhr. von Loesch definierte bezeichnenderweise den Unterschied folgendermaßen: »Die unpolitische Volkskunde pflegt und sammelt althergebrachte geistige und materielle Güter; die Volkstumskunde oder auch politische Volkskunde genannt bezieht sich dagegen in erster Linie auf die Fragen des Gemeinschaftslebens der Völker.«

Kommersbuch. – Es gibt mehrere, am verbreitetsten ist das Lahrer »Allgem. dt. Kommersbuch«, hrsg. v. *Friedrich Silcher* u. *Ludwig Erk*, zuerst 1843.

Lüthi, Max: Märchen. (Slg. Metzler. 16.) [7]1979, S. 52–57, und die dort angeführte Literatur.

Martens, Wolfgang: Die Botschaft der Tugend. Die Aufklärung im Spiegel der dt. Moralischen Wochenschriften. 1968.

Möller, Helmut: Altdeutsch. Ideologie, Stereotyp, Verhalten. In: Hess. Bll. f. Vkde 57 (1966), S. 9–30.

Möser, Justus: Sämtl. Werke. Histor.-Krit. Ausgabe, hrsg. v. d. Akademie d. Wiss. in Göttingen. Abt. 2, Bd. 3–10: Patriotische Phantasien, 6 Bde. Bearb. v. Ludwig Schirmayer u. Werner Kohlschmidt. 1943, 1946, 1954, 1956, 1958, 1968. Anwalt des Vaterlandes. 1978.

Meinecke, Friedrich: Über Justus Mösers Geschichtsauffassung. In: Sitzungsber. d. Preuß. Akademie d. Wiss., Philol.-histor. Klasse. 1932, S. 2–14.

Parthey, Gustav: Jugenderinnerungen. 1907.

Percy, Thomas: Five Pieces of Runic Poetry. 1763 – Reliques of ancient English poetry, 3 Bde. 1765; nach der 1. Aufl. v. 1765 mit den Varianten der späteren Originalausg. hrsg. v. M. M. A. Schröer. 2 Bde. 1889/93.

Ranke, Kurt: Der Einfluß der KHM auf das volkstümliche deutsche Erzählgut. In: Papers of the Intern. Congr. of European and Western Ethnology 1956, S. 126–135.

Rölleke, Heinz: Die älteste Märchensammlung der Brüder Grimm. Synopse der handschriftlichen Urfassung von 1810 und der Erstdrucke von 1812. 1975; Die »stockhessischen« Märchen der »Alten Marie«. Das Ende eines Mythos um die frühesten KHM-Aufzeichnungen. In: Hessen – Märchenland der Brüder Grimm. 1984, S. 104–116.

Röhrich, Lutz: Sage. (Slg Metzler. 55.) 1966.

Rousseau, Jean Jacques: Der Gesellschaftsvertrag. ›Contrat social.‹ 1762; in d. verbess. Übersetzung v. H. Denhardt hrsg. u. eingel. v. *H. Weinstock* 1966. (Reclams Univ.-Bibl. Nr. 1769/70.)

Uhland, Ludwig: Alte hoch- und niederdt. Lieder. 1844/45; [2]1866, dazu als Bd. 3 der aus Uhlands Nachlaß hrsg. »Schriften zur Geschichte der Dichtung und Sage«, 1866: Abhandlung über das dt. Volkslied.

Weber-Kellermann, Ingeborg: Die deutsche Familie. Stb 185 (1974) 1984[8]; Hessen als Märchenland der Brüder Grimm, 1984, S. 93–103.

Aber wie sehr solche Fragestellungen, aus philologischem Verantwortungsbewußtsein geboren, auch auf eine synchrone Statuserforschung hinzudeuten schienen –, so erwuchsen sie doch im Grunde aus völlig anderer Denkart. Es war gerade die Hinwendung zur Geschichtlichkeit der Erscheinungen – wenn auch im romantisch-ideologischen Sinne –, die die wissenschaftlichen Vorstellungen der Brüder Grimm kennzeichnete. Für sie ist »Natur« nicht mehr »das Geschichtslose, sondern bezeichnet die Nähe zum Ursprung, die in alter Zeit größer gewesen, die aber doch keineswegs ganz unmöglich geworden ist. Das Geschichtliche des Naturbegriffes zeigt sich in seiner von Anfang an gegebenen Verbindung zum Begriff des Volkes; Naturpoesie und Nationalpoesie sind auswechselbare Begriffe« (Bausinger 1964, S. 61). Solch geschichtliches Denken aber verlangte nun ein schrittweises Sich-Zurück-Tasten in fernes Altertum, um in die Nähe der ursprünglichen Überlieferungsquellen zu gelangen. »Das älteste Denkmal zeigt uns noch nicht das Ursprüngliche, wir nähern uns ihm nur gradweise, indem wir immer weiter zurückgehen« (Jacob Grimm »Kleinere Schriften«, Bd. 4, 1884, S. 551).

Von diesen Grimmschen Zielsetzungen aus entwickelte sich eine neue Wissenschaftskategorie, die vaterländische Altertumskunde, die sich in Deutschland im Entstehen zahlreicher Geschichts- und Altertumsvereine Ausdruck verlieh, – ja, derartige Bestrebungen wurden fast zur Mode und ergriffen einen großen Teil der gebildeten und bildungsbeflissenen Bevölkerung. Der geschichtliche Rückverfolg der Phänomene wurde somit zur Volksgeschichte selbst (im Gegensatz zur Fürsten- und Herrschaftsgeschichte) und traf sich mit den Empfindungen, die die romantische Volkstumsbegeisterung angefeuert hatte, ebenso wie mit der oft bewährten demokratischen Gesinnung der Brüder Grimm.

Das typische Bild eines solchen Altertumssammlers und -freundes zeichnete aus zeitlicher Nähe Karl Immermann (1796–1840) in einem ironischen Kapitel seines westfälischen Bauernromans »Der Oberhof« (1839):

»Die Bauern rückten vor dem neuen Ankömmlinge höflich zusammen. Er wurde zum Sitzen genötigt und bewerkstelligte diese seine Niederlassung mit bedachtsamer Vorsichtigkeit, um nicht, was er bei sich trug, zu zerbrechen. In der Tat war ein solches Verhalten auch notwendig, denn der Mann war bepackt wie ein Lastwagen, und die Umrisse seiner Gestalt glichen einem Konglomerate zusammengeschnürter Ballen. Nicht allein, daß die Rocktaschen, mit manchem Runden, Viereckten, Länglichten befrachtet, in sonderbarer Bauschung weit vom Leibe abstanden, auch Brust- und Seitenbehälter, zu gleichen Zwecken verwendet, bildeten mannigfach geformte Wülste und Erhöhungen, die um so schärfer hervortraten, als der Sammler, um nichts von seinen Schätzen zu verlieren, den Rock, ungeachtet der herrschenden Sommerwärme, fest zugeknöpft trug. Selbst das Innere der Kappe hatte zur Aufbewahrung kleinerer Gegenstände dienen müssen und erhielt von diesem Inhalte ein kürbisartiges Ansehen. Er schlürfte den ihm vorgesetzten guten Wein mit sichtbarem Behagen, das ältliche von Wandern und Hitze aufgedunsene und gerötete Antlitz gewann allmählich seine ihm natürliche Farbe und Form wieder. ›Gute Geschäfte gemacht, Herr Schmitz?‹ fragte der Hofschulze lächelnd. ›Dem Anscheine nach sollte man es glauben.‹

›Es geht noch‹, versetzte der Sammler. ›In der lieben Erde steckt ein rechter Segen. Nicht allein Korn und Gewächse bringt sie immerdar hervor und wird nicht müde; auch Altertümer erntet ein aufmerksamer Forscher ihr fortwährend ab, soviel auch danach schon gescharrt und gegraben worden ist. Ich habe denn einmal wieder so meine Gängelchen durch das Land gehalten, kam diesesmal bis an die Grenze vom Siegenschen.‹ [...]

›Was bringen Sie denn mit?‹ fragte der Hofschulze. Der Sammler klopfte sacht und freundlich auf alle Erhöhungen und Wülste seiner verschiedenen Taschen und sagte: ›Ei, nun, Liebes und Gutes, allerhand Siebensachen. Eine Streitaxt, ein paar Donnerkeile, Kattenringe, prächtig mit grünem Rost überzogen, Aschenkrüglein, Tränenflaschen, drei Götzen und ein paar kostbare Lampen. [...] Was aber die allerwichtigste Entdeckung dieser Reise ist: ich habe nun wahr und wahrhaftig den Ort gefunden, wo Hermann den Varus schlug. [...] Das ist also der Platz, wo Germanikus sechs Jahre nach der Teutoburger Schlacht die Überreste der römischen Legionen bestatten ließ, als er seine letzten Züge wider Hermann machte, und folglich habe ich dort das richtige Schlachtfeld entdeckt.‹ ›An die tausend und mehrere Jahre pflegen sich Knochen nicht zu erhalten‹, sagte der Schulze und bewegte zweifelmütig das Haupt. ›Sie haben sich versteinert in den Mineralien dort‹, sprach der Sammler zorneifrig. ›Ich muß Euch nur den Glauben in die Hand geben, da ist einer, den ich mitgebracht habe‹. Er zog einen großen Knochen aus dem Busen und hielt denselben seinem Widerpart unter die Augen. ›He, was ist das?‹ fragte er triumphierend. Die Bauern starrten den Knochen verdutzt an. Der Hofschulze antwortete, nachdem er ihn prüfend betrachtet hatte: ›Ein Kuhknochen, Herr Schmitz. Sie sind auf einen Schindanger gestoßen und nicht auf das Teutoburger Schlachtfeld.‹ Grimmig steckte der Sammler das bescholtene Altertum wieder an seinen Platz und stieß einige heftige Reden aus, denen der alte Bauer in derber Weise zu begegnen wußte.«

Hier wird manches deutlich von der krampfhaften Suche nach dem gewünschten germanischen Urgrund alter Geschichte und Kultur, die nun das volkskundlich-historische Wissenschaftsdenken des folgenden Jahrhunderts begleiten sollte. Die Faszination einer solchen Suche nach der germanisch-heidnischen, resthaft im europäischen Überlieferungsgut enthaltenen »reinen echten Form« hat ganze Generationen von Volkstumsforschern und Volkstumspflegern beflügelt und erfüllt. Diese Tendenz reizte schon vor mehr als 100 Jahren den Germanisten Moriz Haupt (1808–1874) zu der sarkastischen Bemerkung, es werde bald kein roter Hahn und kein stinkender Bock mehr in der Welt sein, der nicht Gefahr laufe, für einen germanischen Gott erklärt zu werden. Dennoch hat die simple Eindeutigkeit mythologisierender Interpretationen seitdem immer wieder ihre Anhängerschaft gefunden. So wurde noch 1968 den Gästen des Imster Schemenlaufs in Tirol ein Merkblatt überreicht, in dem es wörtlich heißt: »Das Schemenlaufen ist ein uralter Volksbrauch, der seinen Ursprung in vorchristlicher Zeit hat [...]. Nach germanischem Glauben wird die Fruchtbarkeit durch böse Geister beeinträchtigt [...]« usw. usw.

Man darf Hans Moser folgen, wenn er es endlich ausspricht, daß es wohl nie »reine Formen nach der Auffassung der wissenschaftlichen Theoretiker gegeben (hat) und auch keine nur aus einer Ursächlichkeit heraus zu erklärende, auf einen Gedanken hin zu interpretierende Erscheinungen, etwa nur auf Fruchtbarkeitszauber oder Dämonenabwehr hin oder nur auf Totenkult oder als Initiationsritus und was dergleichen beliebte Monokausalerklärungen sind« (S. 225). Der freudige Eifer, mit dem aber gerade die heidnisch-mythologische Sinndeutung verfolgt wurde, rief nun nicht nur im 19. Jahrhundert eine Unzahl von Grimm-Epigonen ins Feld, – sie hat dann schließlich auch in unserem Jahrhundert einer Ideologisierung und Politisierung der Volkskunde das Material geliefert und leichtes Spiel gemacht (s. Kap. X und XI).

So viel über die ideologische Vorprägung und gewissermaßen Inkubation der Volkskunde durch die germanen- und mythologiefreundliche Geisteshaltung jener Zeit. Wolfgang Emmerich hat solche Zusammenhänge überzeugend dargestellt. Hier soll nun aber auch eine andere Qualität jener Wissenschaftsepoche zur Sprache kommen: das erwachende museale Interesse am Gegenständlichen. Mit Recht betont Jacobeit, daß sich mit der Freude am Altertum erste Bemühungen um die volkstümliche Sachkultur verbanden und eine veränderte Einstellung zum musealen Bereich, wie sie der Gründung des ›Germanischen Nationalmuseums‹ zu Nürnberg 1852 durch Hans von und zu Aufsess (1801–1872) zugrunde lag. Die Zeit der Kunst- und Wunderkammern der Renaissance und des Barock, die mit ihren Kunstschätzen, aber auch Kuriositäten vor allem der fürstlichen Selbstrepräsentation gedient hatten, angetan, Bewunderung und gaffendes Staunen hervorzurufen, war vorbei. Nun galt es, den Gedanken des Nationalen zu repräsentieren, die Vergangenheit des eigenen Volkes glanzvoll ins Bewußtsein zu bringen, nicht nur im Sinne musealen Besitzes, sondern als Erneuerung abgelebter nationaler Geschichte, deren Hochblüte man im »altdeutschen« Leben des Mittelalters zu erkennen glaubte. Das stolze patrizische Image dieser Zeit, das dem Nürnberger Museum von Anfang an die Schwerpunkte Mittelalter und Dürerzeit gab, hat dann dem ganzen bürgerlichen 19. Jahrhundert als Leitbild gedient.

Aber die Grimmschen Gedanken verwirklichten sich entschiedener in der historisierenden Altertumsbegeisterung, die im Zusammenschluß der Vereine zum ›Gesammtverein der deutschen Geschichts- und Altertumsvereine‹ 1852 kulminierte. Zu seinen Begründern gehörten neben Aufsess und dem Berliner Germanisten Karl Müllenhoff (1818–1884) auch Gelehrte, die für die Entwicklung der regionalen Volkskunde von großer Bedeutung geworden sind. Der Mecklenburger Georg Christian Friedrich Lisch (1801–1883) versuchte, die volkskulturellen Erscheinungen der Gegenwart für die Erhellung der Vergangenheit zu nutzen und zu deuten, als er 1867 mit dem Freunde Karl Bartsch (1832–1888), Professor für Germanistik in Rostock und später Herausgeber der ›Germania‹, einen Aufruf zur Sammlung volkstümlicher Überlieferungen in Mecklenburg herausgab, der nach dem Vorbild der Brüder Grimm fast den Gesamtbereich der Volkskultur umfaßte.

Die Ergebnisse dieser Sammlung gelangten 1891 in die Hände von Richard Wossidlo (1859–1939), einem wahren Genie der Sammeltechnik, der der mecklenburgischen Volkskundeforschung zu ihrem hohen Stand verholfen hat (vgl. Dt. Jb. f. Vkde 5, 1959, S. 3 ff. und 153–163).

Für die Geschichte der Sachkulturforschung ist weiterhin Georg Landau (1807–1865) zu nennen, kurhessischer Archivar in Kassel, der sich als Schüler der Brüder Grimm betrachtete und vom Gesamtverein mit dem Plan für eine Art von Topographie Deutschlands beauftragt wurde. 1855 legte er der Hauptversammlung seinen Plan vor, nach dem in »Gaubeschreibungen« das gesamte wirtschaftliche und sittliche Leben des Volkes behandelt werden sollte als »lebendige Quelle«, aus der man »Erkenntnis über die frühesten Zustände unseres Volkes schöpfen« könne. Dieses allzu umfassende Projekt hat er dann später selbst reduziert, vor allem auf Feldbearbeitung und Häuserbau, so daß Georg Landau heute als ein Begründer volkskundlicher Hausforschung gelten darf. Doch stellt ihn sein Forschungsansatz in die Reihe nachromantischer Wissenschaftler, die aus Vergleichen und den Zeugnissen der Gegenwart eine bis in fernste Zeiten zurückreichende Volksgeschichte zusammenzusetzen bemüht waren.

Auf die von den Grimms ausgelöste Welle landschaftlicher Sammeltätigkeit und der Veröffentlichung ihrer Ergebnisse in den verschiedensten neugegründeten Organen kann hier nur hingewiesen werden. Da ist Anton Birlinger (1834–1891), der seit 1873 die Zeitschrift »Alemannia« herausgab und ein Sammelwerk über Schwaben veröffentlichte. Ludwig Bechstein berichtete vor allem über Thüringen, und Karl Simrock (1802–1876) widmete sich ganz im Geiste der Grimms den Resten der Mythologie, wie es der Indogermanist Adalbert Kuhn (1812–1881) und F. L. Wilhelm Schwartz (1821–1899) bereits in ihren Publikationen exemplifiziert hatten (vgl. Bausinger: Volkskunde, S. 41 ff.).

Immer unbedenklicher verknüpften die nachromantischen Geschichts- und Altertumsforscher die Fakten der Gegenwart mit Vorstellungen der germanischen Mythologie. Das Heer der Grimm-Epigonen wuchs. In der Grimm-Nachfolge soll jedoch nun von einem Manne die Rede sein, der auf einem höheren Niveau stand und sowohl wegen seiner Sammelmethoden wie wegen seiner übernationalen europäischen Gesichtspunkte und seines großen selbstlosen Engagements eine besondere Rolle in der Wissenschaftsgeschichte der Volkskunde einnimmt: Wilhelm Mannhardt (1831–1880). »An einem streng wissenschaftlichen Aufbau der Mythologie« zu arbeiten und »die psychischen Petrefakten der Vergangenheit wieder lebendig zu machen«, hatte sich der Grimmschüler zur Lebensaufgabe gestellt, der mit seinem Werk der mythologischen Forschungsrichtung bis weit in unsere Tage Geltung verlieh.

Mannhardt, der nach seinen eigenen Worten durch die Lektüre der »Deutschen Mythologie« von Jacob Grimm in frühen Jugendjahren die Richtung seines Lebens entschieden sah, fand die Basis für seine Bemühungen im ›Gesammtverein der deutschen Geschichts- und Altertumsvereine‹, wo er 1858 in einem Vortrag zum erstenmal seine Ziele im Hinblick auf ein »Urkundenbuch der Volksüberlieferungen« vorstellte. Bekannt geworden ist sein großer volkskundlicher Fragebogen, seine »Bitte«, die er in vielen Tausenden von Exemplaren 1865 durch ganz Deutschland und die angrenzenden Länder verschickte (vgl. Weber-Kellermann, S. 28 ff. und 41 ff.) und die ihm das Material für seine bedeutenden vergleichenden mythologischen Werke einbrachte. In der Forscherpersönlichkeit Mannhardts vereinten sich die offensichtlich unvereinbaren Elemente wissenschaftlicher Arbeit und wissenschaftlichen Denkens zu jenem für das Selbstverständnis der Mythologen so typischen Geflecht: Solider statistischer Sammeleifer innerhalb des gegenwärtigen Volkslebens und dessen nahtlose Anbindung an fernstes heidnisches Altertum. So sollte sich »das Bild eines großen zusammenhängenden, in fast allen seinen Zwischengliedern erhaltenen Anschauungskreises entrollen« (»Wald- und Feldkulte« 2, S. XXXV). Die Mißerfolge der bisherigen Forschung glaubte er in der Lückenhaftigkeit der Überlieferung zu erkennen, und es ist aussagekräftig, Bild- und Wortwahl des Mythologen nach über 100 Jahren auf sich wirken zu lassen. »Es war nötig, die Hebel weit tiefer einzusetzen, um die bemoosten Steine von den Grabkammern der Vorzeit zu lösen. Nur wenn es gelang, alle Überlieferungen in allen ihren Formen und Varianten zu sammeln, die ethnographische Grenze ihrer Verbreitung genau festzustellen und zugleich überall die der Zeit nach frühestens erhaltenen Zeugnisse für dieselben aufzufinden, durfte man hoffen, zu festen und sicheren Ergebnissen über den Ursprung, die älteste Bedeutung, die ursprüngliche Gestalt, die allmählichen Veränderungen und Verzweigungen jedes einzelnen Gebrauches und jeder einzelnen Sage und Mythe zu gelangen und festzustellen, welcher Zeit und welchem Volke ihre Entstehung angehörte. – Damit wäre dann die Mythologie als eine positive exakte Wissenschaft begründet« (vgl. Weber-Kellermann, S. 15). In der Einleitung zu seinem gedruckten Fragebogen kehrt dann jenes Bild wieder, das schon die Brüder Grimm benutzt hatten, um die Bedeutung der noch vorhandenen Relikte und »survivals« für ihre mythologischen Forschungsziele zu kennzeichnen. Mannhardt hatte als Ansatz für sein Frageunternehmen die Erntesitten gewählt, »welche ihrem Ursprung nach teilweise in die allerälteste Zeit hinaufreichen, stückweise wie zersprungene Splitter eines großen Mosaikbildes sich bis auf unsere Tage hie und da erhalten haben«. Und diese Splitter sollten nun zur Rekonstruktion für das Gemälde einer vermeintlich einst geschlossenen Brauch- und Glaubenswelt dienen; aus den zertrennten Bruchstücken wollte er »soviel als möglich das zusammenhängende Gewebe der Tradition, wie sie früher bestand, zusammensetzen, jedes einzelne Glied von unorganischen Zusätzen reinigen und an der richtigen Stelle einfügen« (Correspondenzbl. 13, S. 85).

Das nun paßte ganz in die schon von den Romantikern gepflegte Suche nach der »Urform« von Lied, Sage, Märchen, Brauch, – nach jener vermeintlichen archaischen, noch unzerstörten Urgestalt, die, einst in fernen Zeiten vorhanden geglaubt, aus vielen Reliktsplittern und religionsgeschichtlichen Vergleichen rückerschlossen werden könne. Nur diesem Ziele sollte die Fragebogenaktion Mannhardts dienen, nicht einem zeitlichen Zustandsbild der Verbreitung und Häufigkeit bestimmter Brauch- und Glaubensformen, wie es etwa zwei Generationen später der »Atlas für deutsche Volkskunde« erstrebte.

Hier mißdeutete und überinterpretierte Richard Beitl m. E. die Mannhardtschen Bemühungen: Wilhelm Mannhardt und der Atlas der deutschen Volkskunde. In: ZfVkde 4 (1933), S. 70–84.

Als Schüler Jacob Grimms hatte Mannhardt seine Forschungen begonnen und die »Deutsche Mythologie« als nationale Tat gefeiert, als das Werk eines »Genius, der zugleich auch kindlich und naiv den Geist des Altertums nachzufühlen verstand«, der den Nationen den Weg in das goldene Land ihrer eigenen Kindheit zu weisen vermochte (»Wald- und Feldkulte« 2, S. IX). War auch sein Plan einer »Monumenta mythica Germaniae« zuerst vornehmlich auf den Ausbau des Grimmschen mythologischen Wissenschaftsgebäudes gerichtet, so blieb er doch dabei nicht stehen. Aufgeschlossen dem evolutionistischen Geist seiner Zeit durchbrach er die Grimmsche Vorstellung, daß die Welt der Mythen als unverrückbar festes System seit dem Altertum bis in die Gegenwart hineinrage; er führte vielmehr das Prinzip der Entwicklung in dem Sinne ein, daß eine dauernde Veränderung und Überlagerung der alten Stoffe in der ganzen Breite des indogermanischen Überlieferungsraumes anzunehmen sei. So weitete sich ihm die alte Basis der »deutschen Mythologie« zur »arischen Urmythologie«, die es aus den Reliktbeständen zu rekonstruieren gelte. Die patriotische Gefärbtheit romantischer Wissenschaftsideale verblich zugunsten indoeuropäischer, ja menschheitlicher Grundgedanken, wie sie dann von der neuerwachenden Völkerpsychologie vertreten wurden (s. Kap. VI). In diesem Sinne ist auch die fast unveränderte Aufnahme der Mannhardtschen Theorie in das große Werk James Frazers (1854–1941) zu verstehen, und die Kritik an Mannhardts Werk richtete sich später wohl kaum gegen seine Forschungsergebnisse im einzelnen, sondern gegen den gesamten mythologischen Denkansatz. Die »Folklivsforskning« von Sigurd Erixon (1888–1968), dessen skandinavischer Schule die entscheidenden Arbeiten zur Mannhardtrevision entstammen, bildet mit ihren drei Kulturdimensionen Raum, Zeit und soziale Gruppierung den äußersten Gegenpol zu der mythologischen Schule (s. Kap. X).

Wilhelm Mannhardt darf als der markanteste Repräsentant einer Forschungsrichtung verstanden werden, die mit philologischer Akribie und Altertumsbegeisterung die Überlieferungs*stoffe* untersuchte, – die Stoffe als Mittel zur Rekonstruktion einer vermeintlichen »Urform« und damit auch die Suche nach der »Urform« der Stoffe selbst, – fernab von ihrem menschlichen Bezug und ihrer sozialen Funktion.

Literatur

Bausinger, Hermann: Natur und Geschichte bei Wilhelm Grimm. In: ZfVkde 60 (1964), S. 54–69.

Bechstein, Ludwig: Mythe, Sage, Märe und Fabel im Leben und Bewußtsein des deutschen Volkes. 3 Theile 1854/55.

Birlinger, Anton: Volkstümliches aus Schwaben. 2 Bde. 1861/62.

Emmerich, Wolfgang: Germanistische Volkstumsideologie. 1968.

Deutsche Kunst und Kultur im Germanischen Nationalmuseum. Nürnberg 1952.

Eskeröd, Albert: Årets äring. Ethnologiska studier i skördens och julens tro och sed. Stockholm 1947.

Frazer, James George: The golden bough. A study of comparative religion. London 1891.

Germania. Vierteljahrsschrift f. dt. Altertumskunde. Hrsg. v. *Franz Pfeiffer.* Jg. 1: 1856. Schon im 1. Jg. waren mit Beiträgen vertreten: Ludwig Uhland, Jacob Grimm, Eduard Zarncke, Karl Bartsch, Karl Gödeke u.a. Später war Karl Bartsch, nach ihm Otto Behaghel Herausgeber.

Jacobeit, Wolfgang: Bäuerliche Arbeit und Wirtschaft. Ein Beitrag zur Wissenschaftsgeschichte der dt. Volkskunde. 1965, S. 22ff., bes. Kap. I.

Immermann, Karl: Der Oberhof. 1839, S. 14ff.

Kuhn, Albert; Schwartz, F. L. Wilhelm: Norddeutsche Sagen, Märchen und Gebräuche 1848.

Landau, Georg: Sitte und Brauch in Hessen vor 100 Jahren, (Hrsg.:) Bernhard Martin. 1959.

Lisch/Bartsch: Aufruf zur Sammlung volkstümlicher Überlieferungen. In: Landwirtschaftl. Annalen 6 (1867), S. 110f.

Mannhardt, Wilhelm: Über das ›Urkundenbuch der Volksüberlieferungen‹ in: Correspondenzblatt d. Gesamtvereins der dt. Geschichts- u. Altertumsvereine 7 (1858), S. 6–7 u. 13 (1863), S. 81–88, 91–93. – Nach den kleinen Schriften: »Roggenwolf und Roggenhund. Beitrag zu e. German. Sittenkunde«, 1866, u. »Die Korndämonen«, 1868, erschien in gründlicher Verarbeitung des gesammelten Materials und unter Heranziehung vergleichender religionswissenschaftlicher Studien sein großes Werk: Wald- und Feldkulte. Tl. 1: Der Baumkultus der Germanen und ihrer Nachbarstämme, 1875; Tl. 2: Antike Wald- und Feldkulte aus nordeuropäischer Überlieferung, 1877; reprograph. Neudruck beider Tle. 1966.

Beitl, Richard: Wilhelm Mannhardt und der Atlas der dt. Volkskunde. In: ZfVkde 4 (1933), S. 70–84.

Schmidt, Arno: Wilhelm Mannhardts Lebenswerk. 1932.

Sydow, Carl Wilhelm von: The Mannhardtian Theories about the last sheaf and the fertility demons from a modern critical point of view. In: Selected Papers on folklore. Copenhagen 1948, S. 89–105.

Moser, Hans: Gedanken zur heutigen Volkskunde. In: Bayer. Jb. f. Vkde 1954, S. 208–234.

Simrock, Karl: Hb. d. deutschen Mythologie mit Einschluß des Nordischen. 1853–1855.

Weber-Kellermann, Ingeborg: Erntebrauch in der ländl. Arbeitswelt des 19. Jhs. Auf Grund des Mannhardtmaterials von 1865. 1965.

Die Zeugnisse des Volkslebens nun, ja das Volksleben selbst nahm sich zu gleicher Zeit ein Mann zum Forschungsgegenstand, der häufig als der Begründer einer volkskundlichen Wissenschaft betrachtet wird: Wilhelm Heinrich Riehl (1823–1897). Das Ineinanderspielen von Epochenstilen und Zeitgeistigkeiten, wie es die Geistesgeschichte des 19. Jahrhunderts in so reichem Maße kennzeichnet, spiegelt sich vielfältig in der Persönlichkeit dieses Mannes. Geboren in Rheinfranken, Student der Theologie in Marburg, Tübingen, Gießen und Bonn gelangte er nach »literarischen Lehr- und Wanderjahren« (Geramb, S. 135ff.) als Professor für Kulturgeschichte an die Münchener Universität, der er als brillanter Hochschullehrer bis zu seinem Lebensende angehörte. Hier verkündete er 1858 in einem berühmt gewordenen Vortrag das Programm einer neuen Wissenschaft, der Volkskunde, die er als »bewegenden Mittelpunkt« einer Fülle von wissenschaftlichen Bestrebungen verstanden wissen wollte, als »geistige Heimat« einer ganzen Reihe von Nachbardisziplinen. Der nachwirkende Wert dieses Vortrags liegt, wenn er zu seiner Zeit auch ohne nennenswerte Resonanz verhallte, in dem klaren Hinweis auf den im Grunde einheitlichen Charakter des Faches. »Die Volkskunde selber aber ist gar nicht als Wissenschaft denkbar, solange sie nicht den Mittelpunkt ihrer zerstreuten Untersuchungen in der Idee der Nation gefunden hat«, und als ihr Forschungsziel pries er die »Selbsterkenntnis des Volkstums«. Wie er nun auch »Volk« und »Nation« im einzelnen verstanden haben mag, – das Ziel seiner Bemühungen war jedenfalls ein soziales oder vielmehr ein sozial-psychologisches, die »psychologische Charakteristik einer deutschen Volksgruppe«, wie er im Vorwort zu seinem Buch über »Die Pfälzer« schrieb. Solche Gedanken wären den Romantikern sehr fremd gewesen und offenbaren eine große Gegenwarts- und Lebensnähe, wie sie das Gesamtwerk Riehls bedeutend auszeichnet. Auch seine Sammelmethode war neu. Er hatte das Buch von den Pfälzern im buchstäblichen Sinne erwandert und stellte sein mit statistischem, geschichtlichem und ethnographischem Material vielseitig koloriertes Volksporträt ergänzend zu den drei Bänden seiner »Naturgeschichte des Volkes«. Wir verdanken Riehl einen Band über »Die deutsche Arbeit« (1861, zuletzt 1924), und es schien, als hätte endlich auch die Volkskunde den Weg in die Gegenwart gefunden. Es schien, als hätten Tatsachensinn und Wirklichkeitsbezug über romantische Ursprungssehnsucht gesiegt, – als hätte die Volksforschung endlich wieder den Anschluß erreicht an die nüchternen und nützlichen Topographien der Aufklärer. So zumindest konnten die Riehlschen Postulate verstanden werden, und so hat er sie wohl auch in mancher Hinsicht verstanden wissen wollen: die Wissenschaft vom Volke sollte aus gesammelten Einzelerkenntnissen heraus der Idee des Staates dienen; statt Volks*wirt*schaft solle man Volks*wissen*schaft betreiben. Es genüge nicht, den Staat im Sinne einer kaufmännischen Buchführung zu verwalten, sondern man müsse ihm die »Naturgeschichte des Volkes« zugrunde legen und der volkswirtschaftlichen Statistik eine geistige Statistik von Arbeit und Sitte beiordnen. Hier fühlt man sich nun an die Bevölkerungswissenschaft der Aufklärer erinnert, und auch sein methodischer Arbeitsansatz, die vier großen »S« – Stamm, Sprache, Sitte, Siedlung – schien zunächst noch ganz von der Suche nach Einsicht in sozialkulturelle Zusammenhänge geleitet zu sein (»Die nationale Arbeit«, Kap. I). Er betrachtete die Volkskunde als eine im tiefsten Sinne politische Wissenschaft, den Vorhof der Staatswissenschaften, und schrieb in seinen »Studien im Homanischen Atlas«: »Die Landes- und Volkskunde ist die wichtigste Hilfsdisziplin der Staatswissenschaft«. Wenn man jedoch an dieser Stelle weiterliest, so begreift man, daß das Ziel Riehlscher Volksforschung nicht aufklärerisch-sachliche Beschreibung und psycho-philosophische Stammescharaktererhellung blieb, sondern daß die Akzente eine tendenziöse Versetzung erfahren hatten: »in ihrer populären Fassung ist sie aber auch zugleich der mächtigste und ausdauerndste Hebel politischer Agitation. Verwandte man diesen Hebel im 18. Jahrhundert zum Niederreißen, so zeige das 19., wie herrlich man ihn auch zum Aufbauen gebrauchen kann«.

Von daher gesehen wird der ideologische Gehalt des Riehlschen Werkes deutlich sichtbar. Mit seiner »bürgerlichen Gesellschaft« wollte er die deutsche Gesellschaft seiner Gegenwart reorganisieren. Aus den Stämmen und Ständen, den »natürlichen« und den »organisch gewachsenen« Bauelementen des Volkes heraus müsse es sich erneuern. Dabei gab er der Aristokratie und dem Bauerntum als den »Mächten des Beharrens« den Vorzug und begann das 1. Buch seiner »Bürgerlichen Gesellschaft« mit den Worten, die seither die volkskundliche Literatur wie Evangeliensätze durchzogen haben: »Es ruht eine unüberwindliche konservative Macht in der deutschen Nation, ein fester, trotz allem Wechsel beharrender Kern – und das sind unsere Bauern«; der Bauer sei »die Zukunft der Nation«, der »das Volksleben fort und fort erfrischt«. Ja, sogar die Leibeigenschaft, deren zögernde Abschaffung doch viele seiner Zeitgenossen so leidenschaftlich bewegte, war ihm nichts anderes als natürliches Zeichen bäuerlich beharrenden Wesens, der Seßhaftigkeit und Anhänglichkeit an den Herrn. Und wenn er sich auch in seiner Studie »Der Bauer und die Revolution« (1850/51) um eine sozialpsychologische Analyse der 48er Ereignisse bemühte, so blieben seine Folgerungen doch ideologisch dem Wunsch nach einem reaktionären Resultat verhaftet und verherrlichten den Bauern als den beharrenden Stand, der letztlich allein den Thron gestützt habe. Sein fiktives und restauratives Leitbild des »echten deutschen Bauern« als feststehendem »historischem Typ eines deutschen Menschenschlages« (Franz, S. 191) verdunkelte ihm die sozialpolitische Realität zu einer Traumvorstellung konservativer Sehnsucht, zur Vergoldung des alten »bedürfnislosen patriarchalischen Abhängigkeitsverhältnisses«, dem er die verderbliche neue Zeit mit ihrem anwachsenden ländlichen und städtischen Proletariat bedrohlich gegenüberstellte. Von den beiden Ständen Aristokratie und Bauerntum also erhoffte sich Riehl eine Regeneration der deutschen Gesellschaft; die »Mächte der Beharrung« sollten die »Mächte der Bewegung« integrieren und in die rechten Bahnen zurückleiten: nämlich das Bürgertum und die neue vierte Klasse, Arbeiter und Proletariat, deren Aufkommen den konservativen Kulturpädagogen mit tiefem Mißtrauen erfüllte.

Von der wissenschaftlichen Riehlkritik her ist wohl sein ahistorisches Weltbild moniert worden, aber selten wurde dem die tatsächliche zeitgeschichtliche Situation gegenübergestellt, die den Volkskundler Riehl so wenig berührte. Wie sah damals das »Volk« aus, das doch angeblich seinen Untersuchungsgegenstand bildete?

Die politisch-sozialen Bewegungen in der ersten Hälfte des 19. Jahrhunderts veränderten immer deutlicher das gesellschaftliche Leben, so daß der Wunsch des preußischen Königs Friedrich Wilhelm III. nach statischen Verhältnissen sich nicht verwirklichte. 1803 hatte er im Hinblick auf die unteren Schichten ausgesprochen, daß diese »schätzbare Volksklasse, die zeitlebens mit Handarbeit von früh bis spät beschäftigt, die Feldbauer, Handwerker, Fabrikarbeiter, Tagelöhner, gemeiner Soldat oder Unteroffizier sein und bleiben soll!« (zitiert nach K. H. Günther u.a.: Geschichte der Erziehung. ^{8}1967, S. 235). Zwar erzwang Metternich 1815 auch für Preußen einen »Status quo«, aber nur mit Polizeigewalt konnte er seine Forderungen durchsetzen, gegen die sich immer größere Gruppen von sogenannten »Demagogen« mit Demonstrationen wandten. Der Kampf um die versprochene Verfassung, also die politische Mitbestimmung der Stände, spielte ja schon im Zusammenhang mit den Göttinger sieben Professoren eine Rolle.

Mit der Französischen Julirevolution 1830 wurde in Paris Karl X. gestürzt, als er die Presse- und Wahlfreiheit verbieten wollte, und an seine Stelle der »Bürgerkönig« Louis Philippe von Orléans gesetzt, der liberalere Gesetze erließ und die Revolutionsfahne, die Trikolore, zur Staatsflagge erhob. Doch entwickelte er sich zum König der »bourgeois«, also der Besitzbürger, und förderte damit eine böse Klassentrennung zwischen den Bürgern und ihrem gefürchteten Feind, dem Proletariat.

Unter dem Eindruck der Pariser Julirevolution begannen sich auch in Deutschland revolutionäre Bewegungen, vor allem um ständische Verfassungen, machtvoll zu regen. Besonders die demokratisch-progressiven studentischen Burschenschaftler, die schon 1817 auf dem Wartburgfest in einem symbolischen Akt die Herrschaftszeichen einer überlebten feudalen Gesellschaft in die Flammen geworfen hatten, proklamierten 1832 auf dem Hambacher Fest die Verbrüderung der Völker gegen die (un-)Heilige Allianz der Fürsten. In seinem Buch »Die Pfälzer« (1857) vermag Riehl nur mit billigem Spott vom Hambacher Fest zu berichten. Immerhin erwähnt er die schwarz-rot-goldene Kokarde auf dem breitkrämpigen grauen Hambacher Hut (S. 315).

Es war die Zeit, als Georg Büchner (1813–1837) in seinem »Hessischen Landboten« 1834 »Friede den Hütten und Kampf den Palästen« predigte. Die Gründung des Deutschen Zollvereins 1833 unter der Führung Preußens erweckte leise Hoffnungen auf ein einiges Reich mit sozialen Freiheiten, die sich 1840 mit der Thronbesteigung Friedrich Wilhelms IV. verstärkten.

Die Französische Februarrevolution von 1848, eine Arbeiterrevolution mit politisch-sozialen Zielen, wirkte über die Grenzen hinaus wie ein Fanal. In Deutschland wurde der revolutionäre Gedanke zum Ideengut eines kämpferisch-demokratischen Bürgertums mit den Forderungen nach Pressefreiheit, Verfassungstreue und der Abdankung mißliebiger Herrscher wie des korrupten bayerischen Königs. In der Frankfurter Paulskirche gründete der Deutsche Bund die »Nationalversammlung«, ein großer historischer Augenblick. Aber die weiterreichende Sehnsucht nach einer endgültigen Überwindung des Ständestaates und einer republikanisch-parlamentarischen Verfassung führte zu blutigen Unruhen, insbesondere in Baden, Frankfurt a. M. und Berlin. Die Märzrevolution in Berlin mit ihrem tragischen Ausgang hat Carl Schurz (1829–1906) als aktiver Demokrat, als Augenzeuge in seinen Lebenserinnerungen geschildert. Er floh nach mißglückter Revolution nach den USA, wo er sich der Republikanischen Partei anschloß und wesentlich zur Wahl Abraham Lincolns (1860) beitrug.

»Am Nachmittage des verhängnisvollen 18. März versammelte sich eine ungeheure Volksmasse auf dem freien Platz vor dem königlichen Schloß, um die glückliche Verkündigung zu hören. Der König erschien auf dem Balkon und wurde mit begeisterten Zurufen begrüßt. Er versuchte zur Menge zu sprechen, konnte aber nicht gehört werden. Doch da man allgemein glaubte, daß alle Forderungen des Volks bewilligt seien, so war man bereit zu einem Jubelfest. Da erhob sich ein Ruf, die Entfernung der Truppen fordernd, die um das Schloß her aufgestellt waren und den König von seinem Volk zu trennen schienen. Offenbar erwarteten die Versammelten, daß auch dieses Verlangen gewährt werden würde, denn mit großer Anstrengung wurde ein Durchgang für die Truppen durch die dichtgedrängte Menge eröffnet. Da erscholl ein Trommelwirbel, der jedoch zuerst für ein Signal zum Abzug der Truppen gehalten wurde. Aber, statt abzuziehen, drangen nun Linien von Kavallerie und Infanterie auf die Menge ein, offenbar zu dem Zweck, den Platz vor dem Schlosse zu säubern. Dann krachten zwei Schüsse von der Infanterie her, und nun wechselte die Szene plötzlich und furchtbar wie mit Zauberschlag.

Mit dem wilden Schrei: ›Verrat! Verrat!‹ stob die Volksmasse, die noch einen Augenblick vorher dem König zugejubelt hatte, auseinander, sich in die nächsten Straßen stürzend, und allenthalben erscholl der zornige Ruf: ›Zu den Waffen! Zu den Waffen!‹ Bald waren in allen Richtungen die Straßen mit Barrikaden versperrt. Die Pflastersteine schienen von selbst aus dem Boden zu springen und sich zu Brustwehren aufzubauen, auf denen dann schwarz-rot-goldene Fahnen flatterten – und hinter ihnen Bürger aus allen Klassen, Studenten, Kaufleute, Künstler, Arbeiter, Doktoren, Advokaten – hastig bewaffnet mit dem, was eben zur Hand war – Kugelbüchsen, Jagdflinten, Pistolen, Spießen, Säbeln, Äxten, Hämmern usw. Es war ein Aufstand ohne Vorbereitung, ohne Plan, ohne System. Jeder schien nur dem allgemeinen Instinkt zu folgen. Dann wurden die Truppen zum Angriff befohlen. Wenn sie nach heißem Kampf eine Barrikade genommen hatten, so starrte ihnen eine andere entgegen – und wieder eine und noch eine. Und hinter den Barrikaden waren die Frauen geschäftig, den Verwundeten beizustehen und die Kämpfenden mit Speise und Trank zu stärken, während kleine Knaben eifrig dabei waren, Kugeln zu gießen oder Gewehre zu laden. Die ganze schreckliche Nacht hindurch donnerten die Kanonen und knatterte das Gewehrfeuer in den Straßen der Stadt.

Der König schien zuerst entschlossen zu sein, den Aufstand um jeden Preis niederzuschlagen. Aber als die Straßenschlacht nicht enden wollte, kam ihm ihre furchtbare Bedeutung peinlich zum Bewußtsein. Mit jedem einlaufenden Bericht stieg seine qualvolle Aufregung. In einem Augenblick gab er Befehl, den Kampf abzubrechen, im nächsten ihn fortzusetzen. Endlich kurz nach Mitternacht schrieb er mit eigener Hand eine Proklamation ›An meine lieben Berliner‹. Er sagte darin, daß das Abfeuern der beiden Schüsse, das die Aufregung hervorgerufen habe, ein bloßer Zufall gewesen sei, daß aber ›eine Rotte von Bösewichtern, meist aus Fremden bestehend‹ durch trügerische Entstellung dieses Vorfalles gute Bürger getäuscht und zu diesem entsetzlichen Kampf verführt hätte. Dann versprach er, die Truppen zurückzuziehen, sobald die Aufständischen die Barrikaden fortgeräumt haben würden, und schloß mit diesen Sätzen: ›Hört die väterliche Stimme Eures Königs,

Bewohner Meines treuen und schönen Berlins, und vergeßt das Geschehene, wie Ich es vergessen will und werde in Meinem Herzen, um der großen Zukunft willen, die unter dem Friedenssegen Gottes für Preußen, und durch Preußen für Deutschland anbrechen wird. Eure liebreiche Königin und wahrhaft treue Mutter und Freundin, die sehr leidend darniederliegt, vereint ihre innigen tränenreichen Bitten mit den Meinen. Friedrich Wilhelm.‹ Aber die Proklamation verfehlte ihren Zweck. Sie war von Kanonendonner und Musketenfeuer begleitet, und die kämpfenden Bürger nahmen es übel, vom Könige eine ›Rotte von Bösewichtern oder deren leichtgläubige Opfer‹ genannt zu werden.

Endlich am Nachmittage von Sonntag den 19. März, als General Möllendorf von den Aufständischen gefangen genommen worden, wurde der Rückzug der Truppen angeordnet. Es wurde Friede gemacht mit dem Verständnis, daß die Armee Berlin verlassen, und daß Preußen Preßfreiheit und eine Konstitution haben solle auf breiter demokratischer Grundlage. Nachdem das Militär aus Berlin abmarschiert war, geschah etwas, das an wuchtigem dramatischem Interesse wohl niemals in der Geschichte der Revolution übertroffen worden ist. Stille, feierliche Züge von Männern, Frauen und Kindern bewegten sich dem königlichen Schlosse zu. Die Männer trugen auf ihren Schultern Bahren mit den Leichen der in der Straßenschlacht getöteten Volkskämpfer – die verzerrten Züge und die klaffenden Wunden der Gefallenen unbedeckt, aber mit Lorbeer, Immortellen und Blumen umkränzt. So marschierten diese Züge langsam und schweigend in den inneren Schloßhof, wo man die Bahren in Reihen stellte – eine grausige Leichenparade – und dazwischen die Männer, teils noch mit zerrissenen Kleidern und pulvergeschwärzten und blutbefleckten Gesichtern, und in den Händen die Waffen, mit denen sie auf den Barrikaden gekämpft; und bei ihnen Weiber und Kinder, die ihre Toten beweinten. Auf den dumpfen Ruf der Menge erschien Friedrich Wilhelm IV. in einer oberen Galerie, blaß und verstört, an seiner Seite die weinende Königin. ›Hut ab!‹ hieß es, und der König entblößte sein Haupt vor den Leichen da unten.« (Carl Schurz: Lebenserinnerungen. 1906, S. 123ff.)

Von solch großen und tragischen Augenblicken der Volksgeschichte blieb der Volkskundler Wilhelm Heinrich Riehl unberührt. Im Gegenteil: Die 48er Ereignisse hatten ihn nach seiner eigenen Aussage »bewußt konservativ gemacht«, und auch die folgende politische Entwicklung nahm starken Einfluß auf seine wissenschaftlichen Konzeptionen. In seinem Werk »Land und Leute« (1854) stellte er eine »Dreiteilung in der Volkskunde Deutschlands« fest und schlug eine Neuordnung und Zusammenfassung der zersplitterten deutschen Staatenwelt »auf der Grundlage der alten Stammesunterschiede« vor. Die Bestätigung seiner volkskundlichen Erkenntnisse sah er in der Möglichkeit, sie politisch anzuwenden, und dem Projekt einer staatlichen Dreiteilung in Mitteleuropa auf stammlicher Grundlage durfte er dann auch seinen Ruf nach München verdanken, »war doch König Max II. ein Verfechter des Triasgedankens, freilich nicht aus ethnographischen, sondern aus dynastischen Gründen« (Voigt, S. 292).

Ideologie als sozial konservierende Tendenz kennzeichnet also das Gesamtwerk Riehls. Ihr dienten die verschiedensten wissenschaftlichen Prinzipien und Methoden. Lernte man ihn einmal als Anhänger aufklärerischer statistischer Landesaufnahme zur Grundlage vernünftiger Staatsverwaltung kennen, so war er andererseits auch wieder den Maximen der romantischen Rechtsschule verhaftet mit ihrer Überbewertung historischer Traditionen. Schienen Begriffe wie ›Naturgeschichte des Volkes‹ an das evolutionäre Gedankengut der neu sich entfaltenden Naturwissenschaften anzuknüpfen, so wollten sie doch im Grunde nichts anderes aussagen als die Möglichkeit beharrender Kontinuität auch im natürlichen und sozialen Bereich.

Das frappierendste Beispiel für die Zusammenfügung solch heterogener Gedankenrichtungen zu einer nur in der Persönlichkeit des Verfassers begründeten Einheit ist sein berühmtes Buch über »Die Familie« (1855). Hier stellte er überzeugend und in seiner Zeit einmalig die Bedeutung der Primärgruppe Familie für das Volksleben heraus »als Urgrund aller organischen Gebilde in der Volkspersönlichkeit«. Seine präzisen Beobachtungen und amüsanten Exkurse, sein flüssig-eleganter Darstellungsstil und die eindrückliche Bewußtheit seiner Meinungsbildung, nicht zuletzt aber die Fülle seines im journalistischen Plauderton vorgetragenen kulturgeschichtlichen und volkspsychologischen Wissens haben gerade diesem Buch eine außerordentlich große Leserschaft gesichert, so daß es nicht weniger als 16 Auflagen erlebte. Und es war wohl besonders der ethische Gehalt des Werkes, der es »zu seiner Zeit im deutschen Haus ebenso beliebt (machte) wie Ludwig Richters Bilder aus dem deutschen Familienleben« (Geramb, S. 256).

Das wissenschaftlich erstaunliche Phänomen nun ist hier die Tatsache, daß Riehl das Vorhandensein natürlicher Wandlungsprozesse in der Historie der Familienstrukturen nicht wahr haben möchte oder aber als verderbliche Entartung bekämpft. Er gliedert sein Werk in zwei Teile: »Mann und Weib« und »Haus und Familie« und beginnt sogleich mit einer scharfen Polemik gegen demokratische Entwicklungsmöglichkeiten, denen er »die soziale Ungleichheit als Naturgesetz« gegenüberstellt. Er leitet sie her von der natürlichen und seit der Bibel gottgewollten Ungleichheit von Mann und Weib, die ihrerseits die soziale und diese wiederum die politische verursache, so daß die Situation daher ewig, naturbedingt und auf alle Zeiten gerechtfertigt sei. Schon von daher mußte er die Bestrebungen einer Frauenemanzipation leidenschaftlich bekämpfen (wenn auch seine drei Töchter unverheiratet blieben und in selbstgewählten Berufen ihren befriedigenden Lebensinhalt fanden). Aber neben der gottgewollten Ungleichheit der Geschlechter war es noch eine andere Sozialerscheinung, der er ethischen Hochwert und unwandelbare Dauer anzudichten wünschte: das »ganze Haus«. Er schrieb: »Mit der ›ganzen Familie‹ hängt nun das ›ganze Haus‹ zusammen. Die moderne Zeit kennt leider fast nur noch die ›Familie‹, nicht mehr das ›Haus‹, den freundlichen gemütlichen Begriff des ganzen Hauses, welches nicht bloß die natürlichen Familienglieder, sondern auch alle jene freiwilligen Genossen und Mitarbeiter der Familie in sich schließt, die man vor Alters mit dem Wort ›Ingesinde‹ umfaßte. In dem ›ganzen Hause‹ wird der Segen der Familie auch auf ganze Gruppen sonst familienloser Leute erstreckt, sie werden hineingezogen, wie durch Adoption, in das sittliche Verhältnis der Autorität und Pietät. Das ist für die sociale Festigung eines ganzen Volkes von der tiefsten Bedeutung« (zitiert nach ^{10}1889, S. 156).

Was Riehl hier pries, war nichts anderes als der alte »oikos«, das »Haus« der Lutherbibel, die Haushaltsfamilie, wie sie sich bis etwa zur Französischen Revolution und den Auswirkungen der sogenannten industriellen Revolution Geltung bewahrte, während sie im 19. Jahrhundert dann nur noch in Resten überlebte, – am längsten wohl im ländlichen Bereich. Daher auch hier wieder Riehls Verherrlichung des Bauerntums. Wehmütig beobachtete er die Auflösungserscheinungen dieses scheinbaren Idealzustandes, der ihm das »eigentliche Wesen« der Familie verkörperte, ihren Natur- und Urzustand. Ihn wollte er, angereichert um die freundlichen Gemütswerte der Biedermeierzeit, in das 19. Jahrhundert heraufbeschwören, ohne seine Geschichtlichkeit als Realität anzuerkennen. Die neue Geltung des weltlichen bürgerlichen Rechts, die neue Organisation der Arbeit und die wachsende Bedeutung der Arbeitenden, die neuen Kräfte des Bürgertums: das alles führte notwendig zu Wandlungen der Familienstruktur, zu neuer Rollenverteilung und schließlich zur vorherrschenden Form der bürgerlichen Kleinfamilie, normativ als Leitbild mit allen sozialen und kulturellen Konsequenzen, – kurzum zu Geschichtlichkeit und Wandel auch im familiären Bereich, wie sie Riehl unter keinen Umständen als Gegebenheiten zu akzeptieren bereit war.

Liegt Riehls Bedeutung auch vor allem in seiner schriftstellerischen Begabung, in der er profunde Kenntnisse der Kulturgeschichte und Wirtschaftswissenschaft, Gesellschaftslehre, Musik- und Kunstwissenschaft mit gut lesbarer Darstellungsgabe vereinte, so blieb seine wissenschaftliche Wirkung zunächst doch beschränkt.

Es mag zutreffen, daß eben gerade »seine einzigartige Persönlichkeit ... ihm keine Schüler erwachsen« ließ und daß »die Verknüpfung seiner Forschung mit zeitpolitischer Einstellung, wie der Bekämpfung des Liberalismus und der bewußten Ausschaltung des aufstrebenden vierten Standes, des Proletariats« die Auswirkung seiner Gedanken hinderte (Spamer, S. 27); aber es kam noch ein weiteres Moment hinzu, das seine Lehren nicht lehrbar werden ließ. Sein Ziel, aus der Volkskunde eine politische Wissenschaft zu machen, bedeutete für ihn die Rechtfertigung und Bewahrung der alten ständischen Ordnungen. Dazu diente ihm eine gewollte Einheit von unvereinbaren Prinzipien und Methoden. Die »Naturgesetze des Völkerlebens« mit den statistischen Mitteln früher empirischer Sozialforschung zu erkennen, war nicht vereinbar mit der vorgefaßten Annahme unwandelbarer Statik bestimmter idealisierter Zustände dieses Völkerlebens. Die romantische Sehnsucht nach der »richtigen« und »reinen Urform« übertrug er vom stofflichen auf den sozialen Bereich. Mit seinem ständischen Traditionalismus zerstörte er wieder die wertvolle, von ihm postulierte Einheit des Faches und machte die Volkskunde zur »Bauernkunde im bürgerlichen Geist« (Bausinger, S. 139). Sein großartiger Ansatz, die zerstreuten und oft banalen Einzelgegenstände volkskundlicher Forschung unter der »wissenschaftlichen und poetischen Weihe« im Hinblick auf den »Organismus einer ganzen Volkspersönlichkeit« zu betrachten (»Volkskunde als Wiss.« S. 215), verlor an Überzeugungskraft durch die Negierung und Abwertung des vierten Standes. 1859 erschien die »Kritik der politischen Ökonomie« von Karl Marx (1818–1883), 1867 »Das Kapital«. Riehl hat keine Kenntnis von diesen wissenschaftlichen Erörterungen genommen, ebenso wenig, wie ihn die ethnologische Gesellschafts- und Familienliteratur interessierte, die seine Zeitgenossen so lebhaft bewegte (Engels, Morgan u.a.). Die Faszination, die der Entwicklungsgedanke auf seine Mitwelt ausübte, lag dem engagierten Konservativen fern, der das Heil der Gesellschaft im Erkennen und Bewahren der positiven Kräfte des Alten suchte, und so kann es nicht wundernehmen, wenn viele seiner Gedanken der völkischen Bewegung des 20. Jahrhunderts zum willkommenen Motto dienten, die eine wahre Riehlrenaissance heraufbeschwor (s. Kap. XI).

Zu seiner Zeit blieb sein Werk in Fachkreisen ohne weitreichendes Echo. Wilhelm Grimm starb ein Jahr nach Riehls Proklamation der Volkskunde als Wissenschaft, Jacob überlebte sie um 5 Jahre, ohne daß jedoch irgendeine Berührung zwischen den Gelehrten stattgefunden hätte. Nur der Name verband wissenschaftliche Bestrebungen, die nun in der zweiten Hälfte des 19. Jahrhunderts von Forschern der verschiedensten Fachrichtungen vertreten wurden.

Zusammenfassung zur neueren Riehl-Diskussion nach 1945

Auch nach dem Zweiten Weltkrieg und mit dem Neubeginn der Volkskunde wurden Werk, Wirkungsgeschichte und Person Wilhelm Heinrich Riehls immer wieder diskutiert. Kaum eine wissenschaftsgeschichtliche oder theoretische Auseinandersetzung ohne den Rückgriff auf Riehl, auf die Volkskunde des 19. Jahrhunderts und ihre Nachwirkungen. Über Riehl wurde intensiver und freier gestritten als z.B. über die Volkskunde der nationalsozialistischen Zeit; – dies gilt bis zum heutigen Tag. Ähnlich wie in den Riehl-Rezeptionen der Zwanziger Jahre sind nach 1945 auch mehrere Phasen festzustellen mit zunehmend kontroversen Positionen.

Zunächst einmal war es naheliegend, sich nach der NS-Volkskunde und ihrem Zusammenbruch mit der Fachgeschichte im Sinne einer Vergangenheitsbewältigung zu befassen, um zu zeigen, wie es zu einer so starken Indienstnahme der Volkskunde hat kommen können und welche anderen wissenschaftlichen Wege nach 1945 beschritten werden müßten (vgl. Kap. XI u. XII). Zu diesen Bemühungen sind an erster Stelle die Wissenschaftsgeschichtsarbeiten zu nennen (Lutz 1958, Jacobeit 1965, Weber-Kellermann 1969); den beiden Letztgenannten ging es besonders um eine kritische Einschätzung Riehls. Sowohl bei Jacobeit als auch im vorliegenden Band wird neben der grundsätzlichen Würdigung der volkskundlichen Arbeiten im Hinblick auf Themenstellung, Beobachtungsgabe etc. vor allem aber Riehls ideologische, d.h. konservativ-restaurative Intention kritisiert, die sein Werk durchgängig bestimmt. Andere Auseinandersetzungen mit Riehl, z.B. mit seiner Rezeption im Nationalsozialismus, haben diese konservative Position mit all ihren Auswirkungen – wie Reduzierung der Volkskunde auf Bauernkunde, Überhöhung des Familien-Gedankens, Betonung des Nationalen – zum Angelpunkt einer totalen Riehl-Kritik und -Ablehnung gemacht. Die entsprechend deutliche und plastische Sprache Riehls eignete sich allerdings auch besonders eindrucksvoll, mit einem – hundert Jahre alten – Riehl-Zitat als Gegenposition den eigenen Standort einzuleiten. Der oft zitierte Satz aus dem ›Vortrag‹, daß bei rechter Ausbildung die Volkskunde »Systematik in die Anarchie der Polizeiwissenschaft bringen könne«, mag hierfür ein Beispiel sein; allerdings auch ein Beispiel für zeitgebundene Verwendung von Texten und ihrer Zitierfähigkeit.

Diese Riehl-Kritik zog sich bis weit über die Falkensteiner Tagung von 1970 und die daran anschließende Namens-Debatte des Faches hinaus. Gleichzeitig wurden mit legitimierendem Rückgriff auf Riehl aber auch neue Richtungen und Arbeitsgebiete des Faches begründet. Für Wiegelmann (Münster) »skizzierte er damals bereits die meisten jener theoretischen Konzepte, die bis heute im Fach verfolgt werden«. Dies ist sicherlich eine Überschätzung, aber die »Arbeit« als volkskundliche Kategorie oder die »Handwerksgeheimnisse« als Vorläufer empirischer Verfahren oder »Die Familie« als Beispiel einer ersten volkskundlichen Beschreibung sozialer Gruppen stellen bis heute neue Wege der Volkskunde dar, – allerdings nicht vom Inhalt, sondern von der Themenwahl her.

Nachdrucke oder Neuauflagen volkskundlicher Texte hat es nach 1945 nicht gegeben – abgesehen von einzelnen Passagen in Quelleneditionen und der »Bürgerlichen Gesellschaft«, die 1976 als Taschenbuch gedruckt wurde. Eine neuerliche Diskussion um Riehls Bedeutung für die Volkskunde wurde von Hans Moser 1978 im Jahrbuch für Volkskunde der Görres-Gesellschaft eröffnet. Moser wollte mit einer »wissenschaftsgeschichtlichen Korrektur« Riehl als den Begründer der wissenschaftlichen Volkskunde in Frage stellen und daraus Folgerungen über seine Rolle in der bayerischen Volkskunde, seine wissenschaftliche Arbeitsweise sowie seine Ausstrahlung und Schülerschaft ziehen. Er überprüfte die bisher weitgehend ›anerkannten‹ Arbeiten vor allem unter Hinzuziehen zeitgenössischer Quellen – etwa zur Entstehung und Arbeitsteilung bei der ›Bavaria‹ –, oder er befand, daß Riehl für die Abfassung der ›Pfälzer‹ kaum mehr als einige Wochen ›Ferienaufenthalte‹ investiert habe. Er kommt zu dem Schluß, daß Riehl in der bayerischen Volkskunde keinen nennenswerten Nachhall gefunden habe, daß seine Arbeitsweise eher journalistisch als wissenschaftlich zu beurteilen sei, daß sich keine direkte Schülerschaft gebildet habe, noch Kollegen seine Ideen und Werke fortgesetzt hätten. Die Frage seiner Begründung der Volkskunde als Wissenschaft, die schon von Jacobeit (1965) und Weber-Kellermann (1969) vorsichtig hinterfragt wurde, verneint Moser ganz entschieden. Er bewertet den ›Vortrag‹ als eine singuläre Aktion und Forderung, der Riehl selber keinerlei weiterführende Arbeiten folgen ließ, ja, nach dem Vortrag arbeitete er volkskundlich nur noch an der »Bavaria« mit und wandte sich dann ganz anderen Themen zu. Für Moser sind die Riehl-Renaissancen der späteren Anhänger einfach eine Überschätzung seiner Bedeutung für die theoretische Volkskunde. Diese Thesen Mosers haben in den folgenden Jahren eine lebhafte Diskussion hervorgerufen mit Beiträgen von u.a. Helge Gerndt (München), Günter Wiegelmann (Münster) und Konrad Köstlin (Regensburg), ebenfalls im Jahrbuch für Volkskunde.

Da Günter Wiegelmann wohl derzeit als der engagierteste Verteidiger Riehls anzusehen ist, sollen hier seine zentralen Punkte der Entgegnung dargestellt werden. Wiegelmann hält Moser vor, nicht Riehls eigentliche Leistung erkannt zu haben, die er in der staatswissenschaftlichen, der frühen Statistik des 18. Jahrhunderts verpflichteten Richtung der Volkskunde sieht. Sie sei durch Riehl erheblich vorangetrieben worden. Wenn seine Vorgänger nur »Beschreibungen und die noch auf kleine regionale Teilgebiete beschränkt« verfaßt hätten, interpretiere Riehl die kulturellen Erscheinungen stets auch als Ergebnisse historischen Geschehens und nicht nur durch das Zusammenwirken von Natur, Wirtschaft und Sozialstruktur bestimmt. Darüber hinaus betrachte Riehl konsequent Deutschland als Ganzes und nicht in den einzelnen Gebieten. In den »Pfälzern« hat Riehl »eine auf zentrale Züge und Hintergründe der Kultur führende Synopse« erstellt, die für Wiegelmann bis heute einmalig ist. Riehls Hauptanliegen sei es gewesen, »nicht die genaue ins einzelne gehende Schilderung von Fakten (zu geben), sondern Analysen: ›Kombination, Vergleichung und Folgerung‹, das ›Erkennen des Volkslebens‹ (Riehl) sei die eigentliche Aufgabe. Die Suche nach den übergeordneten Gesetzmäßigkeiten als wesentliches Forschungsziel steht also für Wiegelmann im Zentrum seiner Riehl-Bewertung. Hiermit glaubt er die Argumente der Riehl-Kritiker zu entkräften. Mit der Betonung der staatswissenschaftlich-statistischen Ausrichtung Riehls hebt Wiegelmann in der Tat eine wichtige Komponente hervor, die bisher eher von Nachbarwissenschaften als vom Fach selber gewürdigt wurde. Man müßte dann allerdings auch einen Schritt weiter gehen und mit Riehl den Begründer einer sozialwissenschaftlich-interdisziplinär ausgerichteten Volkskunde anerkennen, eine Position, die viele Riehl-Anhänger – gerade in den deutschen Richtungskämpfen der Volkskunde der sechziger und siebziger Jahre – wohl nicht gern akzeptieren wollten.

Konrad Köstlin schließlich beendet die jüngste Riehl-Debatte, indem er sich mit Riehls ›Publikum‹ auseinandersetzt und darlegt, daß Riehl vor allem »für die Bücherschränke des gebildeten Bürgertums« zur bevorzugten Literatur wurde und nicht so sehr für die aufkommende Volkskunde. Auch Abhandlungen zu Riehl in den um 1900 erscheinenden volkskundlichen Fachzeitschriften wie den Hessischen Blättern für Volkskunde wertet Köstlin in erster

Linie als Äußerungen einer Lehrerschaft, die sich mehr der heimatlich-landschaftlichen als der wissenschaftlichen Volkskunde verpflichtet fühlte.

Literatur

Bausinger, Hermann: Volkskultur in der techn. Welt. 1961.

Brunner, Otto: Das »ganze Haus« und die alteuropäische »Ökonomik«. In: Familie u. Gesellschaft 1966, S. 23–56.

Engels, Friedrich: Der Ursprung der Familie, des Privateigentums und des Staates. 1884; Neudrucke 1913, 1946, 1948 u.ö., zuletzt 1962 in Bd. 21 der Marx/Engels-Ausgabe.

Franz, Günther: Die agrarische Bewegung im Jahre 1848. In: Zs. f. Agrargesch. u. Agrarsoziologie 7 (1959), S. 176ff.

Geramb, Viktor von: Wilhelm Heinrich Riehl. Leben und Werk. 1954.

Gerndt, Helge: Abschied von Riehl – in allen Ehren. In: Jb. f. Volkskunde 2 (1979), S. 77–88.

Köstlin, Konrad: Anmerkungen zu Riehl. In: Jb. f. Volkskunde 7 (1984), S. 81–94.

Morgan, Lewis: (1818–1881): Ancient Society or Researches in the Lines of Human Progress from Savagery through Barbarism to Civilization. London 1877; dt. Übers. 1891.

Moser, Hans: Wilhelm Heinrich Riehl und die Volkskunde. Eine wissenschaftsgeschichtliche Korrektur. In: Jb. f. Volkskunde 1 (1978), S. 9–66.

Riehl, Wilhelm Heinrich: Die Volkskunde als Wissenschaft. In: Culturstudien aus drei Jahrhunderten. 1859, S. 205–229, [7]1910; wiedergedruckt 1935 (zusammen mit e. Vortrag von Adolf Spamer: Die Volkskunde als Gegenwartswissenschaft, 1932).

Ders.: Die Pfälzer. Ein rhein. Volksbild. 1857, [3]1907, zuletzt 1964.

Ders.: Die Naturgeschichte des Volkes als Grundlage einer deutschen Social-Politik. 1869, zuletzt 1923/30; ist eine Zusammenfassung folgender vier Bücher: Land und Leute. 1854; Die bürgerliche Gesellschaft 1851; Die Familie. 1855; Wanderbuch. 1869.

Schmidt, B. J. C.: Katalog der Riehlschen Zeitungsaufsätze bis 1853. In: Nassauische Annalen, Jb. d. Vereins f. nassauische Altertumskde 42 (1913/14), Nr. 710.

Voigt, Günther: Zur weltanschaulichen Entwicklung Wilh. Heinr. Riehls. In: Dt. Jb. f. Vkde 4 (1958), S. 288, 300.

Spamer, Adolf: Wesen, Wege und Ziele der Volkskunde. 1928.

Weber-Kellermann, Ingeborg: Kontinuität und Familienstruktur? Zum Problem von Geschichtlichkeit u. Dauer bei Primärgruppen. In: Kontinuität, Geschichtlichkeit u. Dauer. Festschrift f. Hans Moser. 1969, und die dort angeführte Literatur. *Dies.:* Die deutsche Familie. [8]1984.

Wiegelmann, Günter: Riehls Stellung in der Wissenschaftsgeschichte der Volkskunde. In: Jb. f. Volkskunde 2 (1979), S. 89–100.

VI. Vergleichende Sprachwissenschaft und Ethnopsychologie

Mit dem Scheitern der achtundvierziger Revolution erhoben sich immer deutlicher die neuen Klassenschranken zwischen den Bürgern und der unterbürgerlichen Schicht der Proletarier. 1844 waren durch die Weberaufstände von ca. 2000 Leinewebern in Peterswaldau/Schlesien furchtbare soziale Zustände aufgedeckt worden, die Gerhart Hauptmann (1862–1946) in seinem Drama »Die Weber« 1892 geschildert hat. In seinem Text spielt auch die 24strophige Anklage »Das Blutgericht« (Steinitz: Bd. I, S. 230ff.) eine Rolle, ein großartiges frühes Protestlied:

Strophe 4: »Ihr Schurken all, ihr Satansbrut,
Ihr höllischen Dämone,
Ihr freßt der Armen Hab und Gut,
Und Fluch wird euch zum Lohne!«

Solche Schöpfungen »aus dem Volke« fanden jedoch keinen Eingang in die zahlreichen Volksliedsammlungen des 19. Jahrhunderts, – sei es aus Angst vor dem Polizeiverbot, unter dem solche Texte standen, sei es aus bürgerlichem Desinteresse. Denn nun war das Proletariat nach bürgerlich-biedermeierlichem Verständnis nicht nur als eine ungebildete, sondern auch noch als eine gewalttätige Klasse gebrandmarkt, vor der man sich schützen mußte.

Politisch waren die Schichten der Bevölkerung durch strenge Klassenschranken voneinander getrennt: seit 1849 existierte das Dreiklassenwahlrecht. Es beinhaltete eine Einteilung der Wähler in drei Klassen nach der Höhe ihrer Steuerzahlungen: Die reichen Leute in Klasse I umfaßten etwa 5 Prozent der Bevölkerung; der Mittelstand mit Klasse II erfaßte etwa 13 Prozent der Bevölkerung; die große Mehrzahl der Besitzlosen, Klasse III, etwa 82 Prozent. Jede dieser drei ungleichen Gruppen wählte eine gleiche Anzahl von Wahlmännern – eine kaum glaubhafte Ungerechtigkeit, und auch im Ausland bezeichnete man dieses deutsche Dreiklassenwahlrecht als »Hort der Reaktion«. Es war ungleich, indirekt und öffentlich – und galt bis 1918! –, während das heutige allgemein ist, direkt und geheim. Hinzu kommt, daß die Frauen bis 1918 überhaupt kein Wahlrecht hatten! Wo befand sich nun in dieser Hierarchie das »Volk«, Gegenstand der neuen Wissenschaft Volkskunde?

Das Studium der Gesellschaft, ihre Reintegration in eine nach der Französischen Revolution vollkommen veränderte Welt hatte sich eine neue aufsteigende Wissenschaft zur Aufgabe gemacht, deren

Zentrum zunächst in Frankreich lag: die Soziologie. Ihre frühen Stadien sind mit Namen wie Claude Henri de Rouvroy, Comte de Saint-Simon (1760–1825) und Auguste Comte (1798–1857) verbunden, die aufklärerische Denkschemata mit den Realitäten des erwachenden Industriezeitalters zu verbinden suchten. Die Entwicklung der Gesellschaftsphilosophie von der Aufklärung zum Positivismus, ihre naturwissenschaftliche Bindung zum Darwinismus verflocht sich mit Ansätzen zur dialektischen Geschichtsauffassung, mit einer Art von Fortschrittsperiodizität der Menschheitsgeschichte nach dem Naturgesetz der Selbstvervollkommnung.

Charles Darwin (1809–1882) und sein Hauptwerk »On the origin of species by means of natural selection«, 1859.

Der Wissenschaftsname ›Völkerkunde‹ erscheint zuerst bei J. Chr. Gatterer: Abriß der Geographie. 1778, Abt. »Menschen- und Völkerkunde«; vgl. Helmut Möller in: ZfVkde 60 (1964), S. 220.

Aber solche Gedanken, geschweige denn die aufkommende marxistische Literatur blieben zunächst der Volks- und Völkerkunde in Deutschland in allen ihren Richtungen völlig fern. Näher standen ihr andere, mächtig nach vorne drängende Wissenschaften wie die Völkerpsychologie und vergleichende Sprachforschung, repräsentiert durch Franz Bopp (1791–1867). Als Begründer der vergleichenden Grammatik der indogermanischen Sprachen hatte dieser schon in Verbindung mit den Brüdern Grimm eine neue Epoche der Sprachwissenschaft eingeleitet und mit der vergleichenden Betrachtung der Flexionsformen das Untersuchungsgebiet bis auf die sogenannten Primitivensprachen ausgeweitet.

Von hier aus erfolgte eine nachdrückliche Beeinflussung der Märchenursprungs- und -verbreitungstheorien, besonders als der Sanskritist Theodor Benfey (1809–1881) die Leitgedanken der vergleichenden Sprachforschung auf die Märchenforschung übertrug und damit die alte Grimmsche mythologische Erbtheorie überwand, die ein halbes Jahrhundert lang die Wissenschaft beherrscht hatte. 1859 konnte Benfey seine Pantschatantra-Übersetzung publizieren, eine große Sammlung indischer Volkserzählungen; damit führte er in die Märchenforschung die indische Ursprungstheorie ein, die besagt, daß fast alle europäischen Märchen dem indisch-buddhistischen Kulturkreis entstammen und von dort durch Wanderung über die Erde verbreitet worden seien; etwa seit dem 10. Jahrhundert könne man dann von daher auch eine literarische und mündliche Verbreitung über Europa annehmen.

Waren solche Theorien auch inhaltlich kaum aufrechtzuerhalten, so brachten sie doch methodisch große Erfolge. Komparative internationale Forschung, Parallelensammlung und Motivvergleich fanden ihre Zusammenfassung in der sogenannten Wanderungstheorie, die bis heute ihren Einfluß auf die Märchenforschung als Finnische Methode bewahrt hat. »Ihre eindrücklichste Auswirkung hat sie in der Ausbildung der historisch-geographischen Methode der Finnen und in der Übernahme und Entwicklung durch Forscher vieler anderer Länder erfahren« (Lüthi, S. 74).

Die Theorie der Volkskunde als Wissenschaft diskutierten zu gleicher Zeit von ethno- und sprachpsychologischen Gesichtspunkten her zwei Gelehrte, die sich methodisch ebenfalls an die vergleichende Sprachforschung anschlossen: Moritz Lazarus (1824–1903) und Heymann Steinthal (1823–1899). Im 1. Bd. der ›Zeitschrift für vergleichende Sprachforschung‹ (1852) und dann nochmals im 1. Bd. der von ihnen herausgegebenen ›Zeitschrift für Völkerpsychologie und Sprachwissenschaft‹ von 1860 verkündeten die Gelehrten das »Programm« einer neuen völkerpsychologischen Wissenschaft. Diesen Begriff hatte Steinthal von Humboldt übernommen, dessen Werke er edierte und von dem er den Gedanken der »Geisteseigenschaften« der Völker im Gesamtbild ihrer Charaktereologie herleitete. Wichtig und neu in diesem Programm, der »Lehre von den Elementen und Gesetzen des geistigen Völkerlebens«, ist die Aufstellung eines wissenschaftlichen Bezugssystems, innerhalb dessen die Geisteseigenschaften der Völker zu bestimmen seien, ihr Ethnos. Aus Sprache, Mythologie, Religion, Kultus, Sitte, Recht und Schriftdenkmälern sei die Komplexität dessen, was man »Völkerpsychologie« nennen könne, zusammengesetzt. »Die ganze Sprache«, heißt es in dem genannten Programm, »der ganze Schatz von Vorstellungen und Begriffen ist das allen gemeinsame Eigentum der Nation, wie sehr auch die Individuen in dem Maße und Grade der Erwerbung und Anwendung voneinander abweichen mögen. – Aber, ›Volksgeist‹ bestimmt nicht nur, sondern wird auch von den einzelnen fortwährend getragen und geschaffen.« Aufgabe der Völkerpsychologie sei es nun, das wechselseitige Verhältnis der Gesamtheit zum Einzelnen festzustellen.

Im Vergleich zu den unklaren »Volksgeist«-Vorstellungen der Romantiker gab sich hier allerdings ein völlig neues Bild vom Volk zu erkennen: ein Volk bestimme sich in seinem Charakter nicht so sehr durch gewisse objektive Verhältnisse wie Abstammung, Sprache usw. als vielmehr durch die gleichen subjektiven Ansichten seiner Mitglieder, also durch gleiches Bewußtsein vieler mit der Bewußtheit dieser Gleichheit. Rasse und Stamm seien naturwissenschaftlich objektiv zu bestimmen, »Volk« dagegen subjektiv vom Selbstverständnis seiner Mitglieder her. Sie aber seien nur in ihrer sozialen Gebundenheit zu erfassen und der »Volksgeist«, das »allen einzelnen Gemeinsame der inneren Tätigkeit«, als gemeinschaftliches Erzeugnis der menschlichen Gesellschaft. Drei Ansatzpunkte nannten Lazarus und Steinthal für die Erkenntnis der Völkerpsychologie: den psychologischen, den anthropologischen und den geschichtlichen, und diesen Ansatzpunkten entsprachen die von ihnen geforderten Arbeitsmethoden: 1. eine philologisch-historische Sichtung und Bearbeitung des Beobachtungsmaterials und 2. eine Erweiterung der vergleichenden Methode über die europäischen Kulturvölker hinaus auf die außereuropäischen Völkerschaften.

Damit erschien zum erstenmal die Forderung nach Diachronie und Synchronie in fruchtbarer Kombination, – aber nicht mehr mit dem Ziel, eine »Urform« der kulturellen Güter zu finden oder einen heilen, echten, wahren »Urgrund« des Volkslebens zu rekonstruieren. Im Vordergrund stand vielmehr die Erkenntnis einer Geschichtlichkeit der Erscheinungen – nicht nach rückwärts, sondern nach vorwärts –, eines durchaus dynamischen Prozesses, der in einem ständigen dialektischen Austausch wechselseitiger Mechanismen zu *dem* führe, was man unter »Volk« und seiner »Psyche« verstehen könne. Es mag kein Zufall sein, daß es zwei jüdische Gelehrte waren, die diese entschiedene Überwindung der statisch-biologischen und uralt-teutschen Vorstellung vom Volkstum in die theoretische Diskussion einbrachten. Eine solche Anerkennung ihres klugen und leider viel zu wenig beachteten Programmes sollte man vor die notwendige Kritik an ihrer Evolutionsgläubigkeit setzen, die sie – Kinder ihrer Zeit – an die *gesetzmäßige* Bewegung und Entwicklung der »inneren Tätigkeiten« knüpften.

Die Hinwendung zu einer mehr psychologischen Betrachtungsweise, die sich hier bereits abzeichnete, nahm nun in den folgenden Jahrzehnten einen beherrschenden Raum ein, vor allem durch die Lehren des aus Bremen stammenden Arztes und späteren Ethnopsychologen Adolf Bastian (1826–1905). Sein Denken entwickelte sich auf der Basis seiner naturwissenschaftlichen Ausbildung und im konsequenten Verfolg des Entwicklungsprinzips, nach dem der gegenwärtigen Kompliziertheit der Erscheinungen viele Stufen bis hin zu einer primitiven Einheit menschlicher Grundvorstellungen vorausgegangen sein müßten. Die Konzeption von einer dialektisch sich an ihrer Umwelt entfaltenden Menschheitsgeschichte wurde damit wieder aufgegeben zugunsten einer naturwissenschaftlich orientierten Bemühung um das Auffinden verbindlicher Gesetze für das Menschenleben, die bestimmender für dessen geistige Entwicklung seien als z. B. nationale Eigenarten.

Auf dem Hintergrund seiner zahlreichen Forschungsreisen zu den Naturvölkern und seinem damit verbundenen ausgedehnten empirischen Wissen errichtete Bastian ein weithin sichtbares Denkgebäude, das volkskundliche wie völkerkundliche Theorienbildung nachdrücklich beeinflußte. In seiner »Wissenschaft vom Menschen« bemühte er sich um die Feststellung einer »allgemeingültigen mathematischen Zahl psychologischer Urelemente«, die er nach dem Vorbild der Biologie vornehmlich bei den unkompliziertesten primitivsten Formen, also bei den Naturvölkern zu finden hoffte. Aus der für ihn »unverbrüchlich feststehenden physischen Einheit des Menschengeschlechtes« folgerte er das Vorhandensein einer ebenfalls ursprünglichen psychischen Einheit, was er zuerst als »Völkergedanken« und später als »Elementargedanken« bezeichnete. Auf dem Berliner deutschen Geographentag 1881 führte er aus: »Aus allen Kontinenten tritt uns unter gleichartigen Bedingungen ein gleichartiger Menschengedanke entgegen mit eiserner Notwendigkeit.« Und im Vergleich mit homologen Pflanzenstrukturen glaubte Bastian, überall gleichartige Grundvorstellungen entdecken zu können, die von der Ethnologie in ihren primären Elementargedanken zu analysieren seien und zwar auf dem Wege der Erforschung der »in den gesellschaftlichen Denkschöpfungen manifestierten Wachstumsgesetze des Menschengeistes«. Drei große Aufgaben wollte er dem Ethnologen stellen: 1. die Ermittlung der elementaren Grundgesetze des Wachstumsprozesses der Völker (was der Zellentheorie der Pflanzenphysiologie entspräche); 2. Bestimmung der lokalen Einflüsse aus dem Milieu (was er als »geographische Provinz« verstand); 3. die Beobachtung des gegenseitigen Austausches und der wechselseitigen Geistesbeeinflussung.

Auf die Frage, wie es zu erklären sei, daß man bei den verschiedensten, auch räumlich voneinander weit entfernten Völkern ähnliche Anschauungen, Glaubensvorstellungen, Märchenmotive u.ä. finde, antwortete er mit der These von ihrer psychischen Gleichartigkeit und wandte sich damit gegen die Anhänger der Migrationstheorie mit ihrer Annahme von »monströsen Völkerbeziehungen«. Das rief eine ganze Gruppe von Gegnern aus der Leipziger Geographenschule auf den Plan, vor allem Friedrich Ratzel (1844–1904), der Gleichheit der Erscheinungen durch Wanderung oder Entlehnung von einem Punkte aus annahm.

Eine vermittelnde Stellung seitens der Leipziger Migrationstheoretiker bezog der Völkerpsychologe Wilhelm Wundt (1832–1920), der eine gleichartige »Grundgestimmtheit« gelten lassen wollte, z.B. beim mythologischen Märchen. Bei Begegnungen und Übernahmen von Kulturen werde auf die Dauer nur *das* festgehalten, was der eigenen Bewußtseinsstufe entspräche.

Jedes Volk bringe das Milieu, in dem sich z.B. die in einem Märchen erzählten Begebenheiten abspielen, mit seinen eigenen Lebensverhältnissen in Einklang, was Wundt als »psychische Einwurzelung« bezeichnete. Das sage also noch gar nichts aus *für* Autochthonität oder *gegen* Wanderung. Erst wenn man gewissermaßen diese umweltlichen Angleichungen substrahiert habe, könne man darangehen, die Richtigkeit der Theorie von den Elementargedanken an den dann übriggebliebenen Motiven zu überprüfen.

Bastian hatte von seinem naturwissenschaftlich geschulten und am Darwinismus entflammten Denken her versucht, ein wenig Ordnung in das Chaos der Erscheinungen zu bringen, und es erging ihm in diesen Jugendjahren der ethnologischen Wissenschaft »wie allen Anfängern, die Ordnung schaffen wollen, sei es aufgrund der durchgearbeiteten Literatur, sei es aufgrund ihrer eigenen Erhebungen und Erfahrungen, besonders wenn sie diese mit anderen vergleichen und in Beziehung setzen wollen. Das naheliegendste scheint, Zuflucht bei der Aufstellung einer Stufenfolge zu suchen, zumal die komplizierten Formen einfachere voraussetzen, im Materiellen sowohl als im Sozialen und Gedanklichen, und damit eine zeitliche Perspektive eröffnet wird.« (Thurnwald, S. 7.) Bastians Ziel, den psychischen Wachstumsprozeß der Menschheit zu erklären, und zwar durch die Zurückführung auf eine Reihe von Elementargedanken, war nur an sehr einfachen kulturellen und sozialen Formen zu verfolgen. Bei differenzierteren Phänomenen wurde sofort die Fragwürdigkeit der Voraussetzung einer völligen Identität der äußeren und inneren Bedingungen deutlich sichtbar. Darauf ist es vielleicht zurückzuführen, daß seine Ideen vor allem auf dem Gebiet sogenannter primitiver Glaubensvorstellungen eindrückliche Nachfolge fanden.

Geister- und Dämonenabwehr, Glücks- und Fruchtbarkeitsbeschwörung, Jenseitsvorstellungen, Böser Blick und Schadenzauber waren die bevorzugten Forschungsgegenstände einer neu sich entfaltenden Religionswissenschaft von den primitiven Glaubensvorstellungen, die der englische Anthropologe Edward Tylor (1832–1917) in der Theorie des Animismus zusammenfaßte. Bedeutet dieser Begriff zunächst nichts anderes als die Annahme einer Beseeltheit materieller Objekte und Naturerscheinungen, so führte Tylor die Ursprünge der Religion überhaupt auf diese Beseeltheit zurück. Als erste Stufe seien Seele und Geist, belebende Prinzipien des Wesens Mensch, vorzustellen; dem folge als nächster Schritt der Glaube, daß sich die Seelen nach dem Tode in selbständige Geister verwandeln, die dann von Dingen, Örtlichkeiten oder auch von anderen Lebewesen Besitz ergreifen können; als weitere Entwicklungsstufen nennt er die Beseelung von Naturerscheinungen, die Beseelung des Kosmos, woraus dann die Götterwelt hervorgegangen sei, und habe in deren Gesellschaft einer den Vorrang erhalten, so stünde man an der Schwelle des Monotheismus. Dieses evolutionistische

Stufensystem hat bis weit ins 20. Jahrhundert Anerkennung und Nachfolge gefunden.

Für die Volkskunde wurde ein anderer Ethnopsychologe von noch entscheidenderer Bedeutung, so daß für lange Zeit beherrschend neben die mythologische Interpretationsweise die psychologische trat und zwar vornehmlich in den Formulierungen und Denkschemen von Lucien Lévy-Bruhl (1857–1939). Mit dem Ziel einer Mentalitätstheorie der Primitiven (»primitiv« hier im Sinne von unentwickelt, naiv, naturhaft, undiszipliniert, im Stande geistiger Unschuld befindlich) zog Lévy-Bruhl eine überschärfte Trennungslinie zwischen dem logischen Denken des Kulturmenschen und dem komplexen der Naturvölker, das er in drei Kategorien teilte:

1. *Prälogisches Denken*, was bedeutet, daß statt der tatsächlichen, nicht gewußten oder nicht verstandenen Kausalität eine »mystische« gesucht werde; damit werde die Tatsache der zahllosen Vorzeichen für Glück und Unglück erklärt, ihre strenge Beachtung und magische Beeinflussung.

2. *Das Gesetz der mystischen Partizipation*, also der Gedanke, daß der Mensch an allem, was mit ihm in Zusammenhang steht: Familie, Gesinde, Haustiere, Besitz, – substantiell beteiligt und daher auch an allen diesen Stellen im positiven wie im negativen Sinne magisch angreifbar sei. – Gerade dieser Lehrsatz, der für die psychologische Erklärung volkstümlicher Praktiken des Fern- und Schadenzaubers weitreichend anzuwenden ist, hat tiefen Eingang in die volkskundliche Literatur gefunden.

3. *Das Kollektivbewußtsein*, das den Menschen in einen nie unterbrochenen Zusammenhang mit Lebenden und Toten stellt und insbesondere die reichentwickelten Glaubensvorstellungen um die toten Ahnen und die ungeborenen Nachfahren bestimmt.

Aus diesen drei Mentalitätskategorien konstruierte Lévy-Bruhl ein subjektives und vielfach in sich verknüpftes Weltbild und Weltverständnis des Primitiven.

Sind in seinem System einer Assoziationspsychologie auch zweifelsohne scharfsichtig eine ganze Reihe von Phänomenen volkstümlicher Denkweise erklärt und miteinander verflochten, so reichte es doch keineswegs aus, um eine derartige Allgemeingültigkeit für die Interpretation volkstümlicher Brauch- und Glaubensvorstellungen zu erringen, wie es tatsächlich geschah, – ja, z. T. konnten sich diese Deutungsweisen bis in die Gegenwart Gültigkeit bewahren, zumal sie große Beachtung seitens der Tiefenpsychologie gefunden haben, besonders in der Archetypenlehre und in der Lehre vom »kollektiven Unbewußten« (C. G. Jung). Von seiten der Völkerkundler erhob sich scharfer Widerspruch gegen diese Lehren, besonders durch Konrad Theodor Preuss (1869–1938) und Richard Thurnwald (1869–1954), die die Beachtung der ethnischen, sozialen, ökonomischen und historischen Gegebenheiten mit Recht vermißten. Das trifft tatsächlich den Kernpunkt der notwendigen Kritik an der Primitivenpsychologie, werden doch hier mit Begriffen wie »prälogisch« und »logisch« Grenzlinien durch die menschliche Psyche gezogen, die in dieser Schärfe kaum zu realisieren sein dürften. Wie es neben der historischen Zeit und dem geographischen Raum auch einen sozialen Raum und eine soziale Zeit gibt (Lévi-Strauss, S. 313), die keine anderen Eigenschaften haben als die sie enthaltenden sozialen Phänomene, so gibt es auch eine soziale Logik, deren Erscheinungen durchaus variabel sein können. Lévy-Bruhl setzte das logische Denken der Gebildeten als Maßstab, an dem die prälogischen Gedanken der Primitiven zu messen seien. Tatsächlich aber hat jede Gruppe, jede Ethnie ihre eigene spezifische Logik, ihr Weltbild, ihre Glaubensvorstellungen, deren Erkenntnis das Ziel der ethnologischen Wissenschaft ist.

Das Gebiet der Völkerpsychologie wurde im 20. Jahrhundert von Willy Hellpach (1877–1955) zu einem eigenen Fachbereich ausgebaut mit den Elementen der »Naturtatsachen«, der »Geistigen Gestaltungen« und der »Willensschöpfungen«.

Auf volkskundlichem Gelände fanden die Bastianschen Lehren die lebhafteste Nachwirkung in der Persönlichkeit seines Anhängers und Verehrers Richard Andree (1835–1912). Auch er wandte sich vornehmlich den Phänomenen des Volksglaubens zu und zwar den Orakeln zur Wählerei von Glücks- und Unglückstagen, den Bauopfern und den Vorstellungen von einer Wesens- und Seelenverwandtschaft zwischen Mensch und Tier wie Vampir- und Werwolfglauben. Seine Voraussetzung einer grundsätzlichen Wesensgleichheit der Menschen enthob ihn der Pflicht zu theoretischen Überlegungen und kulturmorphologischen Studien. Ihm genügte der Vergleich und die Parallelsetzung ähnlich scheinender Phänomene, ohne sich durch das Vorhandensein ihrer sozialen Bezugssysteme beirren zu lassen. Diese Methode, die man eigentlich nicht »völkervergleichend«, sondern höchstens »motivvergleichend« nennen kann, hat zweifellos etwas höchst Verführerisches, schlägt sie doch scheinbar Brücken über Länder und Meere und beschert dem Forscher das Sammlerglück, immer neue Belege zu ein und derselben Glaubensvorstellung zu finden. Ihre Wirkung auf die volkskundliche Forschung war und ist enorm; das gesamte »Handwörterbuch des deutschen Aberglaubens« beruht auf diesem Prinzip und versteht sich selbst als eine Kompilation der »zerstreuten Materialien über die einzelnen abergläubischen Überlieferungen« (Vorwort). Eine irgendwie geartete soziale Einbettung der Gegenstände ist nirgendwo versucht oder auch nur angestrebt.

Damit aber trat der Mensch und seine Lebenswelt immer weiter in den Hintergrund, und die Überlieferungsgüter schienen als »Ding an sich« zu existieren. Doch war es nötig, um die Vergleiche auf breiter Basis durchzuführen, über ein großes Material zu verfügen, und so brachte gerade die sogenannte völkervergleichende Methode eine neue Hochflut der Sammlungen hervor, die sich besonders in die neu entstehenden Völker- und Volkskundemuseen ergoß.

In Berlin hatte Rudolf Virchow (1821–1902) zusammen mit seinem Schüler Adolf Bastian 1869 die Berliner ›Gesellschaft für Anthropologie, Ethnologie und Urgeschichte‹ gegründet und ein Jahr später die Deutsche Gesellschaft gleichen Namens. 1874 lernte Virchow in Stockholm die Sammlungen des Arthur Hazelius (1833–1901) in seinem ›Nordiska Museet‹ kennen, der sein Museumsdorf Skansen vorbereitete, das er dann 1877 eröffnen konnte, – seinerseits angeregt durch die Wiener Weltausstellung von 1873 mit ihren Original-Bauernhäusern aus aller Welt. Während Hazelius allerdings noch mehr oder weniger in romantischen Museumsvorstellungen lebte und in Vergangenheitsbegeisterung für Skandinavien die Vor- und Frühgeschichte zum zentralen Inhalt seiner Museumsgründung emporhob, so waren die Aspekte des Mediziners Virchow und seines Kreises von naturwissenschaftlichem Geist bestimmt. 1886 eröffnete er das später von Bastian geleitete Berliner Völkerkundemuseum, dem 1889 ein Volkskundemuseum folgte, das bis 1903 den Namen ›Museum für deutsche Volkstrachten und Erzeugnisse des Hausgewerbes‹ trug. Treibende Kraft war dabei der Pommer Ulrich Jahn (1861–1900), der bereits auf Rügen Probesammlungen durchgeführt hatte und einen erfolgreichen Aufruf erließ mit dem Ziel einer umfassenden Exposition aus allen Gebieten der deutschen Volkskultur. In evolutionistischem Geist sollten dabei Entwicklungsreihen der Sachgüter von urtümlichen Formen bis hin zur Gegenwart gezeigt werden. In diesem Sinne wurde die Sammlung für deutsche Volkskunde 1904 der prähistorischen Abteilung des Völkerkundemuseums angegliedert unter der Leitung von Karl Brunner (1863–1938), der – ähnlich wie Otto Lauffer (1874–1949) in Hamburg – die seit Ratzel und Wilhelm Pessler (1880–1962) im Anschluß an die Sprachgeographie entwickelte »Sachgeographie« wesentlich förderte. Mit der immensen und einmaligen Sammlung von Votivopfern und -tafeln, zumeist aus Bayern und Österreich, die Marie Andree-Eysn (1847–1929), die Frau von Richard Andree, dem Berliner Museum in den Jahren zwischen 1908 bis 1927 beisteuerte, gewann wiederum das Gebiet des Volksglaubens an Bedeutung und damit der Gedanke des Völkervergleichs.

So mischten sich hier bei der Aufstellung in den großen Berliner Völkerkunde- und Volkskunde-Museen eine Fülle von Gesichtspunkten, je nach der Persönlichkeit des Sammlers oder Spenders. Die Gegenstände standen verständlicherweise im Vordergrund; ihre Aufsammlung sozusagen »in letzter Minute« brachte reiche Ernte (die allerdings durch die Einwirkungen des letzten Weltkrieges wieder weitgehend reduziert worden ist). Aber ihr theoretischer Hintergrund blieb positivistisch, verharrte in der Suche nach äußerlichen Entwicklungs- oder Vergleichsreihen. Das große Verdienst der Forscher dieser Periode ist es, die Aufmerksamkeit auf den kulturellen Kollektivbesitz der Völker im weiten Sinne und des deutschen Volkes im besonderen gelenkt zu haben. Die Kategorien der Arbeit, des sozialen und wirtschaftlichen Zusammenlebens jedoch blieben ihren Interpretationen fern.

Literatur

Andree, Richard: Ethnographische Parallelen und Vergleiche. 1878; neue Folge. 1889.

Bastian, Adolf: Der Völkerglaube im Aufbau einer Wissenschaft vom Menschen. 1881; Ethnische Elementargedanken in der Lehre vom Menschen. 2 Bde. 1896.

Benfey, Theodor: Geschichte der Sprachwissenschaft und orientalischen Philologie in Deutschland. 1869; Pantschatantra. Fünf Bücher indischer Fabeln, Märchen u. Erzählungen. 2 Bde. 1859; Kleinere Schriften zur Märchenforschung. 1894.

Dünninger, Josef: Brauchtum. In: Dt. Phil. im Aufriß, Bd. III. [3]1967, Sp. 2583 ff.

Jung, C(arl). G(ustav).: Psychologische Typen. 1921; Symbolik des Geistes. 1948.

Ders. u. Karl Kerenyi: Einführung in das Wesen der Mythologie. 1942.

Handwörterbuch des Aberglaubens. 10 Bde. Hrsg. v. *Eduard Hoffmann-Krayer u. Hanns Bächthold-Stäubli.* 1927–1942.

Hellpach, Willy: Einführung in die Völkerpsychologie. 1937, [3]1954.

Huckenbeck, Herbert: Das Problem des »National«-Charakters. Preisschrift d. Philosoph. Fakultät an der Universität Marburg, 1962 (nicht gedruckt).

Köhler, Oswin: Völkerwissenschaft und Völkerverständigung. Zur 100. Wiederkehr des Geburtstages von Richard Thurnwald. In: Sociologus 19 (1969), S. 97–100.

Lévi-Strauss, Claude: Der Strukturbegriff in der Ethnologie. In: Strukturale Anthropologie. 1967, S. 313.

Lévy-Brühl, Lucien: Les fonctions mentales dans les sociétés inférieures.

Paris 1910 (dt.: Das Denken der Naturvölker. 1921); La mentalité primitive. Paris 1922.
Lüthi, Max: Märchen. (Slg Metzler. 16.) 71979, und die dort angegebene Literatur, vor allem: *Aarne, Antti:* Leitfaden der vergleichenden Märchenforschung. (FFC 13.) Helsinki 1913; *Krohn, Kaarle:* Die folkloristische Arbeitsmethode. Oslo 1926; *Thompson, Stith:* The Folktale. New York 1951; *Ders.:* Motif-Index of Folk-Literature. 6 Bde. Kopenhagen 1955–1958.
75 Jahre Museum für Volkskunde (in Berlin) 1889–1964. 1964.
Peuckert, Will Erich/Fuchs, Erich: Die schlesischen Weber. 1971.
Pessler, Wilhelm: Volkstumsgeographie als Allgemeingut, eine Aufgabe des Niedersächsischen Volkstumsmuseums. 1938.
Ratzel, Friedrich: Anthropogeographie. 1882.
Schilling, Kurt: Geschichte der sozialen Ideen: Individuum, Gemeinschaft, Gesellschaft. 1966, S. 397ff.; *Hofmann, Werner:* Ideengeschichte der sozialen Bewegung. (Slg Göschen. Bd. 1205/1205a.) 1962.
Thurnwald, Richard: Aufbau und Sinn der Völkerwissenschaft. 1948; Die menschliche Gesellschaft in ihren ethno-soziolog. Grundlagen. 5 Bde. 1931–1934.
Tylor, Edward B.: Primitive Culture. London 1871 (dt.: 1873).
Wiegelmann, Günter: Probleme einer kulturräumlichen Gliederung im volkskundl. Bereich. In: Rhein. Vierteljahrsbl. 30 (1965), S. 95–117, und die dort angegebene Literatur.
Wildhaber, Robert: Der derzeitige Stand der Freilichtmuseen in Europa u. in USA. In: Bayer. Jb. f. Vkde 1959, S. 1–13.
Wundt, Wilhelm: Elemente der Völkerpsychologie. Grundlinien einer psycholog. Entwicklungsgeschichte der Menschheit. 1912.
Zippelius, Adelhart: Freilichtmuseen in Deutschland. Bildatlas spezial 1982.

VII. Kollektiv und Individuum. Die philologische Erhellung der Herkunftsfrage um die Jahrhundertwende

Organisatorisch begann sich nun auch die Volkskunde zu verselbständigen. Das zeigte sich zunächst in der Gründung eigener *Vereine*, wobei der Schlesier Karl Weinhold (1823–1901) mit dem ›Berliner Verein für Volkskunde‹ 1890 den Anfang machte.

1894 folgten die ›Schlesische Gesellschaft für Volkskunde‹, der ›Verein für bayerische Volkskunde und Mundartenforschung‹, 1896 die ›Schweizerische Gesellschaft für Volkskunde‹, 1897 der ›Verein für sächsische Volkskunde‹ und die ›Vereinigung für hessische Volkskunde‹, seit 1901 dann ›Hessische Vereinigung für Volkskunde‹, 1902 die ›Gesellschaft für niederdeutsche Volkskunde‹, 1904 der ›Badische Verein für Volkskunde‹ und der ›Verein für rheinische und westfälische Volkskunde‹. Im Jahre 1904 konstituierte sich aus diesen Vereinen, aus volkskundlichen Museen und einer Reihe von Einzelforschern der ›Verband der Vereine für Volkskunde‹.

Die meisten dieser Vereine gaben *Zeitschriften* heraus, in denen sie ihre Arbeitsprogramme vorstellten: ›Zeitschrift für österreichische Volkskunde‹, Wien 1895ff. (seit 1919: Wiener Zs. f. Vkde, seit 1947: Österr. Zs. f. Vkde); ›Schweizerisches Archiv für Volkskunde‹, Basel 1897ff.; ›Hessische Blätter für Volkskunde‹, Gießen 1902ff. (seit 1975/76 Hessische Blätter für Volks- und Kulturforschung); ›Zeitschrift des Vereins für rheinische und westfälische Volkskunde‹, Elberfeld 1904ff. (seit 1934: Westdt. Zs. f. Vkde, seit 1954: Rheinisch-Westfäl. Zs. f. Vkde); ›Volkskunst und Volkskunde‹, München 1903ff. (seit 1912: Bayerischer Heimatschutz; seit 1950: Bayer. Jb. f. Vkde).

Weinhold konnte 1891 in Berlin unter dem Titel ›Zeitschrift des Vereins für Volkskunde‹ ein zentrales Organ begründen, in das er die ›Zeitschrift für Völkerpsychologie und Sprachwissenschaft‹ überleitete. In deren letztem Jahrgang hatte er seinen Beitrag zur Neubesinnung der Volkskunde veröffentlicht, die er als eine »nationale und historische Wissenschaft« verstanden wissen wollte, und der er im Gegensatz zu einer rein folkloristischen Inhaltsgebung eine umfassende Erforschung sämtlicher volklicher Lebensäußerungen als Aufgabe stellte. Weinhold war in seiner schlesischen Heimat, während seiner Lehrtätigkeit in Graz und dann in Berlin von seinen germanistischen Ausgangspunkten und als Grimmschüler zu einer sehr komplexen Auffassung von Volkskunde gelangt, die sich in der reichen Themenfächerung der Zeitschrift niederschlug. Sie wurde auf Jahre hinaus ein Zentrum der Sammlung und Forschung, das durch Mitarbeiter wie Reinhold Köhler (1830–1892), Johannes Bolte (1858–1937), Wilhelm Schwartz (1821–1899), Adolf Hauffen (1863–1930), Paul Sartori (1857–1936), Robert Mielke (1863–1935), Richard Wossidlo (1859–1939) und viele andere einen führenden Platz auf dem Gebiet der volkskundlichen Stoffdarbietung und Theorienbildung erreichte.

Im Mittelpunkt stand die Aufsammlung großer Stoffmengen und ihre Interpretation im Bereich der Mythologie und des internationalen Motivvergleichs. Erst die Jahrhundertwende brachte einen entscheidenden Fortschritt in der Grundsatzdiskussion, befördert durch die Entwicklung der historischen Wissenschaften.

Karl Lamprecht (1856–1915) hatte im Gegensatz zu der herrschenden Individual- und Herrschaftsgeschichtsschreibung, deren bedeutendster Vertreter Leopold von Ranke war, eine universalistische Geschichtsauffassung konzipiert, ohne sich allerdings durchsetzen zu können. In seinem Bestreben, eine ideale Weltgeschichte auf einer vergleichenden Geschichte der Nationen aufzubauen, gelangte er zu einem Geschichtsverständnis der menschlichen Gemeinschaften als den eigentlichen Motoren der historischen Entwicklung, während er die Bildungs- und Führungsschicht nur als deren Sprachrohr identifizierte. (In diesem Zusammenhang ist sein Werk über »Deutsches Wirtschaftsleben im Mittelalter«, 4 Bde., 1885/86, von besonderer Bedeutung.) Als Evolutionist verband er damit die Vorstellung von aufeinander folgenden Kulturzeitaltern als stufenweise Entwicklung der Völkerschicksale. Die Kontroversen innerhalb der Geschichtswissenschaften, ob Historiographie im Rankeschen Sinne oder gesetzmäßige Entwicklungen der in der Historie wirkenden Ideen, nahm von hier ihren Ausgang.

Bedeutender für unser Fach in seinem kulturgeschichtlichen Charakter wäre jedoch der Kultur- und Wirtschaftshistoriker Eberhard Gothein (1853–1923) gewesen, Schüler von Wilhelm Dilthey (1833–1911), geistesgeschichtlich in der Nachfolge von Jacob Burckhardt (1818–1897). Entschieden setzte sich Gothein mit dem konservativen Historiker Dietrich Schäfer (1845–1929) auseinander, der die Teilung der Geschichtswissenschaft auf folgende Weise vornahm: der Kulturgeschichte »das Kehrichtfaß und die Rumpelkammer, uns (den wahren Historikern) die Haupt- und Staatsaktionen«. Gothein forderte dem gegenüber die Eigenständigkeit der Kulturgeschichte: »Auch im Staatsleben sieht sie nur einen Teil menschlicher Gesittung, [...] der in Beziehung zu allen andern, wie alle andern in Beziehung zu ihm zu betrachten ist.« Nur so sei die Bedeutung der einzelnen Völker nach dem Gewinn abzuschätzen, den sie für die Gesamtentwicklung der Menschheit in Religion, Wissenschaft, Kunst, Recht und Wirtschaft erarbeitet haben. – Wie gut hätte es der Volkskunde getan, Anschluß bei einer so verstandenen Kulturgeschichte zu suchen wie auch vor allem bei der Wirtschaftsgeschichte. Hier ist der bedeutende Statistiker und Nationalökonom August Meitzen (1822–1910) zu nennen mit seinen grundlegenden Werken über die Landwirtschaft.

Im Für und Wider der Meinungen gelangte ein Faktor in die wissenschaftliche Diskussion, der für die volkskundliche Theorienbildung von großer Bedeutung werden sollte: die Problematisierung der Rolle von Kollektivindividualität und Einzelpersönlichkeit in Geschichte und kulturellem Leben. Und wieder war es das Volkslied, das zu den entscheidenden Überlegungen anregte.

Auf dem Gebiet seiner Erforschung wirkten bis weit in die zweite Hälfte des 19. Jahrhunderts die Gedankengänge der Romantik nach, für die eine anonyme »Volksseele« als Urheberin der Volkspoesie gegolten hatte. Durch die großen landschaftlichen Liedersammlungen eines Hoffmann von Fallersleben (1798–1874) und Ernst Richter (1808–1879), eines Ludwig Erk (1807–1883) und Franz Magnus Böhme (1827–1898) wurde das Untersuchungsmaterial außerordentlich erweitert und damit die Definition dessen, was nun ein »echtes Volkslied« sei, außerordentlich erschwert. Immer wieder tauchten im Volksgesang Dichtungen bekannter Verfasser auf, die nicht in das Konzept von der schöpferischen Volksseele passen wollten, und so half man sich lange mit der Trennung von »Volkslied« und »volkstümlichem Lied« nach dem Vorbild Friedrich Karl von Erlach's (1769–1852). Auch Ludwig Uhland (1787–1862) verharrte mit seiner historischen Volksliedsammlung noch weitgehend in romantischen Volksliedddefinitionen, wenn er der Erkenntnis bestimmter Beziehungen zur Individualdichtung auch nicht gänzlich auswich. Wenig Beachtung fand die Bestimmung des Volksliedes, die Ernst Meier (1813–1866) schon 1855 vorgelegt hatte, und in der er auf die Abkunft eines jeden Liedes von »einer einzelnen poetisch begabten Person« hinwies.

Es verging fast ein halbes Jahrhundert, bis die Frage nach der Herkunft der gesungenen Volksüberlieferung nun von philologischer Seite her ernsthafte Erörterung fand. Der Bremer Bürgermeisterssohn John Meier (1864–1953), Schüler von Eduard Sievers (1850–1932) und Hermann Paul (1846–1921), geriet durch einen Zufallsfund an die Volksliedforschung: im Verfolg berufssprachlicher Untersuchungen entdeckte er in der Ratsschulbibliothek zu Zwickau zwei Ausgaben der »Bergreihen« von 1531 und 1533, durch die er nun dem Phänomen der Volksliedveränderung auf die Spur kam. Er beobachtete die enge Abhängigkeit von Individualdichtung und Kollektivdichtung und trug 1897 auf dem Philologentag in Dresden zum erstenmal seine Thesen vor, die zur sogenannten Rezeptionstheorie führten, wobei jedoch John Meier stets den schöpferischen Anteil des Volkes beim Umgestaltungsprozeß vom Individuallied zum Gemeinschaftslied betonte. Mit philologischer Akribie erbrachte er den Beweis seiner Theorie durch die systematische Ermittlung der Herkunft von 336 bekannten Volksliedern aus der Individualdichtung vergangener Zeiten. Diese wissenschaftliche Leistung ist um so bewunderungswürdiger, als er sie mit der psychologischen Erkenntnis verband, daß »das Volk nichts von individuellen Anrechten weiß oder empfindet« und bei dem Umsingungsprozeß dieser Kunstpoesie gegenüber »eine unbedingt autoritäre und herrschende Stellung einnimmt«. Durch die Identifikation einer großen Reihe von Volksliedern als ihrer Herkunft nach modischen Kunstliedern hatte John Meier nun endgültig den romantischen Schleier von der Geburtsstätte der Volkspoesie weggezogen. Seine erregenden Entdeckungen eröffneten eine lebhafte Methoden- und Grundsatzdiskussion.

Seit 1899 hatte er den germanistischen Lehrstuhl in Basel inne, wo ihm der Basler Kaufmannssohn Eduard Hoffmann-Krayer (1864–1936) begegnete, seinerseits Schüler von Otto Behaghel (1854–1936) und Promovent mit einer Arbeit über den Vokalismus der Basler Mundart. Als Redaktor am »Wörterbuch der schweizerdeutschen Sprache (Schweizerisches Idiotikon)« und späterer Professor für Phonetik, Schweizer Mundarten und Volkskunde standen bei ihm von Anfang an sprachliche Probleme im Vordergrund, die er mit philologischer Nüchternheit und Akribie bewältigte. Ihm verdankt die Wissenschaft eine außerordentliche Belebung der regionalen Wörterbucharbeit in volkskundlicher Richtung, im Sinne von »Wörter und Sachen«, die dann der Grazer Romanist Rudolf Meringer (1859–1931) entschieden in die Sprachforschung einbrachte. Meringer suchte die Erklärung für Laut- und Wortveränderungen in den Veränderungen der Gegenstände, die sie benannten. 1909 erschien der 1. Band einer Zeitschrift »Wörter und Sachen« mit dem Untertitel »Kulturhistorische Zeitschrift für Sprach- und Sachforschung«. Ihr Thema war der Weg von den Wörtern zu den Sachen, und zu den Autoren zählten die Kunsthistoriker Josef Strzygowski (1862–1938), der Slawist Janko und der Volkskundler R. Bünker. Die Arbeiten dieser Richtung haben stetig fortgewirkt, z.B. auch auf den Deutschen Sprachatlas in Marburg (gegründet 1879). Auf Hoffmann-Krayers Anregung hin eröffnete das Basler Museum für Völkerkunde eine europäische Abteilung mit eigener Gerätesammlung (seit 1953 »Schweizerisches Museum für Volkskunde«); er gab den Anstoß zur Begründung einer eigenen volkskundlichen internationalen Bibliographie, die Robert Wildhaber (1902–1982) in Basel aufgebaut hat und die z.Zt von Rolf W. Brednich (Göttingen) geleitet wird.

Mit einer solchen weitgeöffneten Geisteshaltung begegnete Hoffmann-Krayer auch der Methodenproblematik des Faches. Seine

Antrittsvorlesung in Basel hielt er unter dem Riehl-Titel »Die Volkskunde als Wissenschaft« (1902) und versuchte eine neue Definition des Forschungsgegenstands »Volk« im Gegensatz zu den alten »Volksgeist«-Theorien. Mutig suchte er Antworten auf jene Fragen, die seit den ersten Entdeckungen John Meiers auf dem Gebiet des Volksliedes die Gemüter bewegten: Wie verhalten sich Individuum und Gemeinschaft beim Prozeß der Volksüberlieferung? Beschäftigt sich die Volkskunde in erster Linie mit den Gegenständen, den Überlieferungs*gütern*? Oder nicht vielmehr mit dem Volk, das diese Güter benutzt und tradiert? Was aber ist »das Volk«? – Die Volkskunde, meinte er, habe sich nicht mit dem Gesamtkomplex, sondern nur mit einer bestimmten Schicht zu befassen, mit dem »vulgus in populo« und den ihm zugehörigen »primitiven Anschauungen und Überlieferungen«. Er versuchte eine interdisziplinäre Abgrenzung des Faches unter Einbeziehung historischer und ethnopsychologischer Denkkategorien und forderte, ganz im Sinne John Meiers, endlich die geschichtlichen Relevanzen für die einzelnen Volksüberlieferungen ins rechte Licht zu rücken. Das betrachtete er als eine der vornehmlichsten volkskundlichen Forschungsaufgaben und wandte sich scharf gegen die Annahme eines sogenannten waltenden »Naturgesetzes« als Begründung für das Phänomen kultureller Gleichartigkeit bei verschiedenen Völkern oder Stämmen. Das Volk, so führte er aus, richte sich in seinen Lebensäußerungen stets nach den äußeren Umständen, in die es hineingestellt sei. Auftretende Kollektivanschauungen beruhten auf der Anpassung schwächerer Individualitäten an stärkere und fänden also ihre Erklärung in der Tatsache eines Assimilationsprozesses von Individuum an Individuum. Der »vulgus« befände sich demnach in einer »generell-stagnierenden« geistig-seelischen Verfassung, die Oberschicht dagegen in einer »individuell-zivilisatorischen«, und die Volkskunde beschäftigte sich mit der »primitiven Unterschicht« der Kulturvölker, die eine gewisse Dynamik nur durch die Agentien der Individualkräfte erhalte, an die sie sich assimiliere.

Diese nüchternen, präzisen und mit einer gewissen Kühle vorgetragenen Theorien konnten nicht unwidersprochen bleiben, und es entspann sich nun eine der interessantesten wissenschaftlichen Kontroversen in der Geschichte der Volkskunde. Ähnlich wie in Basel Hoffmann-Krayer, hatte in Gießen der Darmstädter Pfarrerssohn Adolf Strack (1860–1906), Professor für klassische und germanische Philologie und Volkskunde, die Anregungen des von Basel nach Gießen berufenen Germanisten Otto Behaghel aufgegriffen und die Volkskunde in Hessen organisiert (s. S. 66). Mit der Begründung der ›Hessischen Blätter für Volkskunde‹ schuf er eine wissenschaftliche Zeitschrift von gleichem überregionalem, bis in die Gegenwart andauerndem hohen Rang wie Hoffmann-Krayers ›Schweizerisches Archiv für Volkskunde‹.

Gleich im 1. Band seiner neuen Zeitschrift veröffentlichte Strack eine ausführliche Rezension der Hoffmann-Krayerschen Antrittsvorlesung, nachdem er vorher im selben Heft, wissenschaftlichem Brauch folgend, sein Programm vorgestellt hatte. Er wandte sich vor allem gegen die tatsächlich unglückliche Formulierung vom »vulgus in populo« als einer sozialen Zweischichtentheorie; die Volkskunde habe sich aber nicht nur mit einer Schicht im Volke, sondern vielmehr mit dem ganzen Volk zu befassen, mit dem Ungebildeten sowohl wie mit dem Gebildeten, wenn auch nur mit dem kollektivgebundenen Teil seines Wesens. Mit einer Fülle konkreter empirischer Beobachtungen führte er die abstrakte Hoffmann-Krayersche Zweischichten-Theorie ad absurdum, ohne jedoch dem scharfsinnigen Schweizer im Hinblick auf die Rolle der Individualkräfte überzeugenden Widerpart bieten zu können. Volksleben blieb für ihn reines Naturleben ohne Individualität, unbewußt und naiv, »im Gegensatz zu dem späteren bewußten Denken und Produzieren der immer entschiedener hervortretenden Individualitäten«. Unklar vermischten sich ihm die romantischen Vorstellungen eines Jacob Grimm über das unverbildet Einfache als Ausdruck des göttlichen Atmens einer anonymen Volksseele mit den Forderungen einer um Verhaltensgesetze ringenden Naturwissenschaft.

Schon im nächsten Band der ›Hessischen Blätter‹ antwortete Hoffmann-Krayer und zerpflückte die Stracksche Rezension. Er erläuterte noch einmal seine These von der führenden Rolle des Individuums in der Volksüberlieferung und widersprach entschieden der Ansicht, daß die Erscheinungen des Volkslebens »einem Naturgesetz folgend«, wie Früchte an einem Baum aus der »Volksseele« hervorgegangen seien. Aus individueller Wurzel entstanden, habe sie vielmehr die große Masse aufgenommen, und seine Polemik gipfelt dann in dem slogan-artigen Ausspruch: »Die Volksseele produziert nicht, sie *re*produziert.«

Mit einer solch einseitig übersteigerten Kennzeichnung des Überlieferungsvorganges hatte Hoffmann-Krayer nun allerdings seine eigenen differenzierten Ansätze zu einer sozio-psychologischen Analyse des Volkslebens ein wenig marktschreierisch degradiert. Daß Strack empfindlich reagierte und noch im gleichen Jahrgang seiner Zeitschrift den Zerstörer des schönen Bildes von der schöpferischen Volksseele in seine Schranken zu weisen versuchte, spricht für den Mut des engagierten Forschers. Er bestand auf einer »naturgesetzlichen« Art der Entstehung von Gemeinschaftserzeugnissen, wobei eben oft keinerlei Initiative Einzelner zu erkennen sei. Die überspitzte Ausdrucksweise des Basler Gelehrten trieb den Gießener Kollegen zu einer Art von Ehrenrettung für sein Fach. »Die Volkskunde«, rief er aus, »hat zu ihrem Gegenstand nicht das vulgus – dieses Wort, dem der Bildungshochmut seinen Stempel aufgedrückt hat, sollte m. E. schon aus Pietät von dem *Volks*forscher nicht angewandt werden, – sondern das *Volk,* . . . insofern es uns als natürlich gewordene Gemeinschaft geistig schaffend und Lebensformen erzeugend entgegentritt.« Solch unverbindlichen Ausführungen folgte dann eine neuerliche Reduzierung des Volksbegriffes auf das Bauerntum: »In seiner reinsten Ausprägung tritt uns dieses Volkstum heute noch bei dem Bauernstand entgegen. Daher die große Bedeutung, die gerade ihm in der Volkskunde zukommt . . . Er ist der Repräsentant des Volkes im obigen Sinne.« Damit vollzog Strack einen bedauerlichen Rückschritt gegenüber seiner früher geäußerten, viel weiträumigeren Umgrenzung des wissenschaftlichen Gegenstandes. Wieder einmal war er – wie vor ihm Justus Möser und Wilhelm Heinrich Riehl – bei der Volkskunde als »Bauernkunde« angelangt.

Die Grundsatzerörterungen des Gießener Germanisten Albrecht Dieterich (1855–1908), die dieser auf der 1. Generalversammlung der ›Hessischen Vereinigung für Volkskunde‹ 1902 in Frankfurt vorgetragen hatte, brachten kaum neue Einsichten, aber eine gewisse beruhigende Vermittlung. Er wies auf die breiten Kontaktzonen zwischen den verschiedenen Nachbardisziplinen wie Germanistik, Geschichte und Volkskunde hin und versuchte, den fragwürdigen Begriff des »vulgus in populo« durch den des »Volkstümlichen« zu ersetzen, den er hauptsächlich psychologisch verstanden wissen wollte. »Volk« definierte er als die Schicht der Ungebildeten, »welche nicht durch eine bestimmte Bildung geistig geformt und umgeformt sind«; dort ruhe die »Mutter Erde«, der Mutterboden der Kultur. Mit dieser Fiktion einer subkulturellen Primitivgruppe unterhalb der Bildungsschicht war nun allerdings jede Möglichkeit einer realen Einschätzung sozialer Gruppenbildungen und ihres vielfach historisch überschichteten Kulturbesitzes verloren. Die Erforschung vom Denken und Glauben, von der Sitte und Sage des Menschen ohne Kultur und unter der Kultur sah Dieterich als eine Aufgabe der Philologie, und der Gedanke an eine eigene volkskundliche Wissenschaft war ihm fremd. »Vor Leuten, die *nur* Volkskunde betreiben, mag uns der Himmel bewahren.«

Damit versickerten die vielversprechenden, von John Meier und Hoffmann-Krayer angeschlagenen Quellen. Nach Adolf Stracks frühem Tod hatte 1907 Eugen Mogk (1854–1939), der Leipziger

Germanist, die Leitung des ›Verbandes der Vereine für Volkskunde‹ übernommen und in einem programmatischen Aufsatz die Volkskunde als eigenständige Wissenschaft zu rechtfertigen versucht. Die Volkskunde befaßte sich nach Mogk mit allen jenen Erscheinungen, in denen sich eine assoziative Denkweise im Gegensatz zur logischen äußert –, also mit allen Gebilden, die »durch psychische Assoziation entstanden und durch diese fortgepflanzt bzw. verändert worden sind«. Seine Absicht, die Gegenstände der Volkskunde damit von denjenigen der Literaturwissenschaft, Kunstgeschichte usw. abzutrennen, konnte er mit dem unzulänglichen Kriterium des assoziativen Denkens nicht erfüllen. Seine Postulate bedeuteten nichts anderes als eine Rückkehr zur Primitivenforschung des 19. Jahrhunderts, ohne daß die dynamische Bewegung volklicher Gruppen im Wechselspiel epochaler Stile, sozialer Ideen und Leitbilder in Betracht gezogen oder überhaupt nur gesehen wurde. Vergessen schienen die klugen und auch in ihren Überspitzungen noch fruchtbaren Denkansätze Hoffmann-Krayers, bis dieser sie nach einem Vierteljahrhundert selbst wieder ans Licht hob (vgl. Kap. VIII).

Dagegen wurde die volkskundliche Sammelarbeit in dieser Epoche neu organisiert und intensiviert, auf dem Gebiet des Volkslieds besonders durch John Meier. 1911 übernahm er den Vorsitz des Verbandes, dem er durch eine Reihe großer wissenschaftlicher Aufgaben bleibende Bedeutung verlieh. (Internationale Volkskundliche Bibliographie, Sammlung der Segens- und Beschwörungsformeln, Handwörterbuch des Aberglaubens, Zusammenarbeit mit dem Folkloristischen Forscherbund FFC in Helsinki, Sammlung deutscher Flurnamen u. a. m). Vor allem aber hob er die deutsche Volksliedforschung auf ein Niveau, das im internationalen Rahmen wohl nur von den Ungarn durch Béla Bartók (1881–1945) und Zoltán Kodály (1882–1967) überholt worden ist.

Belebt wurde diese Wissenschaftsrichtung durch die Aktivität der Wandervogel- und Jugendbewegung, die die Volksliedpflege groß auf ihre Fahne geschrieben hatte. 1908 erschien die 1. Auflage des von Hans Breuer (1883–1918) herausgegebenen »Zupfgeigenhansl«, einem Liederbuch, das wie vor ihm das »Wunderhorn« und das »Kommersbuch« dem Volkslied von neuem Geltung und Ansehen bis in die Schichten der Gebildeten vermittelte. Auf solchem Boden konnte auch die Volksliedsammlung ganz anders gedeihen. 1914 begründete John Meier das ›Deutsche Volksliedarchiv‹ in Freiburg i. Br., indem er den Auftrag des Verbandes nach intensiver Arbeit einer Volksliedkommission selbst in die Hand nahm und erfüllte. Durch wohlorganisierte Terrainforschung, Enquêten mit Hilfe der neugegründeten volkskundlichen Landesstellen, Archiv- und Literaturexzerpierung, Aufnahme handschriftlicher Liederbücher und -hefte und einer großen Flugblattsammlung gelang es ihm, mehr als 200000 Texte, zum großen Teil mit Melodien, zu bergen. Vielfältige Katalogsysteme ordnen das Material, von dem die Balladen seit 1935 in fortlaufenden Kommentarbänden publiziert werden.

Damit war die Arbeit der Volkskunde als Wissenschaft wieder einmal auf die zweifellos notwendige Sammlung des Faktenmaterials und die ordnende Durchdringung dieser Stoffülle zurückgefallen. Die Frage nach der Aussagekraft der Stoffe, ihrer Funktion im sozialen Bereich, den Mechanismen ihrer Tradierung schien so gut wie vergessen.

Die Beziehung zwischen dem Gegenstand und seinen Trägern trat so gut wie überhaupt nicht in das wissenschaftliche Bewußtsein, – die sozialen Kämpfe des 19. Jahrhunderts, Arbeit und Leiden der untersten Schichten blieben den Volkskundlern dieser Zeit weitgehend fremd. Weiterhin befaßte man sich vor allem mit dem ländlichen Leben, und es war schon viel, wenn in einem so weit verbreiteten und hübsch aufgemachten Brauchband wie dem von Reinsberg-Düringsfeld auch Stadtfeste erwähnt und beschrieben wurden. Die städtischen Unterschichten, die Arbeiter oder gar die Dienstboten, blieben unbeachtet, obgleich andere Fachgebiete wie z.B. die Volkswirtschaft hier die zweckdienlichsten Vorarbeiten leisteten (z.B. Stillich). Aber bei dem vorherrschenden Selbstverständnis des Faches als »Bauernvolkskunde« scheint das Desinteresse am städtischen Leben noch verständlicher als die völlige Nichtbeachtung der Realitäten des ländlichen Lebens. Die sozialen Wandlungsprozesse seit den Reformen zu Beginn des 19. Jahrhunderts wurden bestenfalls in dem Sinne notiert, daß in den letzten hundert Jahren »der gegenwärtige freie Bauernstand nicht nur in seiner bäuerlichen Wirtschaft, sondern auch in seinen bäuerlichen Sitten und Bräuchen« zur Blüte gelangt sei (E. H. Meyer, S. 8). Die Volkskundler bemerkten nur eine Richtung sozialer Bewegungen: hin zum Urbild gesunden Bauerntums, heiler Dorfwelt, wie sie Wilhelm Heinrich Riehl und Ludwig Richter priesen. Es wiederholte sich also in der Agrarromantik dieser Epoche eine ideologische Tendenz der Romantik des frühen 19. Jahrhunderts: die Flucht aus den sozialen Bewegungen und Unruhen der Gegenwart in eine vorgeblich heile Vergangenheit, bzw. auf die Bühne eines heiteren Bauerntheaters, in dem sich ein treues Bauernvolk vor freundlicher Dorfkulisse in »echten« Trachten darstellte.

Dabei hätte ein Blick über die Fachgrenzen genügt, um die Augen für die tatsächlichen Verhältnisse zu öffnen, um die andauernde

Landflucht und ihre Gründe zu erkennen, um die Diffusion der Landbevölkerung in zahlreiche Schichten und die Zunahme der verelendeten besitzlosen Landarbeitergruppe, besonders in Ostelbien, und ihre Fluktuation zu bemerken. Der Soziologe Max Weber (1864–1920) hatte in einer großartigen Erhebung mit dem Verein für Sozialpolitik die Verhältnisse der Landarbeiter erfaßt und die Ergebnisse seit 1892 veröffentlicht. Die Volkskunde nahm weder Notiz von diesen Daten noch von Informationen durch andere sozialhistorische und volkswirtschaftliche Literatur.

Literatur:

Bausinger, Hermann: Eduard Hoffmann-Krayer. Leistung und Wirkung. In: Zs. f. dt. Philologie 85 (1966), S. 431–447.

Bergmann, Klaus: Agrarromantik und Großstadtfeindlichkeit. 1970.

Breuer, Hans (Hrsg.): Zupfgeigenhansl. 1911 u. ä. Deutsche Volkslieder mit ihren Melodien. Hrsg. v. Dt. Volksliedarchiv Freiburg. I/1935, II/1939, III/1954, IV/1959, V/1965 usw.

Dietrich, Albrecht: Über Wesen und Ziele der Volkskunde. In: Hess. Bll. f. Vkde I (1902), S. 169–194; Mutter Erde. In: Arch. f. Religionswiss. 8 (1905), S. 1–50.

Erk, Ludwig: Deutscher Liederhort. Auswahl der vorzüglicheren dt. Volkslieder aus der Vorzeit u. Gegenwart mit ihren eigenthüml. Melodien. 1856; 2. Aufl. u. Neuausgabe von *Franz Magnus Böhme*, 3 Bde. 1893/94.

Erlach, Friedrich Karl von: Die Volkslieder der Deutschen. Eine vollständ. Sammlung der vorzüglichsten dt. Volkslieder von der Mitte des 15. bis in die erste Hälfte des 19. Jhs. 5 Bde. 1834–1836.

Gothein, Eberhard: Die Aufgaben der Kulturgeschichte. Leipzig 1889.

Heiske, Wilhelm: Das dt. Volksliedarchiv 1914–1964. Ein Bericht. In; ZfVkde 60 (1964), S. 242–251.

Hoffmann von Fallersleben, August Heinrich u. *Richter, Ernst:* Schlesische Volkslieder. 1842.

Hoffmann-Krayer, Eduard: Kleine Schriften zur Volkskunde; darin auch: Die Volkskunde als Wissenschaft. (Schriften d. Schweiz. Ges. f. Vkde. Bd. 30) 1946; Naturgesetz im Volksleben? In: Hess. Bll. f. Vkde 2 (1903), S. 57–64; Über Museen für vergleichende Volkskunde. In: Jb. f. histor. Vkde 2 (1926), S. 76–87.

Marx, Karl: Die ethnologischen Exzerpthefte. Hrsg. v. L. Krader. 1976.

Meier, Ernst: Schwäbische Volkslieder mit ausgewählten Melodien. 1855, Vorwort. – Vgl. *Hansen, Wilhelm:* Das Volkslied. In: Die dt. Volkskunde, hrsg. v. Adolf Spamer, Bd. 1. 1934, S. 293.

Meier, John: Bergreihen. Ein Liederbuch des XVI. Jhs. Neuaufl. 1959. Kunstlieder im Volksmunde. Materialien u. Untersuchungen. 1906.

Ders.: Der Verband dt. Vereine für Volkskunde, sein Werden u. Wirken 1904–1944. In: 50 Jahre Verband der Vereine für Volkskunde 1904–1954. 1954. dazu: *Seemann, Erich:* John Meier. Sein Leben, Forschen u. Wirken. 1954.

Meitzen, August: Der Boden und die Landwirtschaftlichen Verhältnisse des Preußischen Staates. 8 Bde. Berlin 1868–1908.
Meringer, Rudolf: Wörter und Sachen. In: GRM I (1909), S. 593–598; gleichzeitig erschien der 1. Bd. einer eigenen Zeitschrift ›Wörter und Sachen‹, charakterisiert als eine »kulturhistorische Zeitschrift für Sprach- und Sachforschung«.
Meyer, Elard Hugo: Badisches Volksleben im 19. Jh. Straßburg 1900.
Mogk, Eugen: Wesen und Aufgaben der Volkskunde. In: Mitt. d. Verbandes dt. Vereine f. Vkde Nr. 6, Nov. 1907.
Reinsberg-Düringsfeld, Otto Frhr. v.: Das festliche Jahr. In Sitten, Gebräuchen, Aberglauben und Festen der Germanischen Völker. Leipzig 1898.
Schade, Ernst: Ludwig Erks kritische Liedersammlung und sein »Volkslied«-Begriff. 1971.
Stillich, Oskar: Die Lage der weiblichen Dienstboten in Berlin. Berlin – Bern 1902.
Strack, Adolf: Volkskunde. In: Hess. Bll. f. Vkde 1 (1902), S. 149–156; Rezension zu Hoffmann-Krayer »Die Volkskunde als Wissenschaft«, ebda., S. 160–166; Der Einzelne und das Volk, ebd. 2 (1903), S. 64–76.
Helm, Karl: Adolf Strack. In: Hess. Bll. f. Vkde 5 (1906), S. I–VII.
Suppan, Wolfgang: Volkslied. (Slg Metzler. 52.) 1966, S. 51.
Uhland, Ludwig: Alte hoch- u. niederdt. Volkslieder. 1844/45, ²1866.
Weber, Max: Die Verhältnisse der Landarbeiter in Deutschland. 1892ff.
Weinhold, Karl: Was soll die Volkskunde leisten? In: Zs. f. Völkerpsychologie u. Sprachwiss. 20 (1890), S. 1–5.
Wildhaber, Robert: Die internationale volkskundliche Bibliographie. In: Volkskunde 66 (1965), S. 94–102.
Wörterbücher der dt. Mundarten, vgl.: Zs. f. Mundartforschung 32 (1965), S. 99f.; zum Brandenburg-Berlinischen, Mittelelbischen, Obersächsischen, Thüringischen u. Siebenbürgisch-Sächsischen Wörterbuch vgl.: Dt. Jb. f. Vkde 4 (1958), S. 179ff. u. S. 438ff.

VIII. Hans Naumann und die Lehre vom »gesunkenen Kulturgut«

Auch die sozialen Veränderungen und Lebensverhältnisse während des Ersten Weltkriegs schienen den Volkskundlern im allgemeinen kein Forschungsthema zu bieten. Einer der wenigen, der in diesen Jahren, vornehmlich in München, beobachtete und sammelte, war Adolf Spamer (1883–1953). Der Spürsinn, mit dem er hunderte von hetzerischen Kriegspostkarten, Flugblättern, Bilderbogen, Liederheftchen, hurrapatriotischen Klappbildern, bedruckten Taschentüchern bis hin zum schwarz-weiß-roten Toilettenpapier zusammengetragen und mit Notizen und Zeitungsausschnitten versehen hat, verraten seine Sensibilität auch für die psychischen Gefahren des Krieges. In seiner Frankfurter Dozentenzeit hat er Vorlesungen über eine »Volkskunde des Weltkriegs« gehalten und darin ausgeführt: »Unmittelbar mit dem Ausbruch des Weltkriegs stieg eine Springflut auf, die alle untergründigen geistigen Volksgüter in Vers, Prosa und bildnerischen Gestaltungen auf die Oberfläche des öffentlichen Lebens emporschleuderte. Volksglaube und Volksfühlen, Volksgesang und Volkserzählung, Volkssatire und -witz gaben sich in unmittelbarer, unverhüllter Eigenform, bis dann bald eine von Skrupeln unbeschwerte Industrie die neue Konjunktur zu ihren geschäftlichen Zwecken ausnutzte.« Ein geschlossenes Werk ist aus all diesen Vorarbeiten leider nie entstanden.

Erst nach dem Ersten Weltkrieg flammte die Grundsatzdiskussion um Gegenstand und Ziel der Volkskunde von neuem auf. Der Bonner Germanist Hans Naumann (1886–1951) brachte mit seinen beiden kurz aufeinanderfolgenden schmalen Bänden, besonders mit »Grundzüge der deutschen Volkskunde« (1922), dem Fache eine (allerdings zweifelhafte) Popularität ein und erreichte vor allem die Lehrerschaft.

Naumanns flott und lesbar geschriebene Darstellungen dienten dem Ziel, die Volkskunde auch vom Gegenstand ihrer Realien her zu einer reinen Geisteswissenschaft zu erheben und so die Brücke zwischen Völkerkunde einerseits und Geistes- und Kulturgeschichte andererseits zu schlagen. Dazu bediente er sich einer Methode, die vielen seiner Leser und Epigonen so einfach erschien, daß sie ihnen gewissermaßen den Schlüssel für das Verständnis der Volkskultur bedeutete: er unternahm es, das Volksgut in seiner Masse zu teilen in solche Güter, die ganz oder vorwiegend auf psychischem Mechanismus beruhen, und solche, die erst später mechanistisch geworden sind. Da nun jedes Kulturvolk aus einer geistig aktiven, formbildenden Oberschicht und der großen, mehr oder weniger inaktiven, unindividualisierten Gemeinschaft bestehe, müsse man »primitives Gemeinschaftsgut« und »gesunkenes Kulturgut« unterscheiden, – das eine urtümlich gewachsen und psychisch bedingt, das andere historisch geworden und bewußt geschaffen oder umgeformt. Als historischer Hintergrund dieser Erscheinungen seien drei Epochen der Geisteshaltung anzunehmen, die an die Evolutionsschemen sowohl eines Vico wie eines Comte erinnern: eine absolut primitive, wie man sie in unseren Breiten nur noch bei den wandernden Zigeunern anträfe; – eine agrarische, die das Bauerntum verkörpere; – und eine heroische Orientierung, die sich in einer aristokratischen Oberschicht abdifferenziere. Daraus gehe hervor, daß die bäuerliche Gesellschaft notwendig das Hauptobjekt der deutschen Volkskunde bilden müsse.

Es ist ein Verdienst Naumanns, der »romantischen Volkskunde« ihren Mangel an »historischen Standpunkten« nachgewiesen zu haben. Thema seiner Untersuchungen wurden die engen Beziehungen zwischen den epochalen Stilen der Hochkultur und den Erscheinungen der Volkskultur, wie sie John Meier bereits für das Volkslied herausgearbeitet hatte. »Volksgut wird in der Oberschicht gemacht«, heißt es in der Einleitung seiner »Grundzüge«, und diesem Lehrsatz entsprechend entwickelte Naumann das Rezept seiner historischen Reproduktionstheorie. Während er den Bereich der Sprache andernorts abgehandelt hat, konzentrierte er sich hier gänzlich auf die volkskundlichen Untersuchungsgegenstände und begann bezeichnenderweise mit der sogenannten materiellen Volkskultur, an der er seine Gedanken am sichtbarsten exemplifizieren konnte.

Naumann eröffnete die zehn Kapitel seines Buches mit »I. Tracht und Hausrat« und definierte die Volkstracht als »die modische Tracht der gebildeten Oberschicht in der Auffassung der ungebildeten ländlichen Unterschicht«, eine Unterscheidung, die erst seit der Renaissance mit ihren zwei Bildungsklassen überhaupt möglich sei. Für die Volkstracht als »Wiederholung und spätes Echo früherer Modetracht« vermag er überzeugende Beispiele anzuführen, und es dürfte in erster Linie dieses konkret durchgeführte Kapitel gewesen sein, das dem Naumannschen Buch zu seinem großen Erfolg verhalf. Weiterhin stehen die Realien in »II. Bauernhaus und Dorfkirche« und »III. Siedlung und Agrarwesen« im Vordergrund, während er dann zu der sogenannten geistigen Volkskultur übergeht und sich erst einmal deren vorwiegend primitiven Grundlagen zuwendet: »IV. Primitiver Gemeinschaftsgeist« in Sitte und Brauch, Denkweise und Glauben, wo jener berüchtigte Satz zu lesen steht, daß der »primitive Mensch« ein »sozial gebundenes Herdentier« sei. In Kap. V werden »die primitiven Gemeinschaftsfeste« im Lebenslauf und agrarischen Jahreslauf behandelt. Dann kommen aufschlußreiche Kapitel aus dem Gebiet der oralen Volksüberlieferung: »VI. Volksschauspiel und Gemeinschaftsspiel«, »VII. Volksbuch und Puppenspiel«, in denen der Gedanke vom »gesunkenen Kulturgut« historisch zwingend verfolgt werden kann. In »VIII. Volkslied und Gemeinschaftslied« baute Naumann weitgehend auf John Meiers Untersuchungen auf und illustrierte seinen historischen Standpunkt. Als »primitives Gemeinschaftsgut« betrachtet er lediglich die Gattung der Schnadahüpferln und Verwandtes. Über »IX. Rätsel und Sprichwort« gelangte er dann zum Schlußkapitel »X. Sage und Märchen«, in dem er die primitiven Züge mehr in den Märchen- und Sagen*motiven* zu erkennen meinte, während er die Märchen selbst zu den Kunstformen rechnete. In der Sage dagegen durchwirke sich Phantastik und Realismus, Traum und Wirklichkeit, Eingebildetes und Erlebtes in kindlich-primitiver Undifferenziertheit. In seinen Interpretationen finden sich die Begriffe einer Primitivenpsychologie wieder, wie sie seit Lévy-Bruhl die volks- und völkerkundliche Literatur durchzogen.

Das zügig geschriebene Büchlein, das als wissenschaftlichen Apparat nur ein allgemein gehaltenes Literaturverzeichnis besitzt und sich an weiteste Kreise wandte, schien energisch aufzuräumen mit nachromantischen und mythologischen Deutungsprinzipien. Die historische Wahrheit der Kulturabhängigkeiten mußte jedermann einleuchten; die Aussage, daß jede Änderung der Oberschicht eine Änderung des Volksgutes nach sich ziehe, schien angetan, revolutionierend zu wirken. Aber in den volkskundlichen Fachkreisen erhoben sich zurecht aus verschiedenen Gründen energische Gegenstimmen gegen die Naumannschen Theorien, die vor allem die schlagwortartig bezeichnete Richtung des Kulturmechanismus lediglich nach unten entschieden kritisierten.

Naumanns Antithese von Hoch und Nieder war ohne die vorangegangenen Arbeiten von John Meier und Eduard Hoffmann-Krayer nicht denkbar. Aber gerade Hoffmann-Krayer setzte sich nun nach drei Jahrzehnten vorurteilslos gelebter volkskundlicher Erfahrungen von der krassen Zweischichtenteilung Naumanns ab. Statt »Oberschicht« und »Unterschicht« möchte er Gruppen stark, bzw. schwach differenzierter Individuen genannt wissen und definierte jede Gruppenbildung, ja, jedes Volkstum letzthin als Ergebnis von Assimilationsprozessen, was er an Erscheinungen von Tracht und Mode nachwies. Die Wechselwirkung von Individuum und Masse sah er in drei Stadien konkretisiert: bei der Erfindung von kulturellen Gütern durch ein Individuum, bei der Übertragung von vorhandenem Volksgut durch ein Individuum und bei der Veränderung von vorhandenem Volksgut durch ein Individuum. Er betonte also ausdrücklich die individuellen Agentien im Volksgut und führte aus, daß bei solcher Betrachtungsweise eine Unterscheidung zwischen »primitivem Gemeinschaftsgut« und »gesunkenem Kulturgut« letztlich unwichtig erscheine. »In zahlreichen Fällen ist das Eindringen einer persönlich individuellen Schöpfung in breitere Volksschichten nachgewiesen«, schrieb er am Schluß seines Aufsatzes. »Diese Aufnahme kann in verschiedenen Graden geschehen: entweder in völlig gleicher Gestalt wie die Originalschöpfung oder, was häufiger ist, in modifizierter Gestalt. Diese Modifikation kann in einer Anpassung an den Geschmack der Unterschicht bestehen oder in einer Mischung mit anderm, bereits vorhandenem Volksgut. Jede Modifikation aber ist das Ergebnis eines individuellen Agens. Hier ist die Assimilation der individuenarmen Massen an die prominenten Individuen besonders deutlich. Aber nicht nur beim Herabsinken höheren Kulturgutes in die niederen Schichten spielt sich dieser Prozeß ab, sondern auch innerhalb der sogenannten Oberschicht und innerhalb der sogenannten Unterschicht. Hier begreiflicherweise darum nicht so deutlich, weil die Individuen weniger bekannt sind ... Wenn nun alle Kulturerscheinungen auf fortwährend fluktuierenden Wechselwirkungen zwischen Individuum und Masse bestehen, wo bleibt dann aber das eigentliche ›Volksgut‹ als ruhender Pol in der Erscheinungen Flucht? Hier möchte ich die Antwort erteilen, die John Meier schon längst als Definition des Volksliedes gegeben hat: Volksgut ist alles, was ›volksläufig‹ geworden, d.h. in breite Schichten eingedrungen und von ihnen angeeignet worden ist, ob sie dieses Gut nun bewußt oder unbewußt übernommen haben. Das Wesentliche ist, daß dieses Gut im Volke lebt und in ihm Betätigung findet« (S. 235).

Damit hatte Hoffmann-Krayer zum zweitenmal entscheidend in die volkskundlichen Grundsatzerörterungen eingegriffen. Zu Beginn des Jahrhunderts konnte er mit seinem Lehrsatz von der reproduzierenden Volksseele den romantischen Schleier zerreißen, der über der Vorstellung von der Schöpferkraft des anonymen Volksgeistes lag, und gleichzeitig die Zwänge naturwissenschaftlich-mechanistischen Denkens in Frage stellen. Drei Jahrzehnte später wies er Hans Naumann in die Schranken, der jenen Lehrsatz gar zu einfach anwandte, indem er den Kulturmechanismus lediglich in der Bewegung von oben nach unten verstand. Dem setzte Hoffmann-Krayer die These von der Dynamik der Kulturprozesse entgegen und von der Differenziertheit der kulturtragenden und -ausübenden Schichten. Mit der Heraushebung der Rolle, die die Individualkräfte für den Tradierungsvorgang spielen, klangen Überlegungen an, die später für die Erkenntnis der Innovationen und der dabei tätigen Initiativpersonen von Bedeutung werden sollten (vgl. Kap. XII).

Aber es war nicht nur jene simplifizierende Kulturrichtung, die den Widerspruch gegen Naumann's »Grundzüge der deutschen

Volkskunde« anfachte. Hoffmann-Krayer hatte bereits den Mangel an sozialen Gesichtspunkten angemerkt, wenn er auch diese Seite nicht allzu entschieden betonte. Tatsächlich liegt hier die eigentliche Fatalität der Naumannschen »Grundzüge«: seine Identifikation der »Träger individuumsloser Kulturen« mit dem Herdentier, seine Vergleiche mit dem Tierleben bei Ameisen, Bienen und Affen – und zwar keineswegs etwa im Sinne empirischer Verhaltensforschung – sind von nicht zu überbietender Arroganz. Der in der Volkskunde gern geübten Bauernverherrlichung setzte er Darstellungen gegenüber, die nicht etwa zu einer maßvollen Reduzierung wirklichkeitsfremder Emphasen angetan waren, sondern vielmehr nun in das Gegenteil umschlugen und eine ebenso unrealistische volks*feind*liche Überheblichkeit züchteten, die der Entwicklung der wissenschaftlichen Volkskunde keineswegs dienen konnte.

So schrieb er in seinem IV. Kapitel »Primitiver Gemeinschaftsgeist«: »Aber überwältigend geht einem etwa im europäischen Osten, z.B. unter litauischen Bauern, der Begriff der primitiven Gemeinschaft auf. Fahren die Bauern eines litauischen Dorfes nach dem nächsten Flecken zum Markt, so ziehen sie wie die Ameisen ihre Straße einer hinter dem andern her. Und wie diese sind auch jene äußerlich für den Fremden nicht zu unterscheiden. Zu gleicher Bartform, gleicher Haartracht, gleicher Kleidung gesellt sich auch ein gleicher Gesichtstyp und eine ähnliche Gestalt wie eine gleiche Körperhaltung. Die kleinen Schlitten im Winter, die kleinen Wagen im Sommer, auf denen die litauischen Bauern sitzen, sind gleich. Vor sich haben sie alle die gleichen Pferdchen unter dem gleichen Geschirr, und hinter sich haben sie alle scheinbar die gleiche Frau, sitzend auf einem Bund Heu, den Kopf verhüllt, den Oberkörper in kurzem Schafspelz, den Unterkörper im leuchtend bunten Rock aus selbstgewebter Leinwand. Mehl, Eier und Käse bringen sie alle in gleicherWeise, in gleichen Körben und Gefäßen zum Verkauf, um Salz und Gewürz in gleicher Weise dafür einzuhandeln. In Rudeln stehen sie auf dem Markt herum, von *einer* Bewegung werden sie alle ergriffen, von den gleichen Absichten und Gedanken sind sie alle beseelt. Lacht einer, so lachen sie alle mit; schimpft einer, so tun sie alle das gleiche . . . sie denken in Rudeln, und sie handeln in Rudeln.«

Abgesehen davon, daß der Böswillige beispielsweise ähnlich geartete Beobachtungen auf einem Ball ostelbischer Adelsfamilien oder in einem Offizierskasino hätte anstellen können, haben solche Aspekte aus der Perspektive eines Marsbewohners mit Volkskunde nun tatsächlich nichts mehr zu tun. Sie führten vielmehr hin zur »Anerkennung der Bildungsaristokratie . . ., in deren Händen Führerschaft und Kulturentwicklung beschlossen liegen« (»Primitive Gemeinschaftskultur«, S. 17).

Man muß Steinitz recht geben, der von der Vorbereitung der späteren Herrenmenschenideologie sprach, »deren Gefahr um so größer war, als es sich bei Naumann um einen gedanken- und kenntnisreichen Universitätslehrer handelte, dessen Theorie und dessen Bücher die volkskundliche Ausbildung der deutschen Lehrerschaft bestimmen«. So bleiben Naumanns »Grundzüge« bei aller Brillanz und bei aller Anerkennung der pädagogischen Tendenz seiner Kontrastformulierungen stark umstritten. Das von ihm auf zwei Fragen hin systematisierte Herkunftsproblem der Kulturgüter, nämlich auf die »Grundfragen« nach primitivem Gemeinschafts- oder gesunkenem Kulturgut, konnte nur zu einem Schematismus von Scheininterpretationen führen, die den Strukturcharakter von Kultur- und Sozialform gänzlich übersahen. Die nachhaltigste und für die Volkskunde fruchtbarste Kritik an Naumanns »inhaltsschwerem Büchlein« stammt von Adolf Spamer, der sich 1924 mit einem grundlegenden Aufsatz zum erstenmal zu den Prinzipien des Faches äußerte.

Spamer setzt ein mit einer großangelegten geistesgeschichtlichen Ouvertüre, aus der heraus er die Naumannsche Theorie mit ihren beiden Leitmotiven entwickelt. Daß es sich dabei um nichts eigentlich Neues handele, sondern um Lévi-Bruhlsche und Bastiansche Gedankengänge einerseits und um eine Verabsolutierung Hoffmann-Krayerscher Problemstellungen andererseits, kann er überzeugend nachweisen. Naumann nun erhebe zur Hauptaufgabe und zum Hauptarbeitsziel der modernen Volkskunde die Scheidung der einzelnen Erscheinungen nach ihrem Anteil am primitiven Gemeinschaftsgut und gesunkenen Kulturgut. Dagegen stehe eine solche Zerlegung der Stoffe in ihre Einzelelemente doch tatsächlich nicht im Zielfeld volkskundlicher Forschung. Vielleicht könnten damit bestimmte Etappen wissenschaftlicher Vorarbeit durchschritten werden wie die Erhellung geschichtlicher Zusammenhänge u. ä. m. Wären aber noch »die Versickerungen höfischen oder bürgerlich-gesellschaftlichen Modeguts in Wort und Brauch, Realien und Ideologien breiter Volksschichten« verhältnismäßig unschwer festzustellen, so sei die Ausfiltration des sogenannten »primitiven Gemeinschaftsgeistes« schon ein sehr viel schwierigeres Problem. Und besonders bedenklich erscheint es Spamer, wenn Naumann als Hauptvertreter einer primitiven, individuumslosen Gemeinschaft nun gerade das heutige Bauerntum ansehe. Dürfe man schon bezweifeln, ob man überhaupt »von *dem* Wesen des deutschen Bauern schlechthin sprechen kann«, so sei es ganz sicher nicht angängig, die verhältnismäßig geringe Differenziertheit des bäuerlichen Lebenstyps als »Primitivität« zu bezeichnen. Es offenbare sich hier nicht weniger als in anderen Sozialgruppen ein Übereinander vieler geistiger und sozialer Schichtungen, von zahlreichen vertikalen und diagonalen Bildungen durchkreuzt, ein Nachschwingen von abgeebbten Hochkulturwellen. Und ob man nun der positiven Sicht eines

Georg Koch (1872–1957) zustimmen wolle oder mehr eine gewisse Rückständigkeit als bäuerlich charakteristisch erkenne: »primitiv ist gerade die bäuerliche Gesamtkultur sicher nicht. In dieser Einstellung scheint Naumann, trotz seiner biologischen Terminologie und trotzdem er immer wieder in erfreulicher Klarheit die romantische Betrachtungsweise der Volkskunde bekämpft, selbst der romantischen Sphäre verfallen, in der sich allzugern der Begriff der Primitivität verhüllt« (S. 93).

Die »Gesetze der Geistigkeit einer gemeinkulturellen Tiefstufe«, sagt Spamer, »lassen sich viel sicherer ... an der Auswahl und Umbildung der erweislich aus einer kleinen, modegebenden Oberschicht empfangenen Geistesgüter feststellen. Naumann verlegt allzusehr den Akzent auf den Begriff der Rezeption, während die von ihm übernommene Formel Hoffmann-Krayers wohlweislich von dem *Reproduktions*vermögen des Volkes spricht, also eine eigenschöpferische Tätigkeit der Unterschicht gegenüber den überkommenen Vorlagen betont« (S. 91). In der Untersuchung dieser Kombinations- und Umstilisierungsprozesse sieht Spamer die wichtigste Aufgabe der Volkskunde, der gegenüber die ganze Herkunftsfrage lediglich sichtende Vorarbeit sei. »Ein bäuerliches Hinterglasbild oder ein von einem volkstümlichen Briefmaler gefertigtes Heiligenbildchen ist eben etwas durchaus anderes geworden als eine Kupferstich- oder Ölbildvorlage, ein zersungenes Volkslied, ein zersprochener Abzählreim, ein zersagtes Märchen, eine zerschriebene Zauberformel, ein zerspieltes Puppenspiel, eine zertragene Tracht etwas Neues gegenüber ihren Urfassungen und Vorlagen. Hier stehen die Formen einer Einzelgeistigkeit denen einer Vielgeistigkeit gegenüber, wenn man sich überhaupt dieser im Grunde irreführenden Begriffe bedienen will. Denn auch die Einzelgeistigkeit ist ... nur Repräsentant ihrer (exklusiveren) Bildungs- und Kulturschicht, und die Vielgeistigkeit ist eine fiktive Summe von mannigstfach abgestuften Gruppengeistigkeiten« (S. 91/92). Hier war, wenn auch in heute überholter Wortwahl, wichtiges gesagt. Würde man die Begriffe des »Zersingens, Zersagens« auch lieber durch »umsingen, umsagen« ersetzt sehen, so hat doch die Spamersche Umschreibung des volkskundlichen Untersuchungsbereiches Naumann deutlich an seinen Platz verwiesen.

Dem Kunsthistoriker Wilhelm Fraenger (1890–1964), Herausgeber des ›Jahrbuchs für historische Volkskunde‹, gelang zu gleicher Zeit in einer höchst konkreten Naumannwiderlegung der überzeugende Nachweis schöpferischer Fähigkeiten im Volke auch dort, wo der vorurteilsvolle Kunstkenner nur ungeschickte Kopie zu sehen meint. Sicher analysierend zeigte er am Beispiel russischer Volksbilderbogen und ihrer deutschen Vorlagen, daß durch das Prinzip der Neugestaltung in einer anderen sozialen Zone eine künstlerische Regeneration, eine veränderte aussagekräftige Inhaltsgebung möglich wird, die die Lehre vom gesunkenen Kulturgut und der bloß rezeptiven Rolle der Unterschicht ad absurdum führt.

Wenn man sich an zeitgebundenen Begriffen im Spamerschen Text wie »Wesenstypik« und »Gruppengeistigkeit« nicht stoßen will, so läßt sich hier neben der Kritik an Naumanns elitärem Kulturmodell ein neues wissenschaftliches Selbstverständnis der Volkskunde entdecken: die Sammeltätigkeit und die Erhellung der Herkunftsfragen waren ins Vorfeld der Forschung gerückt, die Interpretation des Materials abgelöst von den subjektiven Deutungsidealen und Ideologien der Forscher. Statt dessen stand am Ziel die Erkenntnis von Denken, Glauben und Meinen, Arbeiten und Feiern, Ästhetik und Repräsentationsbedürfnis sozialer Gruppen (vgl. Spamers Arbeiten über die Hessen, die Sachsen und die Hamburger Seeleute). Damit rückte der Mensch in den Mittelpunkt der Forschung, und die Volkskunde öffnete sich für die Möglichkeiten einer soziopsychologischen Wissenschaft auf historischer Grundlage.

Literatur:

Fraenger, Wilhelm: Deutsche Vorlagen zu russischen Volksbilderbogen des 18. Jhs. In: Jb. f. histor. Vkde 2 (1926), S. 126–173.

Wiederabdruck in: *ders.:* Von Bosch bis Beckmann. Ausgewählte Schriften. 1984, 193–256.

Hoffmann-Krayer, Eduard: Individuelle Triebkräfte im Volksleben. In: Schweiz. Arch. f. Vkde 30 (1930), S. 169–182; wieder abgedruckt in: Kleine Schriften zur Volkskunde. Hrsg. v. Paul Geiger. 1946, S. 223–236.

Koch, Georg: Die bäuerliche Seele. 1935; Volkskunde, Romantik und l'Houet's Bauernpsychologie. In: Hess. Bll. f. Vkde 20 (1921), S. 22–50. – Zum Gesamtwerk s.: Hess. Bll. f. Vkde 51/52 (1961), Tl 2, S. 160–173.

Naumann, Hans: Primitive Gemeinschaftskultur. 1921; Grundzüge der dt. Volkskunde. 1922, ²1929; Über das sprachliche Verhältnis von Ober- zu Unterschicht. In: Jb. f. Philologie 1 (1925), S. 55–69; Versuch einer Geschichte der dt. Sprache als Geschichte des dt. Geistes. In: DVjs. 1 (1923), S. 139–160.

Ranke, Kurt: Nachruf auf Hans Naumann, In: Hess. Bll. f. Vkde 46 (1955), S. 1–7; ZfVkde 54 (1958), S. 140f.

Spamer, Adolf: Um die Prinzipien der Volkskunde. Anmerkungen zu Hans Naumanns Grundzügen der deutschen Volkskunde. In: Hess. Bll. f. Vkde 23 (1924), S. 67–108; Hessische Volkskunst. Jena 1939. *Deutsche Volkskunst:* Sachsen. Weimar (1943), 1954; Die Tätowierung in den deutschen Hafenstädten. In: Nddt. Zs. f. Vkde 11 (1933/34), S. 1–55 und S. 129–183.

Weber-Kellermann, Ingeborg: Zum Gedenken an Adolf Spamer zu

seinem 100. Geburtstag am 10. April 1983. In: Hess. Bll. f. Volks- und Kulturforschung 16 (1984), S. 197–206.
Steinitz, Wolfgang: Die volkskundliche Arbeit in der DDR. 1955, S. 15.

IX. Sozio-psychologische Betrachtungsweise und Kulturraumforschung

Aber auch von anderer Seite her wurde die Einbeziehung soziologischer Gesichtspunkte in die wissenschaftliche Volkskunde gefordert. Der Germanist Julius Schwietering (1884–1962), angeregt von der Entfaltung der Soziologie durch Gelehrte wie Ferdinand Tönnies (1855–1936), Werner Sombart (1863–1941), vor allem aber Max Weber (1864–1920), erklärte in einem später gedruckten Vortrag die Volkskunde zu einer »geschichtlich soziologisch orientierten Disziplin«. Er bemängelte die fehlende Arbeitsmethodik der Volkskunde, die sich im allgemeinen mit einer losen Aufsammlung der Phänomene begnüge und bestenfalls dem Laien gewisse Informationen vermittle. Wenn man jedoch – und darauf ziele alles hin – den Bauern in den Mittelpunkt der Untersuchung stelle und das heutige Bauerntum »in seinem einheitlich gegenwärtigen Querschnitt« erfassen wolle, so müsse man eine soziologisch-historische Betrachtungsweise anwenden. Hier aber ließe sich bei den bisherigen volkskundlichen Untersuchungen meist ein »zwiespältiger Aspekt« beobachten, »der einmal den Bauern und daneben irgendwie ein anderes im Auge hat«. Werde man in den Realienkapiteln noch einigermaßen sachlich über die materielle Kultur des Bauerntums informiert, so sähe man in den Abschnitten über die geistigen Lebensäußerungen den deutschen Bauern plötzlich mit der Mentalität der Südseeinsulaner in Beziehung gesetzt. Dabei sei doch aber »bäuerlicher Gemeinschaftsgeist, der in der Arbeit wurzelt, ... wesensverschieden vom Geist primitiver Gemeinschaft, die je und je religiös fundiert ist«. Hier nun liege jene »verhängnisvolle Identifikation von Primitivität und Bauerntum« vor, die der Volkskunde von eh und je so viel Schaden zugefügt habe. Entzündet an den Schäfermaskeraden des 18. Jahrhunderts, sei der Volkskunde von daher die Vorstellung vom tanzenden, singenden, trachtengeschmückten »primitiven« Bauern bis auf den heutigen Tag erhalten geblieben. Diese unglückliche Verstärkung der völkerkundlichen Komponente wurzele in der Vermengung der völkerkundlichen Folklore mit der geschichtlich und soziologisch eingestellten Wissenschaft vom deutschen Bauerntum. Um aber ihre Eigenberechtigung gegenüber der Völkerkunde und Völkerpsychologie zu behaupten, – so Schwietering –, müsse sich die Volkskunde auf die Erforschung des national begrenzten, landschaftlich differenzierten Bauerntums beschränken; als »Kunde vom Volke« laufe sie Gefahr, ins Uferlose zu zerrinnen. Und als Ergebnis höchst anregender kulturgeschichtlicher Exkurse über Bauernhaus, Bauerngarten und Bauerntracht gelangte er zu dem Schluß, wie Albrecht Dieterich vor einer eigenen Disziplin »Volkskunde« warnen zu sollen. Es empfehle sich vielmehr, die Kapitel über Volkssprache, Volksglauben und Volksdichtung zu philologischen Teildisziplinen zu erklären; die Fragen des volkstümlichen Hausbaus, der Realien- und Volkskunstforschung wären am besten an eine neu zu begründende deutsche Archäologie zu übergeben, während die eigentliche Aufgabe der deutschen Volkskunde, nämlich die Erforschung des deutschen Bauerntums, tunlichst in die Hand des Soziologen und Historikers zurückzulegen sei, aus der sie der Philologe einst bekommen habe.

Das nun schien dazu angetan, der Volkskunde als einer eigenständigen Wissenschaft den Todesstoß zu versetzen, und rief die Vertreter des Universitätsfaches auf den Plan. Der Grazer Gelehrte Viktor von Geramb (1884–1958) wandte sich ausführlich gegen den Schwieteringschen Vorwurf der methodischen Mängel, obgleich gerade hier Schwieterings Kritik weitgehend zu Recht bestand. Die sozial-anthropologische Wendung, die er für die Volkskunde einleitete, hat dem Fache in mancher Hinsicht genützt, und in seinen literarhistorischen Studien zeigte er immer wieder die Bedeutung der Volkskultur als Unterstrom der Kulturentwicklung. Die Rolle der Gemeinschaft für den Kulturmechanismus wurde von ihm in aller Deutlichkeit gesehen, und die »Schwieteringschule«, aus der in seiner Leipziger, Berliner und Frankfurter Lehrtätigkeit namhafte Schüler wie Martha Bringemeier (Münster), Mathilde Hain (1901–1983), Otto Brinkmann, der Schwede Robert Wikman, der Rumäne Gheorghe Vrabie hervorgingen, hat internationalen Ruf. Hier wurde die Kontextforschung in die Volkskunde eingeführt.

Schwietering war Schüler des Germanisten Edward Schröder (1851–1920) und des Hamburger Altertumsforschers Otto Lauffer (1874–1949), seinerseits ein skeptischer Beurteiler psychologischer Zielsetzungen zugunsten eines unspekulativen geschichtlichen Tatsachensinnes, womit er an die Traditionen des 19. Jahrhunderts anknüpfte (vgl. Kap. IV). Aber bei aller Anerkennung dieser auf Solidität dringenden Richtung enthält doch gerade die Schwieteringsche Grundsatzäußerung erstaunliche Widersprüchlichkeiten. Seine Forderung nach soziologischer Methodik ließ sich kaum vereinen mit der gleichzeitig von ihm vorgeschlagenen Spaltung des Faches in einzelne *Stoff*gebiete, die dann ihrerseits verschiedenen anderen Disziplinen zugeordnet werden sollten. Eine soziologische Wissenschaftseinstellung hätte im Gegenteil nach einem komplexen sozialkulturellen Bezugsfeld verlangt, in dem die einzelnen Objektivationen ein Lebensbild der zu untersuchenden Gruppen bezeichnen.

Hier schienen Mißverständnisse darüber vorzuliegen, was denn eigentlich eine »soziologische Durchdringung der Materie« bedeute. Schwietering verwandte weitgehend den Gemeinschaftsbegriff aus Ferdinand Tönnies' berühmtem Werk »Gemeinschaft und Gesellschaft«, in dem dieser zwei Formen der menschlichen Gruppenbildung nach dem Modell des lebendigen Organismus und nach dem der Maschine unterscheidet, wobei die zweite aufgrund eines unvermeidlichen Prozesses aus der ersten hervorgehe. Die organische Gemeinschaft nun glaubte Schwietering im Bauerntum repräsentiert, ohne dessen Vielschichtigkeit klar zu erkennen. Aber selbst bei so eingeengter Blickschau ging es kaum an, die verschiedenen kulturellen Ausdrucksformen dieser bäuerlichen Gemeinschaften zur Untersuchung an andere Wissenschaftsdisziplinen weiterzugeben. Das bedeutete wiederum ein Zurücktreten von jener mühsam erreichten Stufe anthropologischer Betrachtung, die doch Schwietering gerade zu erstreben meinte.

Aber im übrigen wurde die Nachbarschaft zur Soziologie enger. Max Rumpf (1878–1953) hatte in seiner »Deutschen Volkssoziologie« versucht, die Volkskunde in eine »Vergangenheits- und eine Gegenwartsvolkskunde« aufzuteilen, wobei die erstere die Menschen der versinkenden bäuerlichen Gemeinschaften zu schildern habe und die letztere den modernen städtischen Menschentyp der Gegenwart. Diese merkwürdige Vorstellung, bar jeden historischen Verständnisses, wiederholte sich in seinem dickleibigen »Deutschen Bauernleben«, wo er mitten im 19. Jahrhundert mit seiner Darstellung abbricht, weil er die sich liberalisierende, rationell wirtschaftende ländliche Welt nicht mehr untersuchenswert fand, – bis das 20. Jahrhundert seinen Vorstellungen vom »echten Bauerntum« wieder neuen Auftrieb gab. Die intensiven soziologischen Studien eines Max Weber zur Landarbeiterfrage nahm Rumpf nicht zur Kenntnis. – Aber auch von anderer Seite fand eine Annäherung der Fächer statt, wie z. B. durch Hans Freyer (1887–1969), der solche Begriffe wie »Objektivationsformen des Geistes« für die »gegenständlichen Sinngehalte« einbrachte.

Leidenschaftlich hatte Schwietering den Psychologismus völkerkundlicher Prägung in der Volkskunde bekämpft, – ja er ging so weit, jegliche psychologische Fragestellung nach den »Volksgeistigkeiten« aus der Volkskunde verbannen zu wollen, und schoß auch hier über das Ziel hinaus. Der Hauptverfechter einer psychologischen »Tiefenschau« war der Sohn eines Darmstädter Psychiaters Adolf Spamer (1883–1953), eine außerordentliche Forscher- und Lehrerpersönlichkeit, deren Bedeutung für die Wissenschaftsgeschichte der Volkskunde kaum überschätzt werden kann. Spamer ging von der Germanistik aus und promovierte in Gießen bei Behaghel mit einer Arbeit über die Mystikertexte, – hatte aber als Nebenfächer Kunstgeschichte und Nationalökonomie gewählt und bereitete eine Studie über die Lage der Haararbeiterinnen im Kr. Wetzlar vor. Damit kündigte sich das breite Spektrum seines Interessen- und Bildungsbereiches an, das auch seinen Grundsatzerörterungen zur Volkskunde zugute kam.

Als Untersuchungsgegenstand der Volkskunde nannte er die Lebensäußerungen, die den Menschen als »Volksmenschen, also nicht als Individuum, sondern in seinen allgemeinen oder gruppenhaft gegliederten Bindungen zeigen. Daraus ergibt sich sogleich die phänomenologische Einstellung der Volkskunde, der zunächst jede Wertauswahl bei der Abgrenzung der von ihr zu erfassenden Erscheinungswelt fremd ist« (»Volkskunde als Wissenschaft«, S. 8). Auf diese Weise hatte er eine psychologische Zielsetzung in den Vordergrund gerückt, die mit dem (nicht glücklichen) Begriff »Volksmensch« einen psychischen gruppengebundenen Zustand und nicht etwa einen sozialen Stand kennzeichnen wollte, – einen Zustand, in dem sich zeitweilig alle Mitglieder des Volkes befinden könnten ohne Rücksicht auf ihre Zugehörigkeit zu bestimmten sozialen Schichten. Im Mittelpunkt volkskundlichen Erkenntnisstrebens steht nach Spamer die Frage nach der Beziehung des Einzelnen zu Gemeinschaften und Gruppenbildungen von Volk und Staat, nach seiner Stellung zu Leben, Tod und übersinnlichen Mächten, zu Heimat und Fremde, zu Arbeit, Haus und Familie, zu Natur, Tier und Pflanze, zu rechtlichen und sittlichen Lebensnormen. Alle Stoffgebiete der Volkskunde, alle Zeugnisse der sogenannten geistigen und materiellen Kultur seien lediglich zu beurteilen als »faßbarer Ausdruck dessen, der als geistiger Träger hinter (ihnen) steht«. Grenz- und Zielsetzung der Volkskunde gehe also über die empirische Kenntnisnahme komplexer Sachverhalte hinaus und bedeute ein Vorschieben der Problematik »bis zu jenen Wurzeln, aus denen alle kulturellen Gebilde erwachsen« (ebda., S. 20).

Immer wieder hat Spamer, wie schon 1924, der Volkskunde die »soziologisch-psychologische Einstellung« fachspezifisch zugeordnet, ihr die Typik sozialer Gruppen als wissenschaftliches Ziel gesetzt, ein Ziel, das mit den Hilfmitteln historischer und philologischer Methodik zu erreichen sei. In aller Deutlichkeit zeigte er die untrennbare Einheit sozialer und gruppenpsychischer Tatbestände auf dem Hintergrund politisch-ökonomischen geschichtlichen Werdeganges. Als 1934 seine »Deutsche Volkskunde« erschien, präsentierte er damit ein eindrucksvolles Dokument der inneren geistigen Einheit verschiedenster Stoffgebiete. Die Resonanz des nobel ausgestatteten Werkes war groß, und wenn auch im 1. Textband mancher Beitrag von der Zeit überholt worden ist, so dürfte der allein von Spamer hergestellte Bilderteil des 2. Bandes unübertroffen geblieben sein. Er behandelt nicht nur eine Vielfalt von Stoffgebieten in ikonographisch entferntesten bis zeitlich modernsten Bildbelegen und komprimierten Begleittexten, sondern umfaßt auch das gesamte Spektrum sozialer Schichtung in ihren altersmäßigen, geschlechtsspezifischen, organisatorischen, regionalen, städtischen und ländlichen Gruppierungen ohne Reduzierung auf das Bauerntum. Das war damals eine für einen Volkskundler ungewöhnliche Betrachtungsbreite.

Als Dozent an der Dresdener Pädagogischen Hochschule hatte Spamer bereits im sächsischen Bereich mit der von ihm ausgebildeten Lehrerschaft den Wert wissenschaftlicher Organisation für Enquêten und weiträumige Befragungen erprobt. Die Bestrebungen des von John Meier geleiteten ›Verbandes deutscher Vereine für Volkskunde‹, auf breitester Basis die Materialien der Volksüberlieferung aufzusammeln und für die wissenschaftliche Bearbeitung aufzubereiten, fanden in ihm einen aktiven Mit-Initiator.

Das galt besonders für den »Atlas der deutschen Volkskunde«, ein Unternehmen, das in wechselvoller Geschichte seit 1927 die Prinzipien der Kulturraumforschung für eine volkskundliche Kartographie nutzbar zu machen suchte. In Deutschland hatte als erster Wilhelm Pessler (1880–1962) bereits 1907 den Plan zu einer »großen deutschen Ethno-Geographie« gefaßt und später vom Standpunkt des hannoverschen Museumsleiters aus die »geographische Methode« immer wieder als entscheidend für die Volkskunde gefordert.

Der Begriff hätte besser »kartographische Methode« geheißen, aber trotz seiner Mißverständlichkeit fand er in der volkskundlichen Fachliteratur vielfach Anwendung (z. B. bei Mathilde Hain). Als Vorbild diente die Dialektgeographie, also die Darstellung von Dialektbereichen auf Karten. Johann A. Schmeller (1785–1852) hatte für Bayern 1821 einen derartigen Versuch unternommen. Methodisch stand der in Frankreich um 1900 erschienene »Atlas linguistique de la France« Modell, dessen Theorien in Deutschland durch Theodor Frings (1886–1968), Hermann Aubin (1885–1969) und Josef Müller (1875–1945) zum Durchbruch gelangten. Von daher entwickelte sich die Kulturraumforschung, die im Zusammenspiel von geographischen, territorialgeschichtlichen und volkskundlichen Fakten »Kulturströmungen und Kulturprovinzen« aufzuzeigen vermochte. Als erstes wissenschaftliches Unternehmen vermittelte der »Deutsche Sprachatlas«, den Georg Wenker (1852–1911) seit 1876 vorbereitet hatte, das durch Fragebogen gewonnene Mundartenmaterial als synchrones Kartenbild der Verbreitung von lautlichen und syntaktischen Erscheinungen. Von den französischen Erfahrungen her hatten seit 1919 die Schweizer auch die volkstümliche Sachkultur in die Sprachaufnahme miteinbezogen. In Deutschland setzten die volkskundlichen Arbeiten Ende der 20er Jahre systematisch ein und wurden von einer Berliner Zentralstelle mit großem Elan vorangetrieben, vor allem dank der Organisationsgabe John Meiers, unter der geistigen Führung Herbert Schlengers (1904–1968), Arthur Hübners (1885–1937), Adolf Spamers u.v.a.; freilich war Spamers Rolle in diesem Kreise und für dieses Thema weder führend noch entscheidend. Über ein dichtes Netz von Landesstellen konnten bis 23000 Schulorte des damaligen deutschen Reiches zur Beantwortung der insgesamt 5 Fragebogen mit 243 Fragenkomplexen herangezogen werden. Die einlaufenden Materialmengen wurden in schneller Folge gesichtet und zwischen 1937 und 1940 in 120 Verbreitungskarten veröffentlicht. Die über den Krieg geretteten Antwortenkonvolute erfahren im Bonner Forschungsinstitut durch Matthias Zender (Bonn) und seine Mitarbeiter erneute Kommentierung und Erweiterung durch neue Fragebogen um diejenigen Stoffgebiete, die seinerzeit vernachlässigt worden sind. Für deren Auswertung ist besonders Günter Wiegelmann (Münster) zu nennen.

Dabei handelt es sich vor allem um die Sachforschung. Die stark psychologisch eingestellte Blickrichtung besonders Adolf Spamers hatte bei der Auswahl der Fragenkomplexe eine Überlastigkeit von Brauch, Glauben und psychischen Verhaltensweisen herbeigeführt, die dem Gesamtunternehmen nicht dienlich sein konnte. Die großen Bereiche des Siedelns und Wohnens, der ländlichen und handwerklichen Arbeit mit ihren Geräten und Techniken fanden sich unziemlich zurückgedrängt, sehr zum Schaden der Sachforschung, die mit einem Synchronschnitt zwischen den beiden Weltkriegen höchst zweckdienliche Aufschlüsse gerade über Arbeit und Gerät hätte gewinnen können. Hier lagen gewisse Grenzen Spamerscher Stoffeinschätzung, hier lag ein tiefes Mißtrauen gegen die Realien und ihre Erforschung, die er auch vom Forschungsgegenstand der Volks*kunst* streng getrennt sehen wollte. Andere Probleme waren es, die den Gelehrten faszinierten, und seine kritische Überprüfung der Atlasmethode, seine Forderung nach einer Verdeutlichung der Intensitätsfaktoren innerhalb des Antwortenmaterials (d.h. ob z.B. eine Gruppe Jugendlicher oder zwei alte Mütterchen die Träger des befragten Kulturphänomens sind) gehören nach wie vor zu den wichtigen Hinweisen für eine fruchtbare Weiterentwicklung der kartographisch-funktionalen Methode.

Was John Meier, Spamer und den Berliner Kreis der Atlas-Zentralstelle mit schönsten Hoffnungen erfüllte, war vor allem die Tatsache, daß sich durch die damalige ›Notgemeinschaft der deutschen Wissenschaften‹ (später: ›Deutsche Forschungsgemeinschaft‹) der alte, schon von Riehl gehegte Wunschtraum eines umfassenden zentralen Volkskunde-Institutes mit allen finanziellen, organisatorischen und technischen Voraussetzungen zu verwirklichen schien.

Der »Atlas« bildete das größte Gemeinschaftsunternehmen auf geisteswissenschaftlichem Gebiet, das jemals im Rahmen deutscher Forschung finanziert worden ist. Was Jacob Grimm ersehnt, was Wilhelm Mannhardt versucht hatte, – hier sollte endlich eine zentrale Forschungsstelle all jene Arbeiten leisten, die die Kräfte des Einzelforschers übersteigen; hier sollten die zerstreuten Bemühungen der landschaftlichen Volkskundevereine eine sinnvolle Konzentration erfahren. Der Atlas als Instrument der Problemaufweisung konnte die Statistik der Sitten und Verhaltensnormen liefern und in periodisch wiederholten Neuerhebungen den Strukturwandel der Kulturgüter und ihrer Träger zu erkennen geben. Das Zusammenspiel der Phänomene aber machte die kartographische Darstellung von Kulturräumen und Kulturgrenzen sichtbar, die ihrerseits den Hintergrund für die Lösung sozial-psychologischer Probleme abgaben. In das Programm gehörten Projekte wie das Corpus deutscher Hausinschriften, ein Handwörterbuch der deutschen Sachkunde, eine historische Bildersammlung, eine volkskundliche Bestandsaufnahme der deutschen Archive, ein Filmarchiv, – Vorhaben, die nur teilweise realisiert worden sind.

Für den »Atlas« war nach gutem Anlauf des nationalen Programmes an eine fruchtbare Kooperation mit ähnlichen Unternehmungen in anderen europäischen Ländern gedacht mit dem Ziel eines europäischen ethnographischen Atlasunternehmens, das vor allem der Schwede Sigurd Erixon (1888–1968) lebhaft unterstützte. Doch die politische Entwicklung lenkte die deutsche Volkskunde in andere Bahnen.

Nach dem Zweiten Weltkrieg nahm ab 1953 die Ständige Internationale Atlaskommission die Arbeit wieder auf mit dem Ziel, einen ›Ethnologischen Atlas Europas und seiner Nachbarländer‹ zu erstellen. Matthias Zender konnte 1980 den ersten Band mit Erläuterungen zur Verbreitungskarte der »Termine der Jahresfeuer in Europa« vorlegen.

Literatur:

Aubin, Hermann; Frings, Theodor; Müller, Josef: Kulturströmungen und Kulturprovinzen in den Rheinlanden. 1926.

Boehm, Fritz: Volkskunde. Dem ADV zum Geleit. o. J.

Bringemeier, Martha: Gemeinschaft und Volkslied. 1931.

Brinkmann, Otto: Das Erzählen in einer Dorfgemeinschaft. 1932.

Freyer, Hans: Soziologie als Wirklichkeitswissenschaft. Logische Grundlegung des Systems der Soziologie. 1930.

Frings, Theodor: Volkskunde und Sprachgeographie. In: Dt. Forschung. H. 6 (1928), S. 86–105.

Geramb, Viktor von: Zur Frage nach den Grenzen, Aufgaben und Methoden

der dt. Volkskunde. In: Zs. d. Vereins f. Vkde 37/38 (1927/28), S. 163–181.
Hain, Mathilde: Das Lebensbild eines oberhess. Trachtendorfes. Von bäuerl. Tracht u. Gemeinschaft. 1936.
Dies.: Die Volkskunde und ihre Methoden. In: Dt. Philol. im Aufriß, Bd. III. [3]1967, Sp. 2547, Kap. II: Die geographische Methode.
Ipsen, Gunther: Programm einer Soziologie des dt. Volkstums. (Das politische Volk, H. 1.) 1933; Das Landvolk. Ein soziolog. Versuch. 1933.
Lauffer, Otto: Der Begriff der Volkskunde. In: Volkstum und Bildung. 1925, S. 55–65; Dt. Altertums- u. Volkskunde in ihren Beziehungen zur Anthropologie u. Urgeschichte. In: Tagungsber. d. Dt. Anthropolog. Ges. 1928, S. 14–20; Volkswerk. In: Volkskunde. Quellen u. Forschungen seit 1930. 1951, S. 260–337. – In Fortführung der Laufferschen Schule gab sein Nachfolger *Walter Hävernick* in Hamburg seit 1956 die ›Beiträge zur dt. Volks- u. Altertumskunde‹ heraus.
Mitzka, Walter: Die Methodik des dt. Sprachatlas u. des dt. Volkskundeatlas. In: Hess. Bll. f. Vkde 41 (1950), S. 134–149.
Pessler, Wilhelm: Volkstumsgeographie als Allgemeingut. 1938.
Rumpf, Max: Volkssoziologie im Rahmen einer sozialen Lebenslehre. 1931; Dt. Bauernleben. 1936.
Schmeller, Johann Andreas: Die Mundarten Bayerns. 1821, Nachdruck 1929, Dez. 1959.
Schwietering, Julius: Wesen und Aufgaben der dt. Volkskunde. In: DVjs. 5 (1927), S. 748–765; Die dt. Dichtung des Mittelalters. 1932, reprograf. Neudr. 1967.
Spamer, Adolf: Wesen, Wege und Ziele der Volkskunde. 1928; Die Volkskunde. In: Grundzüge der Deutschkunde, hrsg. v. W. Hofstaetter u. Fr. Schnabel, Bd. 2. 1929, S. 250–304; Volkskunde als Wissenschaft. 1933; Volkskunde. In: German. Philologie. Festschrift f. Otto Behaghel. 1934, S. 435–481; Volkskunde als Gegenwartswissenschaft. (Zwei Vorträge v. W. H. Riehl u. A. Spamer.) 1935, S. 77–85; Die dt. Volkskunde, hrsg. v. Adolf Spamer, Bd. 1. 1934, Vorschläge zu 150 Fragen zum Abschluß des Frageplans des Atlas der dt. Volkskunde. In: Dt. Forschung, H. 19 (1933); Spamer-Bibliographie. In: Beiträge zur sprachlichen Volksüberlieferung, Adolf Spamer zum 70. Geb., hrsg. v. Ingeborg Weber-Kellermann u. Wolfgang Steinitz. 1953, S. 292–296; s. auch die Themen der von Sp. in Dresden an die sächs. Lehrerstudenten vergebenen Staatsarbeiten. In: Dt. Jb. f. Vkde 2 (1956), S. 245–251.
Tönnies, Ferdinand: Gemeinschaft und Gesellschaft. Grundbegriffe der reinen Soziologie. 1887; Nachdruck nach der letzten, 8. Aufl. 1963.
Weber, Max: Die Verhältnisse der Landarbeiter in Deutschland. 1892; Die ländl. Arbeitsverfassung. Ges. Aufsätze. 1924.
Wiegelmann, Günter: Erste Ergebnisse der ADV-Umfrage zur alten bäuerlichen Arbeit. In: Rhein.-Vierteljahresbll. 33 (1969), S. 208–262.
Wikman, Robert: Einleitung der Ehe. Åbo 1937.
Zender, Matthias: Einführung in: Atlas der dt. Volkskunde. Neue Folge. Erläuterungen, Bd. 1. 1959–1964, und die dort angegebene Literatur;

Quellenwerke zur volkskundl. Kulturraumforschung. In: ZfVkde 55 (1959), S. 104–114.

X. Die Wiener Schule – Die Schwedische Schule gleichzeitig – Ungleichzeitiges

Neben den rationalen Methoden der Kulturgeographie, neben den fruchtbaren Auseinandersetzungen zwischen Kulturgeschichte, Soziologie und Psychologie, neben den Diskussionen um die Rolle des Individuums in der Gemeinschaft war auch der alte Mythologismus des 19. Jahrhunderts nicht gänzlich untergegangen und mischte sich mit ethnologischen Erkenntnissen zu neuen gefährlichen Theorien. Es ist hier von der Wiener Schule die Rede, wo es vor allem um Bräuche und Sagen zum Thema der Jungmannschaften ging, um eine von männlichen kriegerischen Geheimbünden bestimmte »Urgesellschaft«, deren Reste angeblich bis in die Gegenwart in einer Art von Kontinuität bestimmend hineinragen.

Der Ethnologe Heinrich Schurtz (1863–1903) hatte um die Jahrhundertwende die Bedeutung der geheimen Knaben- und Männerbünde für die primitiven Gesellschaften entdeckt und deren militärisch-aristokratischen Charakter hervorgehoben. Er wandte sich vor allem gegen die Lehre des Schweizers Johann Jacob Bachofen (1815–1887), daß das Mutterrecht dem Vaterrecht vorausgegangen sei, und postulierte aufgrund eines reichen empirischen ethnographischen Materials die These von der gesellschaftsbildenden Kraft des »Männerhauses«, das die Jungmannschaften zusammenführt. Während die Frauen dem Familiengefüge verhaftet seien, werde das Leben der Männer durch den Geselligkeitstrieb bestimmt, der gesellige Zusammenschluß also stelle die Wurzel aller höheren sozialen Verbände dar. Die männliche Kampflust bilde die notwendige Ergänzung dieses Geselligkeitstriebes, »indem der Kampf regelmäßig das Vorspiel dauernder, auf gegenseitiger Erkenntnis des Wertes und der Tüchtigkeit beruhender Vereinigung ist«. Mit den primitiven Männerverbänden aber hingen alle weiteren sozialen Gruppierungen zusammen wie die Altersklassen mit ihren Initiationsweihen und die Geheimbünde.

Diese Lehren trafen sich mit der Forschungsrichtung des Wiener Germanisten Rudolf Much (1882–1936), der durch Beziehungen zur ›Wiener Anthropologischen Gesellschaft‹ seinen Interessen- und Wissensbereich erweitert hatte. Für sein Hauptarbeitsgebiet, die germanische Stammes- und Altertumskunde, suchte er unter Heranziehung von Sagenmaterial neue Interpretationen in einer national gefärbten Ideenrichtung.

Die Anziehungskraft seiner Hochschullehrerpersönlichkeit führte ihm eine Reihe bedeutender Schüler zu, so daß man durchaus von einer Much-Schule sprechen kann. Lily Weiser-Åall (Oslo; geb. 1898) ist in ihrer Dissertation von 1927 über die altgermanischen Jünglingsweihen als erste der Muchschen Theorie gefolgt, daß Brauchtumszüge älter sein müßten als Erzählmotive, und deutete vor allem die Sagen vom Wilden Heer als Spiegelungen mittwinterlicher Burschenbräuche. Zu den »Ritualisten« der Wiener Schule gehören ferner Richard Wolfram (Wien; geb. 1901), der aus dem großen Bereich der männerbündischen Erscheinungen den Schwerttanz herausgriff (1936/37), und Robert Stumpfl (1904–1937) mit seinen Studien zur Dramengeschichte.

Der bedeutendste und wirkungsreichste Vertreter dieser Richtung ist der Germanist Otto Höfler (geb. 1901, 1938–1945 Ordinarius für Volkskunde in München, später für Germanistik in Wien), der mit seinen »kultischen Geheimbünden« und seinem »Kontinuitätsproblem« der Volkskunde der frühen Dreißiger Jahre einen neuen gefährlichen Akzent verlieh. Höfler bemühte sich um den Nachweis, daß Sagen Umzugsbräuche spiegeln, die sich seit der Zeit der Germanen bis in die Gegenwart erhalten hätten. Als Mittelpunkt germanischen Lebens und als Quelle religiöser, ethischer und historisch-politischer Kräfte von ungeheurer Macht sah er den heroisch-dämonischen Kult der Mannschaftsverbände, ihre ekstatische Identifikation mit den Toten-Ahnen. In dieser kultischen Daseinssteigerung aber sei nicht Chaos, sondern Ordnung beschlossen; es handele sich um »soziale Kulte«, die den tragenden Verbänden durch den Aufbau einer bindenden Gemeinschaft mit den Vorfahren erst Bestand verleihen. Mit einer Fülle vor allem skandinavischen Belegmaterials erstellte er eine »Typologie der kultischen Gemeinschaftsformen« mit dem Ziel, eine ungebrochene »Kontinuität dieser Kulte« und damit die »Einheit unserer Geschichte« zu beweisen. Die deutsche Geschichtsbetrachtung sei durch den Bruch zwischen germanischem Altertum und christlichem Mittelalter beherrscht und müsse sich erst an den Gedanken der »übergreifenden Einheit der Kulturtradition« gewöhnen. »Kontinuität« nun sei das Wesen des Lebens selbst, einmal im Sinne eines eigenständigen Fortlebens von Kulturformen (er wählte hier als Beispiel Odins Speer) und zum anderen im »organischen Sinne« als Fortleben der »völkischen Substanz« und ihrer Schöpfungen. Der von dem Wiener Historiker Alfons Dopsch (1868–1953) formulierte Kontinuitätsbegriff als Nachleben antiker Kulturelemente in germanischer Frühzeit und deutschem Mittelalter erfuhr hier eine ideologische Pervertierung. Es waren die kulturellen Phänomene des *germanischen* Altertums, die bis in die Gegenwart überdauern sollten – und zwar bei konstanten Bedeutungsinhalten. Die germanische Kontinuitätsthese vom

»Fortbestehen kultureller Schöpfungen« bei durchaus möglichem »Wechsel der Träger«, die als »Material« diesen Kulturformen immer neu zuströmten, offenbarte eine Vorstellungswelt, die nur durch eine voll ideologisierte Wissenschaftsauffassung verständlich wird (s. Kap. XI). Durch ein Kreisschlußverfahren wurde aus den rezenten Überlieferungsformen wie Sagen, Mythen und einzelnen Archivbelegen das Vorhandensein sehr früher Altformen bewiesen und daraus wieder deren Kontinuität abgeleitet. Bei solchen akrobatischen Denkprozessen schienen alle bisherigen Bemühungen um eine tatsachenbezogene wissenschaftliche Volkskunde vergessen.

In der benachbarten Schweiz hatten bedeutende Historiker und Volkskundler die Zusammenhänge zwischen Burschenbünden, Totenehrung und Maskierungen deutlich herausgearbeitet, ohne in germanische Kontinuitätshypothesen zu verfallen. So brachte der Historiker Hans-Georg Wackernagel nachdrücklich das Maskenwesen der Schweizer Jungmännerbünde mit den immer wieder örtlich aufflammenden Kämpfen zwischen Hirten und dörflichen Bauernburschen in einen logischen, wirtschaftshistorischen Zusammenhang. Der bedeutende Humanist und Volkskundler Karl Meuli (1891–1968) sah die Ursprünge der Maskenbräuche als sorgsam gehütetes Geheimnis von Knabenschaften, die sich zu gegebenen Zeiten in die Rolle der toten Ahnengeister versetzen, – ohne jedoch dabei das Bewußtsein zu verlieren, sich in einem Masken*spiel* zu bewegen.

Daß die Kulturerscheinungen kein Eigenleben führen können, sondern als dynamische Prozesse in ihrer Bedeutsamkeit für die jeweils ausübenden Gruppen erkannt werden müssen, diese mühsam errungene Erkenntnis verlor sich in der Lehre vom statischen Überdauern altgermanisch-heroischer Kultformen und Lebensnormen. Ihre Reste, einst von den Mythologen des 19. Jahrhunderts mühsam aus den historischen Zeitschichten herauspräpariert, dienten den Kontinuitätsforschern der 30er Jahre weniger zur Errichtung eines heilen Sehnsuchtsbildes vom germanischen Altertum als vielmehr der Beantwortung der Frage nach der Gültigkeit germanischer Anschauungen bis in die Gegenwart. Ihr volles Ja zu dieser Frage beweist, wie sehr sie vorgefaßten Schlüssen folgten. Einzelelemente und -motive aus Volkskunst, Brauch und Sage erklärte man zur Sache selbst und erhärtete dann aus ihnen wiederum die Lehre von der »übergreifenden Lebenseinheit« und »ungebrochenen Kontinuität«.

Der andere Strang der Wiener Schule führte in eine mythologische Richtung, die vor allem durch Karl von Spiess (1880–1957) und seinen Kreis repräsentiert wurde. Sie erwuchs aus Religionswissenschaft und Wagnerstudium des Deutschbalten und Wiener Indologen Leopold von Schröder (1851–1920) und entnahm manche Anregung den Sonnen- und Mond-Mythologismen des Iranisten Georg Hüsing (1869–1930). Spieß konzentrierte sich mehr auf die österreichische Volksüberlieferung, die er versuchte, in »urindogermanische« Zusammenhänge zu stellen. Schon 1911 war er mit einer Studie über den »Mythos als Grundlage der Bauernkunst« hervorgetreten. In seinen folgenden Büchern widmete er sich eingehend dem Ziel, die »Bedeutung« der Werke überlieferungsgebundener Kunst im Zusammenspiel mit den Zeugnissen vorgeschichtlicher, frühchristlicher und indogermanischer Kunstübung klarzulegen. Im Mittelpunkt seiner Überlegungen stand das Leitbild des »Lebensbaumes«, gesehen als Monatsbaum, Jahresbaum, Weltenbaum im Verband einer »alten Heilsordnung, die zu ergründen ist«, – standen die »Leitgestalten« der drei Frauen als »Darstellung einer dreigeteilten Zeiteinheit« u. a. m.

Auf gleicher Ebene lag die Veröffentlichung zum Erzählstoff »Deutsche Märchen – Deutsche Welt«, die er mit dem Freunde Edmund Mudrak (1894–1965) zusammen herausgab. Hier handelte es sich um Interpretationen und Bearbeitungen in Richtung auf die vorgebliche indogermanische »Urform« der Märchen. Wieder einmal war man wie in Zeiten der romantischen Wissenschaftsschau bei der Suche nach den vermeintlich »richtigen Urformen« angelangt und hatte alle soziologischen Bezugssysteme vergessen.

Das Wirkungsfeld dieser eindrucksvoll vorgetragenen Interpretationsweisen und Deutungen war leider groß und ergriff mit seinem ›poetischen Tiefgang‹ weite Laienkreise. Aber auch die Anregungen, die der Wiener Mythologismus auf verschiedenste Wissenschaftszweige ausübte, blieb beachtlich, wenn auch Rudolf Much und sein Kreis ihr Eindringen in die Hochschule trotz aller ideologischen Nähe zu verhindern wußten. Die Verbindung mit der Kunstwissenschaft stellte der Wiener Kunsthistoriker Josef Strzygowski (1862–1938) her, der die Volkskunst in seine indogermanische Zusammenschau miteinbezog. Als guter Kenner der Wiener Museumsbestände benutzte er deren reiches Anschauungsmaterial und wirkte seinerseits anregend auf die damaligen Leiter des Museums Michael Haberlandt (1860–1940) und seinen Sohn Arthur Haberlandt (1889–1964), wobei gerade ersterer in bewußtem Gegensatz zu Hans Naumann die Volkskunst durch ihr Spannungsverhältnis zwischen epochaler Stilkunst und primärer Gemeinschaftskultur definiert sehen wollte.

Ihr Nachfolger in der Museumsleitung Leopold Schmidt (1912–1982), dessen reich entfaltete Forscherpersönlichkeit allerdings nicht etwa durch die Zuordnung zur Wiener Mythologenschule abgestempelt werden soll (vgl. Kap. XII), steht zumindest mit einem seiner Werke ebenfalls in deren Bereich: gemeint ist die »Gestaltheiligkeit«, die er Karl Spieß gewidmet hat. Durch das Medium von Volksglauben und -brauch möchte Schmidt die Gebiete der sogenannten geistigen und der sogenannten materiellen Volkskultur im Sinne eines »bäuerlichen Arbeitsmythos« vereinen, den er als den geistigen Raum der Sachkultur umschreibt. »Erst nach einer möglichst vollkommenen Durchdringung der Erscheinung«, betont er einleitend, »gewinnen wir aus tausendfältiger Konkretisierung die gestaltliche Abstraktion in dem Maße, wie sie sich in Jahrtausenden für den arbeitenden Menschen als Sinnbild verselbständigt hat. Das bäuerliche Arbeitsgerät zeigt sich dann als geistig-seelische Wesenheit.« Das waren bei Erscheinen dieses Buches 1952 überlebte Formulierungen und überholte Inhalte. Schmidt ordnete die ländlichen Arbeitsgeräte, vor allem Sichel und Sense, in das traditionsgebundene Verhältnis des Menschen zur Heiligkeit der Dinge. Im »mythischen Dynamismus«, im Spiel der Überlieferung jenseits von Rezeption und Reliktbewahrung sieht Schmidt die Grundbezogenheit zwischen Volkskultur und Kosmos. Soziologische Fragestellungen werden von ihm vermieden, und seine mythische Dynamik bewegt sich fast unabhängig von den Trägerschichten. Bedeutet aber »Dynamik« nicht im Gegenteil die Anerkennung der Tatsache dauernder Wandlungsprozesse, die sich notwendig im sozialen Bereich vollziehen? So sind Veränderungen im mythologischen Feld nicht denkbar ohne Veränderungen der sozialen Ordnungsgefüge, innerhalb derer sie Geltung besitzen. Hier hat Lenz Kriss-Rettenbeck (München) eine wohl fundierte Gegenposition bezogen.

Aber solche Schlußfolgerungen, die von der Realität der Erscheinungen im synchronen und diachronen Bezugssystem ausgehen, lagen auch den Mythologen des 20. Jahrhunderts ebenso fern wie ihren Vorgängern. Es ist erstaunlich zu sehen, wie leichtherzig sie den mühsam erarbeiteten sozial-psychologischen Standpunkt der wissenschaftlichen Volkskunde beiseite schoben.

Zu gleicher Zeit, aber in entgegengesetzter wissenschaftlicher Richtung, entfaltete sich in Skandinavien eine ethnologische Schule, die später für die gesamte europäische Forschung richtungweisend werden sollte. Zunächst blieb sie von den deutschen Volkskundlern weitgehend unbemerkt, und erst Will-Erich Peuckert (1895–1969) hat in seiner 1951 erschienenen Bibliographie darauf aufmerksam gemacht.

Es ging anfänglich in Schweden – noch in Auseinandersetzung mit J. Frazer (vgl. S. 40) – um die alten Mannhardtschen Thesen. Von den Wanderungs- und Ursprungstheorien her nahm Waldemar Liungman entschieden Anstoß an Mannhardts »Vegetationsdämonen«, die er lieber durch eine in der Vegetation »spezialisierte heilige Kraft« ersetzt gesehen hätte. Die Regeneration dieser Kraft erfolge durch die Opferung der Korndämonen, Glaubensvorstellungen, die keineswegs an den europäischen Norden gebunden seien, sondern vielmehr im Orient, besonders in Ägypten ihren Ursprung hätten. Doch erst die neuere schwedische volkskundliche Schule, begründet durch Carl Wilhelm von Sydow (1878–1952) und Sigurd Erixon (1888–1968), belebte soziale und ökonomische Ausrichtungen der »Folklivsforskning«, die sich folgerichtig und ergebnisreich mit der alten Brauch- und Mythenkunde auseinandersetzte. Åke Campbell (1891–1957), von Sydow und Sigfrid Svensson (1901–1984) bezogen neue Positionen, indem sie die von Mannhardt als Opferbräuche und fruchtbarkeitskultische Handlungen gedeuteten Vorgänge beispielsweise um die letzte Garbe als bloße Scherzsitten, oft erotischen Charakters, der jugendlichen Schnitter ansahen oder als primitive zauberische, auf gute Vorzeichen zielende Manipulationen. Der alten, ausschließlich religionshistorischen Forschungstendenz, der man einen gänzlichen Mangel an realistischer Situationskenntnis vorwarf, wird hier eine quasi-psychologische Anschauungsweise gegenübergestellt, der Erixon eine soziologische Komponente hinzufügte. Die von ihm eingeführten drei großen Kulturdimensionen: Raum, Zeit und soziale Gruppen, in die er jede Erscheinung einordnen möchte, wurden zum theoretischen Ausgangspunkt für die beachtenswerte Untersuchung seines Schülers Albert Eskeröd: »Årets äring« (1947). Im Hinblick auf die Dimension »Raum«, weist Eskeröd auf die Einheit des Kulturumkreises hin, in dem eine bestimmte Sitte vorkommt, die nur aus dem diesem Kulturkreis eigenen morphologischen und funktionellen Charakter heraus verstanden werden kann. Während die Survival-Forscher die fehlenden Glieder ihrer Beweiskette je nach Bedarf aus beliebigen Räumen herbeiholten, aber auch die Kulturkreislehre sich mit der Frage nach Herkunft und Verbreitung einzelner Kulturelemente begnügt, gilt es vielmehr, jeweils die Frage nach der ganz bestimmten Funktion der untersuchten Erscheinung innerhalb ihrer ganz bestimmten Umwelt zu stellen. – Auch bei der Behandlung der Dimension »Zeit« setzte er sich kritisch mit den Survival-Theoretikern (Tylor) auseinander, die aus einigen, in der Volkstradition noch vorhandenen Überbleibseln einstige Kulturzusammenhänge rekonstruieren möchten. Demgegenüber forderte er, den Funktionalisten Bronislaw Malinowski (1884–1942) und Alfred Reginald Radcliffe-Brown (1881–1955) folgend, das Studium der Erscheinungen auf dem Hintergrund ihres Funktionsmilieus. Ethnologische Forschung kann nur sinnvoll sein, wenn man in sauber entwickelter Methode die Bedeutung von Bräuchen und Glaubensvorstellungen erkennt, die sie für die betreffende Trägergruppe besitzt. – Die dritte Dimension der »sozialen Gruppeneinteilung« schließlich erfordert die genaue Kenntnis des gesellschaftlichen Milieus, aber auch der materiellen und arbeitstechnischen Voraussetzungen, die hinter einem Brauche stehen.

Die Einführung dieses Koordinatensystems war also bestimmt durch die drei großen Kulturdeterminanten: Raum, Zeit und soziale Schicht. Damit war der Begriff des sozialen Kontext verfestigt und die von solchen Bezugssystemen losgelöste Survivalforschung der Vergangenheit anheimgegeben. Im Deutschland der dreißiger Jahre jedoch erlebte gerade die Reliktsuche nach germanischen Überresten in Sinnbild, Kinderspiel und Brauch im Rahmen der nordisch-germanischen Kontinuitätserhellung eine extreme ideologische Kulmination.

Literatur:

Bachofen, Johann Jacob: Das Mutterrecht. (1861). Wiederabdruck in: *J. J. Bachofen* Ges. Werke (Hrsg.) Karl Meuli. Bd. 2/3, Basel 1948.

Eskeröd, Albert: Årets äring. Stockholm 1947.

Höfler, Otto: Kultische Geheimbünde der Germanen. 1934; Das germanische Kontinuitätsproblem. 1937 – vgl. *Röhrich, Lutz:* Sage. (Slg. Metzler 55) ²1971, S. 24.

Kriss-Rettenbeck, Lenz: Lebensbaum und Ährenkleid. In: Bayer. Jb. f. Vkde 1956, S. 42–56; Die Feige. Basel 1955.

Liungman, Waldemar: Traditionswanderungen Euphrat – Rhein. (= FFC 118/119) Helsinki 1937/38; Traditionswanderungen Rhein – Jenissei. (= FFC 129/131) Helsinki 1941, 1945.

Much, Rudolf: Die Germania des Tacitus. 1937.

Peuckert, Will Erich u. *Lauffer, Otto:* Volkskunde. Quellen und Forschung seit 1930. Bern 1951, S. 81 ff.

Schmidt, Leopold: Geschichte der österreichischen Volkskunde. 1951, S. 133 ff.; Gestaltheiligkeit im bäuerlichen Arbeitsmythos. Studien zu den Ernteschnittgeräten und ihrer Stellung im europäischen Volksglauben und Volksbrauch. 1952.

Schurtz, Heinrich: Altersklassen und Männerbünde. Eine Darstellung der Grundformen der Gesellschaft. 1902.

Spieß, Karl von: Das Werden eines Werkes. In: Forschungsfragen unserer Zeit. Lfrg. 1/2 (1957), S. 1–10; Bauernkunst. Ihre Art und ihr Sinn. 1925; Marksteine der Volkskunst. Bd. 1 (1937), Bd. 2 (1942); gemeinsam mit Edmund Mudrak: Deutsche Märchen – Deutsche Welt. Zeugnisse nordischer Weltanschauung in volkstümlicher Überlieferung. 1939.

Strzygowski, Josef: Spuren indogermanischen Glaubens in der bildenden Kunst. 1936.
Stumpfl, Robert: Kultspiele der Germanen als Ursprung des mittelalterlichen Dramas. 1936.
Wackernagel, Hans Georg: Altes Volkstum der Schweiz (1932–1951). 1956.
Weiser, Lily: Altgermanische Jünglingsweihen und Männerbünde. 1927.
Wolfram, Richard: Schwerttanz und Männerbund. 2 Bde. 1936/37.

Otto Höfler beendete sein Buch über die »Kultischen Geheimbünde der Germanen« mit folgenden Sätzen: »Die eigenste Begabung der nordischen Rasse, ihre staatenbildende Kraft, fand in den Männerbünden ihre Stätte und hat sie zu reichster Entfaltung getrieben. Sie sind zu Mächten emporgewachsen, die Tragkraft und Stoßkraft besaßen und kämpfend, gestaltend und herrschend in die Weltgeschichte eingegangen sind.« In dieser Aussage, geschrieben 1933/34 im hohen Pathos dieser Zeit, ist eine ganze Fülle von Gedanken enthalten, die den Charakter der nationalsozialistischen Volkskunde bestimmten: die Lehre von der Überlegenheit der nordischen Rasse, vom elitären Wesen der Männerbünde, vom hohen Wert kriegerischer Aktion, von germanisch-deutscher-Herrscher-Sendung. Sie entsprachen weitgehend der dann von der SS entwickelten ideologischen Richtung, die sich im ›Deutschen Ahnenerbe‹ eine eigene Forschungsstätte gab.

1938 überließ die ›Notgemeinschaft der deutschen Wissenschaft‹ dieser Organisation die gesamten archivalischen und editorischen Unternehmungen auf volkskundlichem Gebiet einschließlich der Bibliotheken. Damit war der Plan einer zentralen Forschungsstätte als ›Reichsinstitut für Volkskunde‹ endgültig gefallen. Der »Atlas« und weitere begonnene Sammelunternehmen wanderten im Kriege nach Frankfurt a.M. und in andere Orte Westdeutschlands, wo sie bis zum Kriegsende stagnierten, bzw. ihre Materialien verlorengingen.

Neben dem Ahnenerbe betrieb aber auch das Amt Rosenberg als parteiamtliche Wissenschaftsinstitution – allerdings zeitweilig in heftig konkurrierender personeller Fehde – unter den gleichen ideologischen Voraussetzungen Volkskunde. Das Startzeichen hatte bereits 1934 Matthes Ziegler (geb. 1909, Odenwald) mit seinen parteiideologischen Direktiven in den ›NS-Monatsheften‹ gegeben, die zu einem Vademecum nationalsozialistischer Volkskundeforschung wurden. Nur einer auf rassenbewußtem Denken basierenden Volkskunde sprach er Daseinsrecht zu. Im Gegensatz zur Naumannschen Kulturhorizontale zwischen Oberschicht und Unterschicht postulierte er eine Kulturvertikale, die »arteigene Wesenhaftigkeit« und »artfremde Einflußnahme« trenne, was gleichbedeutend sei mit einer Aufdeckung des geschichtlichen Widerstreits zwischen nordischer Kultur und deutschem Seelentum auf der einen Seite und den Überfremdungen durch andersrassische Gesittungen als weltanschaulichem Gegenpart.

Damit waren vor allem die »christlichen orientalischen Überlagerungen« gemeint und in fast buchhalterischer Denkart eine Teilung des unteilbaren, jahrhundertealten Kulturgeflechts auf europäischem Boden ins Ziel genommen. Von dieser unhistorisch-ideologisierten Ausgangsbasis aus definierte Ziegler die Volkskunde als die Kunde von der »Wirklichkeit, die in den wesensgemäßen Formen völkischen Gemeinschaftslebens in Erscheinung tritt«, und sogleich zur praktischen Anwendung übergehend, sah er den Volksforscher vor die Notwendigkeit gestellt, den Strom artfremder Mischformen abzuleiten und den Born arteigener Volksüberlieferung frei zu legen und sein ungestörtes Fließen zu sichern. Wenn die wesenhafte Welt des Bauern auch im Vordergrund stünde, so wäre doch die Welt des städtischen Arbeiters ebenfalls an solchen Entwicklungen zu beteiligen, was eine politische Aufgabe der Volkskunde sei. Die Neubildung des Bauerntums aus Blut und Boden aber bedeute die Bürgschaft für eine bessere deutsche Zukunft, auch im Hinblick auf eine eigenständige Kultur!

Das führte zur Setzung von Polaritäten wie freier Bauer gegen abhängigen Städter; Volk (= Bauerntum) gegen die Masse (= städtisches Proletariat). Solche Ressentiments gegenüber der Zivilisation verbanden sich mit der Einschätzung des deutschen Bauern als direktem Nachfolger der germanischen Vorfahren. Die Rassenlehre Hans F. K. Günther's (1891–1968) bot den Hintergrund für eine deutsche Volkskunde auf rassischer Grundlage, die mit dem frühesten Auftreten der nordischen Rasse als der führenden in Europa einsetze. Seit der Frühzeit habe das Bauerntum als Lebensquell der nordischen Rasse gegolten, und das germanische Odalsrecht, Vorbild für das Reichs-Erbhofgesetz über den unverkäuflichen und nur unteilbar vererblichen Bauernhof, hätte zum Erhalt der edlen Bauerngeschlechter gedient. Bauernbrauch und bäuerliche Trachten, deren Wiederbelebung und Vereinheitlichung eifervoll betrieben wurden, sollten ihrerseits die »Lebensform« des deutschen Bauern kennzeichnen. Denn nach nationalsozialistischem Verständnis war Bauerntum keine Wirtschaftsform und Bauer kein Beruf, sondern eine Seinsform, der die Deutschen nur unfreiwillig durch die Übersiedlung in die Städte entsagt hätten. Das Ziel einer nationalsozialistischen Sozialisation aber sei ein »Neuadel aus Blut und Boden«! »Vergeßt nie, daß das heiligste Recht auf dieser Welt das Recht auf Erde ist, die man bebauen will, und das heiligste Opfer das Blut, das man für diese Erde vergießt!« (Adolf Hitler).

Mit diesem Zitat war das machtpolitische Ziel dieser neuen Bauernbewegung im Rahmen der Parole »Volk ohne Raum«! deutlich ausgesprochen.

Die Blut-und-Boden-Ideologie mußte um so irrationaler erscheinen, als nach demographischen Daten im Deutschland der dreißiger Jahre nur noch eine in der Landwirtschaft arbeitende Bevölkerung von ca. 22 Prozent existierte. Der Gedanke an eine Reagrarisierung war also zu diesem Zeitpunkt für Deutschland als vollentwickeltem Industriestaat undenkbar. Aber – vielleicht noch als Folge der Weltwirtschaftskrise und in einer romantischen Zurück-zur-Natur-Psychose – stießen mystische Vorstellungen von Großstadtfeindlichkeit und neuer Bauernutopie auf fruchtbaren Boden, und auch die nationalsozialistischen Führer verinnerlichten, verbunden mit ihren östlichen Eroberungszielen, zum großen Teil diese Ideen. Die Glorifizierung des »germanisch-deutschen Bauerntums als Lebensgrundlage von Volk und Staat schlechthin« (Hans F. K. Günther) bedeutete also eine totale Entfernung von den sozialen und wirtschaftlichen Wirklichkeiten. Mit dem seit mehr als 100 Jahren ständig zunehmenden industriellen Charakter der deutschen Bevölkerung veränderte sich notwendig auch der Gehalt der kulturellen Objektivationen und gruppengebundenen Überlieferungen. Agrarische Kulturgedanken wurden allmählich durch diejenigen einer Industriegesellschaft ersetzt; sie nach ihrem Absterben konservieren und reaktivieren zu wollen, führte immer tiefer in die Ideologisierung als »Verteidigung vergänglicher, mit dem gegenwärtigen Stand der Produktivkräfte unvereinbarer gesellschaftlicher Formen« (Adorno S. 42).

Vielen Vertretern der wissenschaftlichen Volkskunde allerdings kam nun nicht nur die neuerwachende Bauernbegeisterung im Zusammenhang mit ihrem alten fachlichen Selbstverständnis als Bauernforschung gerade recht; sie konnten es zudem mit dem anderen, mehr als 100 Jahre alten Forschungsziel verbinden: der Suche nach den Wurzeln der Erscheinungen im germanischen Altertum. Der wissenschaftlich unhaltbare Kontinuitätsgedanke beherrschte das Feld der Forschung (s. Kap. X). Überall suchte und fand man Relikte der Vorzeit, vor allem in der wild wuchernden Sinnbildforschung, aber auch in den Bräuchen und Kinderspielen. So sah z.B. Eugen Fehrle (1880–1957) in den Hochzeitsbräuchen noch vieles erhalten, »was germanisch-deutsche Haltung und Art zeigt«. Äußerliche Formelemente der Volksüberlieferungen schienen den nationalsozialistischen Forschern sogleich ein unabgebrochenes und unwandelbares Vorhandensein ihrer Weltanschauung zu garantieren, die Hans Strobel (1911–1944), Mitstreiter des Chefideologen Matthes Ziegler, im bäuerlichen Brauchtum ausgedrückt sah, – so in seinem 1936 erschienenen »Bauernbrauch im Jahreslauf«, einem vom Ahnenerbe wohl ausgestatteten Leitfaden für eine vollideologisierte angewandte Volkskunde. Er kam zu dem Schluß: »Da jede

Weltanschauung letzten Endes rassisch bedingt sein muß und durch das Erlebnis, die ›Welt-Anschauung‹ geformt wird, muß auch das Brauchtum zum Ausdruck der Rasse werden« (S. 10f.).

Abgesehen von der grundlegenden Fehleinschätzung, daß sich eine Rasse durch »ihre eignende Vereinigung leiblicher Merkmale und seelischer Eigenschaften von jeder anderen Menschengruppe unterscheidet und immer wieder nur ihresgleichen zeugt« (Günther, S. 8), konnte nun gar von einer jahrtausendelangen Kontinuität der nordischen Rasse und ihrer germanischen Weltschau keine Rede sein. Hier fand ein Denken im Kreise statt – ohne Rücksicht auf historische Belegbarkeit.

So gut wie sämtliche Bereiche des volkskundlichen Kanons hatten die Ideologen im Ahnenerbe und Amt Rosenberg gleichzuschalten gesucht: Brauch und mündliche Überlieferung in Lied, Sage und Märchen, Siedlung und Hausbau, Volkskunst und Tracht. Und stets wiederholten sich die gleichen Forderungen nach der Entdeckung einer arteigenen germanischen Kontinuität auf rassischer Grundlage.

Die Parteivolkskunde mit ihrem Hoheitsanspruch lieferte so das Rezept der ihr genehmen, vorgeblich wissenschaftlichen Methode, sie verschaffte dem Fach, wie sie es verstand, hohen politischen Wert und Modegeltung. Auf diese Weise diente die Volkskunde, bewußt und unbewußt, der parteilichen Autoritätsstruktur und deren machtpolitischen Interessen.

Hier nun ist eine Forschungsrichtung zu nennen, die in besonderem Maße geeignet schien, imperialistische Aggressionen und Expansionen zu unterstützen: die sogenannte Sprachinselvolkskunde. Unter diesem Titel erschien 1934 das richtungweisende Buch von Walter Kuhn (1903–1983), Professor für Volkskunde in Breslau. Es handelte sich dabei um die volkskundliche Erforschung deutscher Minderheitengruppen, insbesondere in Ost- und Südosteuropa, die als kulturelle Rückzugsgebiete zahlreiche Relikte alten Traditionsguts vor allem sprachlicher Natur bewahrt hatten, – ein dankbares Gebiet philologischer und folkloristischer Studien. Für die Ostpolitik des Hitlerreiches aber gewannen gerade diese Gruppen und ihre volkskundliche Erforschung ein erhöhtes Interesse, war doch von hier aus gewissermaßen ein Herrschaftsanspruch aufgrund kultureller Überlieferungen zu konstruieren. Max Hildebert Böhm (1891–1968) schrieb dazu 1935:

»Der Grundbefund, von dem aus allein ein Verständnis für die ostdeutsche Volkstumslage gewonnen werden kann, ist das instinktsichere Überlegenheitsbewußtsein, mit dem der Deutsche als Missionar, als Kolonisator, als Gutsherr und Bauer, als Städtegründer, als Träger gewerblichen und geistigen Fortschritts den Osten seit mehr als einem Jahrtausend als zusätzlichen deutschen Lebensraum einem wachsenden Volke erschlossen hat. Am reinsten tritt dieses aristokratische Verhältnis des Ostdeutschen zu seiner Umwelt beim Balten und beim Siebenbürger Sachsen in Erscheinung. Aber neben Adel und bürgerlichem Patriziat ist auch der ostdeutsche Bauer sogar bei den Donauschwaben von einem eigentümlichen Herrenbewußtsein gegenüber seinen engeren Heimatsgenossen durchdrungen ... Das seelische Rückgrat bietet ein Sendungsbewußtsein, das allmählich aus dem Religiösen ins Kulturelle und Zivilisatorische abgewandelt erscheint, immer aber seine Kraft aus einem großartigen gesamtvölkischen Zielbild, dem Drang nach dem Osten schöpft« (S. 175).

Böhm vertrat das Fach »Volkstumskunde« an der Berliner Universität; seine Vorlesungen verstanden sich im Sinne einer nationalsozialistischen Politikwissenschaft. Sein zitierter Beitrag erschien in Peßlers »Handbuch der deutschen Volkskunde«, das zum Handwerkszeug jeden Volkskundlers gehören sollte. Schärfer konnte die Dienstleistungsfunktion der Volkskunde für die Machtpolitik des Regimes kaum artikuliert werden. Die deutschen Gruppen im Ausland haben bitter darunter leiden müssen (s. Kap. XII: Vertriebenenvolkskunde). An der Tragödie des Ost- und Südostdeutschtums nach dem Zweiten Weltkrieg hat auch die unselige »Sprachinselvolkskunde« mit ihrer Hybris des deutschen Kulturträgers und Herrenmenschen ihren Teil Schuld.

Nur ein Gebiet der traditionellen Volkskunde ließ sich kaum gleichschalten: Volksglaube und Volksreligiosität. Hier eine Aufteilung in arteigen und artfremd vorzunehmen, mußte schon rein quantitativ bei allem Bemühen um die Suche nach vorchristlichen Relikten ein hoffnungsloses Unterfangen bleiben. Das galt besonders für die katholische Glaubenswelt, und hier ist nun eine Forscherpersönlichkeit zu nennen: Rudolf Kriss (1903–1973), der – zuerst angeregt durch die Begegnung mit der Votivgaben-Sammlerin und -Erforscherin Marie Andree-Eysn (vgl. S. 63f.) – eine unübertroffene Sammlung von Zeugnissen des katholisch-religiösen Lebens anlegte. (Diese Sammlung hat er als Stiftung über seinen Sohn Lenz Kriss-Rettenbeck dem Bayrischen Nationalmuseum in München übereignet.) Der geborene Wiener, der dann von Berchtesgaden aus in unabhängiger wirtschaftlicher Lage seiner Sammelleidenschaft nachgehen konnte, habilitierte sich 1934 in Wien mit seiner großangelegten religions-geschichtlich-geographischen Untersuchung über die altbayrischen Gnadenstätten. 1938 hatten ihm nazistische Kräfte an der Wiener Universität bereits die venia legendi entzogen, und auch in Deutschland wurde der kompromißlose Katholik verfolgt, verhaftet und

1944 zum Tode verurteilt, – dann unvermutet begnadigt und 1945 befreit.

Damit hat die Vorstellung der Volkskundler begonnen, die dem Naziregime offenen Widerstand leisteten. Adolf Reichwein (1898–1944) kam vom linken Flügel der Jugendbewegung. Er war Wirtschaftswissenschaftler und Volkskundler, zuletzt mit der Abteilung Museum und Schule am Berliner Museum für Volkskunde betraut, gehörte zum Kreisauer Kreis und wurde bereits am 4. Juli 1944 verhaftet und als Widerstandskämpfer nach dem 20. Juli in Berlin hingerichtet.

Der bayrische Volkskundler Kurt Huber (1893–1943), der sich mit Volkslied und Volkstanz beschäftigt hatte, arbeitete im Widerstandskreis »Weiße Rose« der Geschwister Scholl in München und wurde im Juli 1943 hingerichtet.

Ein Mann wie der Schlesier Will-Erich Peuckert (1895–1969), alter Sozialist und Verfasser einer »Volkskunde des Proletariats«, hat bis zum Kriegsende keinen ideologischen Kompromiß geschlossen. 1935 verlor er aus politischen Gründen sein Lehramt und mußte ständig mit seiner Verhaftung rechnen.

Der Sagenforscher Friedrich Ranke (1882–1950), 1937 seiner Professur in Breslau enthoben, emigrierte in die Schweiz und erhielt 1938 einen Lehrstuhl in Basel.

Nicht zuletzt ist die konfessionelle Volkskunde zu erwähnen, an ihrer Spitze der Münsterer Prälat Georg Schreiber (1882–1963), 1935 zwangsemeritiert und aus seinem Institut entfernt, – aber auch Leute wie Martha Bringemeier (Münster) u. a. m.

Damit sind wir bereits bei einer personellen Auflistung und der unlösbaren Aufgabe einer Beurteilung des Verhaltens volkskundlicher Wissenschaftler in der Zeit des Nationalsozialismus. Hermann Bausinger (Volksideologie, S. 200ff.) und nach ihm besonders Wolfgang Emmerich haben gezeigt, daß die nationalsozialistische Ideologie den mehr als 100 Jahre gepflegten volkskundlichen Kontinuitätsmythos, die Deutungen in Richtung auf »deutsch-germanische Wesenhaftigkeit« nur allzugut für ihre Ziele benutzen konnte und die Vertreter des Faches im großen und ganzen, jene wenigen Widerstandskämpfer ausgenommen, dieser Richtung folgten. Bausinger führt aus, wie die Grundgedanken der nationalsozialistischen Volkskunde auf alte Reizstellen des Faches trafen und eine Affinität berührten, die mit seiner geistesgeschichtlichen Entwicklung zusammenhängt. Dabei handelt es sich vor allem um den fatalen Forschungsgegenstand »Volk«. Bausinger bezeichnet ihn (S. 177) als von vornherein ideologieverdächtig. »Wenn überhaupt eine spezifische Wissenschaft vom Volk entstehen konnte, so ist zumindest die Frage zu stellen, ob dahinter nicht von Anfang an eine Auffassung stand, die an der gesellschaftlichen Realität vorbeizielte.« Der Nationalsozialismus muß daher für die Volkskunde als eine Wendung betrachtet werden, die vorhandene zentrale Gedanken des Faches hochspielte. Als solche Elemente nennt Bausinger den nationalen Akzent, den Rassegedanken, verbunden mit germanischen Kontinuitätsvorstellungen, – die Glorifizierung des deutschen Bauerntums als volkskulturellem Zentralbereich, – die organologischen Vorstellungen von einer Art von Gemeinschafts- und Volkstumssoziologie, – die hektische Suche nach Sinnbildern und die damit verbundene großangelegte Symbolforschung.

Die Analysen Bausingers und Wolfgang Emmerichs gründliche Untersuchung sind wohl dazu geeignet, die Volkskunde jener Jahre fernab einer »Zensurenverteilung« in ihre geistesgeschichtlichen Zusammenhänge einzuordnen. Dennoch macht es sich Emmerich aus der abweisenden Haltung der Nachkriegsgeneration heraus zu leicht, wenn er die Wissenschaftler jener Zeit undifferenziert in drei Fächer packen möchte: diejenigen, die in aktivem Widerstand ihren Kopf hinhielten, – diejenigen, die bedenkenlos oder überzeugt mitmachten, – und schließlich diejenigen, die, im Glauben an eine im Stillen mögliche unpolitische Wissenschaft, »so weitermachten, als ob nichts geschehen wäre« (S. 120). Hier nennt er John Meier, Fritz Böhm (1880–1943), Otto Lauffer, Adolf Spamer, Adolf Bach (1890–1972) u.a.! Eine solche Einordnung zeugt nicht nur von naiver Ahnungslosigkeit; ihr ist auch von der menschlichen Seite her aufs schärfste zu widersprechen. Daß damals schon »zaghafte Widerstandsleistungen« (S. 113) beträchtlichen Mut verlangten, ist für den Autor offenbar nicht nachvollziehbar.

John Meier, der Vorsitzende des »Verbandes deutscher Vereine für Volkskunde«, war während der ganzen 12 Jahre bemüht, diese wissenschaftliche Organisation des Faches vor ideologischer »Gleichschaltung« weitgehend zu bewahren. Die ersten Bände des von ihm herausgegebenen Balladenwerkes, die nach jahrelanger Vorbereitung in der Hitlerzeit erschienen sind, tragen in Vorwort, Dankesadressen usw. nicht an einer einzigen Stelle den Stempel des Regimes. Das erscheint heute als eine Lappalie, war aber damals viel. Allein die Tatsache, als höherer Staatsbeamter nicht der Partei beizutreten, erforderte beträchtlichen Mut. Ich möchte am Beispiel von Adolf Spamer, dessen Lehrtätigkeit an der Berliner Universität ich aus nächster Nähe beobachten konnte, die Verständnislosigkeit dieser Emmerichschen Thesen nachweisen.

Schon die Berufung Spamers 1935 auf den Berliner Lehrstuhl (das konnte Jacobeit bündig erhärten) war ein von dem Germanisten Artur Hübner (1885–1937) durchgesetzter Affront gegen das Regime, hätte man doch von Parteiseite lieber den Wiener Mythologen

Karl von Spieß (vgl. S. 97f.) bevorzugt. Spamer, kein Parteigenosse und mit einer durchaus linksliberalen politischen Vergangenheit, war daher von Anfang an von Parteiseite nicht gern gesehen und stand unter politischer Beobachtung, die sich im Laufe der Jahre durch die Absichten des Hochschulreferenten im Reichserziehungsministerium Heinrich Harmjanz auf den Berliner Lehrstuhl wesentlich verschärften. Spamer bekam eine wissenschaftliche Hilfskraft zugeordnet, einen scharfen Parteigenossen, der in den beengten Räumen des Berliner Seminars jeden Besuch und jedes Telefongespräch zu kontrollieren imstande war und »fragwürdige« Äußerungen in Vorlesungen und Seminaren protokollierte. Gleichzeitig wurde 1938 die Wahl und Aufnahme des Gelehrten in die Preußische Akademie der Wissenschaften vom Kultusministerium verhindert. Spamer war also fortwährenden Gefährdungen und politischen Konflikten ausgesetzt, die ihn krank machten und denen er durch einen erhofften Ruf nach Freiburg, wo der Freund John Meier eine neue Universitätsprofessur zu schaffen bemüht war, entrinnen wollte. Das war 1942. Aber dieser Ausweg konnte nicht mehr beschritten werden, da Spamer im gleichen Jahr einen totalen physischen und psychischen Zusammenbruch erlitt und bis Kriegsende seine Lehrtätigkeit kaum noch ausüben konnte. Seine Berliner Wohnung, ein Großteil seiner Bibliothek und seines wissenschaftlichen Materials gingen durch Bomben verloren. Es erscheint mir also fast zynisch, einem solchen Manne, der aus seinen oppositionellen wissenschaftlichen Positionen kein Hehl machte (daran ändern auch einzelne herausgerissene Zitate nichts), den angeblichen »hilflosen Rückzug in den Elfenbeinturm« anzulasten. Es ist sehr schwer – und eigentlich auch sinnlos –, vom sicheren Port des Bundesbürgers aus die damalige Situation jedes einzelnen gerecht beurteilen zu wollen. Eine individuelle Einschätzung jener zwölf Jahre bleibt auch deshalb oft so fragwürdig, weil sie auf jedem Gebiet einen außerordentlich komplizierten und zeitlich fluktuierenden Komplex zu erfassen hat, der in seiner ganzen Differenziertheit gesehen werden will. Wie sich die Dinge im einzelnen abgespielt haben, ist im Nachhinein schwer zu beurteilen. Wichtiger scheint es uns zu sehen, ob und wie nach dem Kriege die Volkskundler die belastete Vergangenheit ihres Faches bewältigt haben.

Daß die Ideologiehaftigkeit der Volkskunde durch die Rolle enthüllt wurde, die ihr der Nationalsozialismus zuwies, hat Heinz Maus (1911–1978) in seiner Situationsdarstellung von 1946 sinnfällig gemacht. War zu Ende der Zwanziger Jahre die Nachbarschaft zu den mächtig aufsteigenden soziologischen Wissenschaften immer näher geworden (s. Kap. IX), so zerschnitt der Nationalsozialismus diese Fäden total. Die Soziologie alten Sinnes hörte praktisch auf zu existieren. Das lag nicht nur an dem hohen jüdischen Bestandteil der Fachvertreter (47 Prozent der deutschen Wirtschafts- und Sozialwissenschaftler wanderten nach 1933 aus), sondern an der kritischen Analyse der gesellschaftlichen Wirklichkeit als wissenschaftlichem Gegenstand der Soziologie. Auch die Volkskunde hatte in ihren besten Vertretern begonnen, die Typik sozialer Gruppen auf dem Hintergrund ihrer kulturellen Äußerungen in Geschichte und Gegenwart zu erkennen. Statt auf diesem Wege weiter zu schreiten, reduzierte sich die nationalsozialistische Volkskunde nun darauf, »das Märchen von der Schöpferkraft der Volksseele wieder aufzufrischen« (Emmerich, S. 122), nur daß aus der Volksseele nun die »in Blut und Boden gefestigte deutsche Volksgemeinschaft« geworden war.

Was aber bedeutet der oft gebrauchte Begriff der Ideologisierung und Ideologiehaftigkeit im Zusammenhang mit der Volkskunde? Der Widerspruch zwischen Idee und sozialer Wirklichkeit haftete, wie die vorangegangenen Kapitel aufzuzeigen suchten, seit der Romantik vielen Bemühungen volkskundlicher Forschung an. Nie aber hat sie sich so vollkommen in ein irrationales Weltbild eingepaßt, das ausschließlich von seiten des Staates her politisch im völkischen Sinne geprägt war; nie zuvor waren ihre Forschungsergebnisse von vornherein so ausdrücklich in vorgegebene Richtungen gedrängt, um in der Hand der Herrschenden zum volks- und kulturpädagogischen Zwangsmittel zu werden. Und wenn auch die Romantiker durch die Besinnung auf das Volkstum der Vergangenheit die eigene Gegenwart heilen und gesunden wollten, so ist doch von dort her ein weiter Schritt zu den Massenveranstaltungen unter dem Maibaum am Lustgarten, zu den Sonnenwendfeiern und -feuern, dem Erntedankfest auf dem Bückeberg, wo sich mit den Mitteln der Volkstraditionen eine ganze »Volksgemeinschaft« ihrer unüberwindlichen Kräfte bewußt werden sollte. Die Zahl schwärmerischer Dilettanten, die in der Freude über die Bewahrung schöner Überlieferungsgüter und ihre Konservierung für die Zukunft, in beglücktem Gefühlsüberschwang für die tief in die Vergangenheit führenden und breit die Gegenwart überflutenden nationalen Ströme »Volkskunde« betrieben, wurde Legion und belastet das Fach bis heute. Ihre Rolle im gefährlichen Spiel einer imperialistisch aggressiven Staatsführung erkannten sie häufig nicht. Auch sie beteiligten sich an dem Programm einer »Volkwerdung«, die mit »Volk« als sozialer Größe nichts mehr zu tun hatte, zerfiel doch die oft beschworene »Volksgemeinschaft« bei näherem objektiven Zusehen in eine Fülle heterogenster Gruppierungen mit jeweils adäquatem Eigenbewußtsein.

Die Zeit des Nationalsozialismus zeigte in schneidender Schärfe, wie ideologieanfällig der Forschungsgegenstand »Volk« trotz aller Definitionsbemühungen werden konnte. Die Worte Bertolt Brechts scheinen der Volkskunde ins Stammbuch geschrieben: »Wer in unserer Zeit statt Volk Bevölkerung und statt Boden Landbesitz sagt, unterstützt schon viele Lügen nicht. Er nimmt den Wörtern ihre faule Mystik« (»Fünf Schwierigkeiten beim Schreiben der Wahrheit«).

Quellen zur Volkskunde des Nationalsozialismus:

Becker, Horst: Die Familie. Leipzig 1936.

Blachetta, Walter: Das Buch der deutschen Sinnzeichen. Berlin 1941.

Boehm, Max Hildebert: Das Volkstum des Grenz- und Auslanddeutschtums. In: Handbuch der dt. Volkskunde. Hrsg. W. Peßler. Bd. 1. 1935, S. 170–182.

Darré, R. Walther: Das Bauerntum als Lebensquell der nordischen Rasse. München 1933.

Deutsche Volkskunde im Schrifttum. Ein Leitfaden für die Schulungs- und Erziehungsarbeit der NSDAP. Hrsg. v. d. Arbeitsgemeinschaft für deutsche Volkskunde. Berlin 1938.

Fehrle, Eugen: Die Volkskunde im neuen Deutschland. In: Obdt. ZfVkde 7 (1933), S. 1f.; Deutsche Hochzeitsbräuche. 1937; Das Hakenkreuz. In: Obdt. ZfVkde 8 (1934), S. 5–38.

Freudenthal, Herbert: »Mein Kampf« als politische Volkskunde der dt. Gegenwart auf rassischer Grundlage. In: ZfVkde NF 6 (1936), S. 122–135.

Günther, Hans F. K.: Das Bauerntum als Lebens- und Gemeinschaftsform. ^{2}1941; Rassenkunde des deutschen Volkes. München 1925ff.

Haiding, Karl: Kinderspiele und Volksüberlieferung. München o.J.

Hecker, Heinz: Trachten unserer Zeit. München 1939.

Helbok, Adolf: Haus und Siedlung im Wandel der Jahrtausende. 1937.

Himmler, Heinrich: Wesen und Aufgabe der SS und der Polizei. (Rede 1937). In: Sammelheft 19, S. 146ff.

Höfler: s. S. 101.

Klapper, Joseph: Volkstum der Großstadt. In: Handbuch der dt. Volkskunde. Hrsg. W. Peßler. Bd. 1. 1935, S. 103–119.

Kuhn, Walter: Deutsche Sprachinselforschung. 1934.

Schultz, Wolfgang: Altgermanische Kultur in Wort und Bild. Drei Jahrtausende german. Kulturgestaltens. 1934.

Spieß, Karl von: Deutsche Volkskunde als Erschließerin dt. Kultur. 1943.

Steller, Walter: Volkskundliche Arbeit im Lichte des Nationalsozialismus. In: Volkskundliche Gaben. 1934, S. 244–252.

Strobel, Hans: Bauernbrauch im Jahreslauf. 1936.

Zaborsky-Wahlstätten, Oskar von: Urvätererbe in dt. Volkskunst. 1936.

Ziegler, Matthes: Volkskunde auf rassischer Grundlage. In: Nationalsoz. Monatshefte 5 (1934), S. 711–717.

Kritik und Analysen:
Adorno, Theodor W.: Jargon der Eigentlichkeit. Zur dt. Ideologie. (edition suhrkamp. 91.) [3]1967.
Bausinger, Hermann: Volksideologie und Volksforschung. Zur nationalsozialistischen Volkskunde. In: ZfVkde 61 (1965), S. 177–204 (u. die dort angegebene Literatur).
Broszat, Martin: Die völkische Ideologie und der Nationalsozialismus. In: Dt. Rundschau 84 (1958), S. 53–68.
Dahrendorf, Ralf: Soziologie und Nationalsozialismus. In: Deutsches Geistesleben u. Nationalsozialismus. 1965, S. 108–122.
Emmerich, Wolfgang: Zur Kritik der Volkstumsideologie. (edition suhrkamp. 502) 1971.
Freckmann, Klaus: Hausforschung im Dritten Reich. In: ZfVkde 78 (1982), S. 169–186.
Huber, Wilfried; Krebs, Albert (Hrsg.): Adolf Reichwein 1898–1944. 1981.
Jacobeit, Sigrid: Die Stellung der werkttätigen Bäuerin in der faschistischen Ideologie 1933–1939. In: Jb. f. Gesch. 27 (1983), S. 171–199.
Jacobeit, Wolfgang; Mohrmann, Ute: Zur Geschichte der volkskundlichen Lehre unter Adolf Spamer an der Berliner Universität (1933–1945). In: Ethnographisch-archäologische Zeitschrift 23 (1982), S. 283–298.
Kriss, Rudolf: Im Zeichen des Ungeistes. 1948; Die Volkskunde der altbayerischen Gnadenstätten. 1930–1933.
Lenk, Kurt (Hrsg.): Ideologie. Ideologiekritik und Wissenssoziologie. (Soziolog. Texte. Bd. 4) 1967.
Leyen, Friedrich von der: Rezension von Höflers »Kultische Geheimbünde der Germanen«. In: Anzeiger für deutsches Altertum 54 (1935), S. 153–165.
Lutz, Gerhard: Das Amt Rosenberg und die Volkskunde. In: Brückner, W.; Beitl, K.: Volkskunde als akademische Disziplin. Wien 1983, S. 161–171.
Maus, Heinz: Zur Situation der deutschen Volkskunde. In: Die Umschau. 1/2 (1946/47), S. 349–359.
Meier, John: Der Verband deutscher Vereine für Volkskunde, sein Werden und Wirken 1904–1944. In: 50 Jahre Verband der Vereine für Volkskunde 1904–1954. 1954.
Peuckert, Will-Erich: Volkskunde des Proletariats. 1930; Überlegungen und Betrachtungen. Zur Situation der Volkskunde. In: Die Nachbarn I (1948), S. 130–135.
Schauerte, Heinrich: Entwicklung und gegenwärtiger Stand der religiösen Volkskundeforschung. Zwischen Wissenschaft und Politik. In: Festschrift für Georg Schreiber. 1953, S. 516–534.
Schreiber, Georg: Volkskunde einst und jetzt. Zur literar. Widerstandsbewegung. In: Festgabe für Alois Fuchs zum 70. Geb. 1950, S. 275–317.
Steinmann, Ulrich: Adolf Reichwein zum Gedenken. In: Dt. Jb. f. Vkde 4 (1958), S. 429–435.
Weber-Kellermann, Ingeborg: Zur Interethnik. Donauschwaben, Siebenbürger Sachsen und ihre Nachbarn. 1978.

Die Gefahren vielfacher Deutungs- und Anwendungsmöglichkeiten des Wortes »Volk« waren nun in harter Evidenz hervorgetreten. In Begriffsverbindungen und -ableitungen konnte es stets in dem Sinne verwendet werden, in dem man den Angesprochenen brauchte: »Zum Krieg, zur Konkurrenz, zur Revolution, zum Klassenkampf, zur Massenbewegung, zur Verbandsgründung, zum Großeinsatz, zur Abstimmung oder auch nur zur Konsumbereitschaft« (Heilfurth »Ideologien«, S. 6). Der Mißbrauch eines altehrwürdigen Wortes, die Ausnutzung volkskundlicher Bestrebungen für den Ideologieapparat des Nationalsozialismus hätten zu einer gründlichen Revision des gesamten Faches führen müssen. Statt dessen verharrte die Volkskunde, wie Maus ihr in seiner Bilanz von 1946 vorwarf, unangepaßt in alten Denkkategorien.

Diese Kritik war berechtigt, und die Volkskundler in Deutschland wären gut beraten gewesen, hätten sie sich unmittelbar nach dem Kriege mit den Sprach- und Ethnosoziologen, mit den Wirtschafts- und Kulturhistorikern unter einem gemeinschaftlichen methodischen Dach zusammengefunden. Aber dafür war wohl die Zeit noch nicht reif und manche traditionelle Sperre im Wege. Die größte Schwierigkeit bereitete eine verbindliche internationale Namensfindung: Der seit 1846 bekannte Begriff ›Folklore‹, der besonders durch die Arbeiten der Finnen und die Veröffentlichungen der FFC (›Folklore Fellows‹ Communication) internationale Geltung erlangt und Eingang in den wissenschaftlichen Sprachgebrauch fast aller europäischen Länder gefunden hatte, wollte den deutschsprachigen Fachvertretern aus guten Gründen nicht behagen; sahen sie doch darin lediglich eine Zusammenfassung der oralen Volksüberlieferungen wie Sage, Märchen, Lied usw., während sie unter »Volkskunde« ein weit komplexeres Forschungsgebiet verstanden.

Seit dem Arnheimer Kongreß 1955 wurde die Forderung nach einer neuen, international gültigen Fachbezeichnung immer nachdrücklicher gestellt. Es dauerte aber in Deutschland immerhin bis in die Anfänge der siebziger Jahre, bis sich eine ernsthafte Absicht zur Namensänderung durchzusetzen vermochte. Auf der von der Deutschen Gesellschaft für Volkskunde und ihrem Ständigen Ausschuß für Hochschul- und Studienfragen veranstalteten Arbeitstagung in Falkenstein (1970) stimmten die Teilnehmer in der sogenannten »Falkensteiner Resolution« einer Empfehlung zu, die sich klar für eine Namensänderung aussprach und hierbei den Bezeichnungen »Kulturanthropologie, Kulturologie oder Europäische Ethnologie«, die größten Präferenzen einräumte. Es schloß sich im Rahmen der dgv-Mitteilungen eine längere Diskussion mit Stellungnahmen der einzelnen Institute an; zu einer einheitlichen Umbenennung ist es aber nicht gekommen. Europäische Ethnologie, Kulturanthropologie, Empirische Kulturwissenschaften, aber auch weiterhin Volkskunde, Vergleichende Volkskunde u. a. m. lauteten die Bezeichnungen. Einen unterstützenden Einfluß erfuhr die Debatte durch die im benachbarten europäischen Ausland erfolgten Umbenennungen der Fachzeitschriften wie Ethnologia Scandinavica, Ethnologie Française, Ethnologia Slavica, E. Polona etc., die alle im Sinne einer internationalen Verständlichkeit ihre bisherigen Namen änderten in Richtung auf Europäische Ethnologie.

Parallel zu diesen Bestrebungen fanden als Folge der sogenannten Studentenbewegung von 1968 und der sich anschließenden Universitätsreform an den jeweiligen Universitäten nachhaltige Umstrukturierungen statt, die auch die Volkskunde nach der Auflösung der alten Philosophischen Fakultäten in neue, universitäre Zusammenhänge setzte. Doch zunächst zurück zu den Unsicherheiten und gegensätzlichen Überlegungen der ersten Nachkriegszeit.

Es wirkte 1946 auf die deutsche Volkskunde wie eine Art befreiender Rechtfertigung, als der Schweizer Richard Weiss (1907–1962) seine »Volkskunde der Schweiz« veröffentlichte. Dieses umfassende Werk war weit mehr als eine landschaftliche Beschreibung im üblichen Sinne. Es bot eine neue Standortbestimmung der Volkskunde im Rahmen der Geisteswissenschaften. Weiss definierte sie als die Wissenschaft vom Volksleben und schrieb erläuternd: »Das Volksleben besteht aus den zwischen Volk und Volkskultur wirkenden Wechselbeziehungen, soweit sie durch Gemeinschaft und Tradition bestimmt sind« (S. 11). Durch diese Determinanten sah er die Forschungsgegenstände der Volkskunde gekennzeichnet und wollte hinter den Objektivationen der Volkskultur deren Träger in ihren volkstümlichen Verhaltensweisen erkennen. In dem graphischen Schema, mit dem er die psychischen Trennungslinien zwischen volkstümlicher und unvolkstümlich-individueller Verhaltensschicht im Einzelmenschen veranschaulichte (S. 8), berührte er sich mit Spamer, den er Anfang der Dreißiger Jahre in Berlin während eines Studienaufenthaltes am »Atlas der Deutschen Volkskunde« kennengelernt hatte und dem er sich ein Leben lang verpflichtet fühlte. Er führte diese Gedanken weiter, betonte den funktionalen Charakter der Volkskultur und forderte eine wissenschaftliche Betrachtungsweise, die nicht Tracht oder Träger gesondert behandelt, sondern das Tragen, Singen, Erzählen, Sprechen, Essen, Glauben usw. als soziale Funktion. Die Wandlungsprozesse im Volksleben würden dabei von Vermittlerpersönlichkeiten ausgelöst, bei denen sich individuelle Antriebe und Gemeinschaftsgebundenheit die Waage halten.

Weiss hat die Schweizer Volkskunde durch seine Arbeiten am Schweizer Atlas und die europäische Volksforschung durch vielseitige Untersuchungen außerordentlich bereichert. Aber am nachdrücklichsten wirkte seine »Volkskunde der Schweiz« mit ihrer klaren unsentimentalen Diktion, ihrem einleuchtenden Gedankengang, ihrer aufgeschlossenen Einbeziehung von Gegenwartsbegriffen wie »Mode« und »Schlager« auf die deutschen Fachkollegen, die darin eine Art Rehabilitierung ihrer vielgeschmähten Disziplin erblickten. Daß es sich aber auch hier, wie Weiss wohl wußte, um eine Entwicklungsstufe des Faches und nicht um dessen »Bibel« handeln konnte, wollte mancher nicht realisieren. Gerade der Leitbegriff »Gemeinschaft« ist so kaum noch anwendbar und kann nur als eine Verhaltensqualität von »Gruppen« verstanden werden. Im Einflußbereich dieser modernen Schweizer Richtung schrieb Arnold Niederer (Zürich) seine sozialwissenschaftlich orientierte Walliser Gemeindeuntersuchung.

Die für die lange isolierte deutsche Forschung so angenehmen Töne aus der Schweiz, die dem Volksleben seinen berechtigten Platz im Mittelpunkt volkskundlicher Forschung zuwiesen, wurden in Skandinavien schon lange vollinstrumentiert durchgespielt. Die schwedische Volkskultur, die der völkischen Volkheitskunde in Deutschland lange Zeit nur als Belegquelle auf der germanischen Kontinuitätsdurststrecke gedient hatte, zeigte sich bei näherer Betrachtung auf vorurteilsfreie Weise nach modernsten Gesichtspunkten mustergültig untersucht. Will-Erich Peuckert (1895–1969), der gleich nach 1945 auf einem Ordinariat in Göttingen zum Magneten für die junge volkskundliche Nachkriegsgeneration wurde, hat die deutsche Forschung nach dem Kriege ausführlich über die skandinavische wissenschaftliche Entwicklung informiert.

Die schwedische Schule entzündete sich vor allem an der Revision der alten mythologischen Richtung und des reinen Stoffvergleiches, wie sie nach James Frazer zu Beginn des Jahrhunderts in Anlehnung an religionshistorische und vergleichende Methodik in seinem zehnbändigen Mammutwerk vorgeführt hatte. Åke Campbell (1891–1957), Carl Wilhelm von Sydow (1878–1952), Sigfrid Svensson (1901–1984) und Sigurd Erixon (1888–1968) exemplifizierten eine neue Betrachtungsweise, in der sie vor allem die volkstümlichen Brauch- und Glaubenserscheinungen der jeweiligen wirtschaftlichen und sozialen Realsituation der Brauchträger konfrontierten (s. S. 100). Die von Erixon begründete »Folklivsforskning« (Volkslebensforschung) hat sich durch zahlreiche monographische Arbeiten als bedeutende Richtung moderner europäischer Volkskunde bewährt und den Mechanismus der Volksüberlieferung durch die Innovationsforschung weitgehend erklärt.

In einem Überblick über die Volkskunde nach 1945 können nicht alle Bereiche hinreichend behandelt werden, so daß eine Begrenzung notwendig wird.

Im folgenden sollen daher einige Arbeitsgebiete der Volkskunde ausführlicher dargestellt werden, da sich bei ihnen wichtige Entwicklungen ergeben haben, sei es, daß sie erst neu entstanden, sei es, daß sie gegenüber der Kanonbetrachtung zu einer anderen Gewichtigkeit und Profilierung gelangt sind.

Methoden

In einem kurzen Exkurs wollen wir auf die Entwicklung der empirischen Forschungsmethoden innerhalb der Volkskunde eingehen. Mit zunehmender Orientierung an den übrigen Sozialwissenschaften wurde auch für die Volkskunde das Instrumentarium moderner empirischer Forschung verpflichtender. Lange Zeit war sie durch das Verdikt vornehmlich der empirischen Soziologie verunsichert worden, ihr Gewährsleuteverfahren sei unpräzise und damit eine untaugliche Erhebungsmethode – von daher wurden auch Rückschlüsse auf das Fach im ganzen gezogen. Dieser Vorwurf traf um so sicherer, da es sich zum Zeitpunkt der Kritik um die Aufwärtsphase der ausschließlich quantifizierenden Sozialforschung handelte und andererseits gerade die von der Volkskunde untersuchten Gruppen häufig mit Vernunft einfach nicht zu quantifizieren waren. Es bleibt aber festzuhalten, daß das vielfach geübte Gewährsleuteverfahren als ausschließliche Quelle in der Feldforschung in der Tat überholt und unpräzise ist. Inzwischen haben sich neben den quantifizierenden Methoden aber auch in den anderen Sozialwissenschaften qualitative Verfahren entwickelt, die sich für die Untersuchungsgegenstände der Volkskunde besser eignen, nicht zuletzt, weil sie den bisherigen Vorbehalt gegenüber der Quantifizierung, durch standardisierte Fragebögen entstünde ein zu großer Informationsverlust, entkräfteten. Zu diesen neuen Verfahren zählen neben der in ethnologischer Feldforschung seit langem geübten teilnehmenden Beobachtung vor allem biographische/autobiographische Zeugnisse, die ›oral history‹ (selbsterlebte, erzählte Geschichte, im Sinne von Alltagsgeschichte), sowie zahlreiche variierte Interviewformen, z.B. das sogenannte narrative Interview, die alle von den Selbstzeugnissen Betroffener ausgehen. Erstaunlich ist, daß die Volkskunde/Ethnologie bei diesen Verfahren, die zunächst auf subjektivem Erzählen beruhen, nicht anders als weitgehend reaktiv mitgewirkt hat, obwohl doch Erzählforschung eines ihrer zentralen Gebiete ist. Es war hauptsächlich der englischen Sozialgeschichtsforschung zu verdanken, daß qualitative Erhebungsverfahren anerkannte Quellen wurden. Dazu kam die Tatsache, daß auch die Soziologie mit ausschließlicher Quantifizierung nicht mehr hinreichend forschen konnte.

Nun sollte für künftige Empirie aber nicht der alte Fehler des entweder–oder wiederholt werden. Eine Kombination quantitativer und qualitativer Methoden dürfte am aussichtsreichsten sein: quantitativ, wenn es gilt, abgesicherte sozial-statistische Daten über das Umfeld zu erhalten, in dem untersucht werden soll. So basiert Herbert Schwedt's (Mainz) Fastnachtsstudie zunächst auf einer repräsentativen Befragung der Mainzer Bevölkerung, um danach weitere Detailuntersuchungen anzustellen; oder Ernst Klusen (Neuß) nahm für seine Untersuchungen über »Das Singen der Deutschen« sogar ein bundesweites Sample als Ausgangspunkt. Qualitative Verfahren bieten sich an, wenn es um die vertiefenden Untersuchungen geht.

Methodenbewußt den qualitativen Verfahren folgende Studien sind z. T. bereits vorhanden – so Albrecht Lehmann's (Hamburg) Habilitationsschrift: »Erzählstruktur und Lebenslauf« (1983). Die in Freiburg veranstaltete Tagung »Lebenslauf und Lebenszusammenhang« (1981) beschäftigte sich intensiv mit autobiographischen Materialien in der Volkskunde.

Utz Jeggle (Tübingen) legte mit seinem Buch »Feldforschung. Qualitative Methoden in der Kulturanalyse« (1984) eine erste methodenkritische Auseinandersetzung vor – auch unter wissenschaftsgeschichtlichem Standpunkt –. Der Einsatz von Computern, der die methodischen Verfahren ja nachhaltig beeinflussen kann (z. B. bei der Verarbeitung, Archivierung u. ä.), wurde von Klaus Roth (München) vorgestellt und diskutiert.

Erstaunlicherweise hat die von der Sprachwissenschaft her entwickelte Methode der Strukturalistischen Anthropologie (Lévi-Strauss; Bogatyrew, Pop) nur geringen Einfluß auf die bundesdeutsche Volkskunde/Ethnologie genommen, obgleich das strukturalistische Interpretationsverfahren für die Ordnung und Deutung volkskundlicher Stoffmengen sehr nützlich und systembildend ist. Die strukturale Methode beginnt mit der Segmentierung des Untersuchungsstoffes in seine einzelnen Elemente und erforscht dann das System ihrer Verknüpfungen und Beziehungen und deren Stellenwert innerhalb des strukturalen Systems. Dazu dient die Feststellung von Oppositionen, die jeder Brauch- oder Erzählphase gegenüberstehen (Gallas). Die konsequente Anwendung dieser Methode, die mit den sozialen Kommunikationsprozessen zusammenhängt, führt zu tief greifenden Deutungsmöglichkeiten und läßt den Code-Charakter der Einzelphänomene besonders deutlich erkennen. Der vor allem in Frankreich angewandten strukturalen Anthropologie ist allerdings eine sozialwissenschaftliche Komponente für den jeweiligen Kontext der Elemente hinzuzufügen.

Für die Erzählforschung ist die Untersuchung von W. Propp von Bedeutung (1969), die 1972 ins Deutsche übersetzt wurde.

Literatur:

Bogatyrew, Petr: The fonction of folkcostume in Moravian Slovakia. (1937), 1971.

Gallas, Helga: Strukturalismus als interpretatives Verfahren. 1972.

Jeggle, Utz: Feldforschung. Qualitative Methoden in der Kulturanalyse. 1984.

Klusen, Ernst: Zur Situation des Singens in der Bundesrepublik Deutschland. 2 Bde. 1974.

Lebenslauf und Lebenszusammenhang. Autobiographische Materialien in der volkskundlichen Forschung. Hrsg. von *Rolf W. Brednich, Hannjost Lixfeld, Dietz-Rüdiger Moser* und *Lutz Röhrich*. 1982.

Lehmann, Albrecht: Erzählstruktur und Lebenslauf. 1983.

Lévi-Strauss, Claude: Strukturale Anthropologie. 1967.

Pop, Mihai: Neue Aufgaben der Brauchforschung. In: ZfVkde 80 (1984), S. 30–39.

Propp, Wladimir: Morphologie des Märchens. 1972.

Roth, Klaus: Historische Volkskunde und Quantifizierung. In: ZfVkde 76 (1980), S. 37–57.

Schwedt, Herbert: Analyse eines Stadtfestes: Die Mainzer Fastnacht. 1977.

Tolksdorf, Ulrich: Grill und Grillen oder: die Kochkunst der mittleren Distanz. In: Kieler Blätter zur Volkskunde 5 (1973), S. 113–133.

Weber-Kellermann, Ingeborg: Der Geist des Flachses. Versuch einer strukturalistischen Analyse aus dem Mannhardtmaterial von 1865. In: Brauch – Familie – Arbeitsleben. 1978, S. 77–92.

Arbeit und Gerät – Realien

Die Faszination, die von den sachbezogenen und auf Entmythologisierung bedachten Schweden ausging, erfaßte in Deutschland vor allem den Bereich der Volkskunde, der bisher stark vernachlässigt worden war: die Realienforschung. Diesem Thema wandten sich nun nicht nur intensiv die volkskundlichen Atlasunternehmen zu (vgl. Kap. IX), sondern auch die Museen aktivierten ihre wissenschaftlichen Intentionen. Anregend wirkte auf diesem Gebiet der Wiener Leopold Schmidt (1912–1981), der, ausgehend von den großen Beständen des österreichischen Volkskundemuseums, eine systematische Sammlung von Arbeitsgeräten vorschlug. Sein enzyklopädisches Wissen, seine weitgesteckte kulturhistorische Bildung bewahrten ihn dabei vor einer bloßen Morphologie der Geräte. Für das methodische Vorgehen beim Gerätesammeln forderte er: die Herkunftserhellung eines Gerätes sei vorzunehmen 1. durch die Befragung der Schriftquellen (Literatur und Archive); 2. durch die Befragung von Bildquellen (Ikonographie); 3. durch die relative Chronologie, wie sie sich durch Brauchbeschreibungen u.ä. ergibt. Hinzuzufügen wäre noch als 4. die Gewährsleutebefragung im Terrain selbst. Mit einem derartig erfaßten Kontext wäre nicht nur die Geschichte der Geräteform zuverlässig festzustellen, sondern auch der Wandel der Techniken und Funktionen. Damit aber rückte die Arbeit selbst als volkskundliche Kategorie in den Vordergrund der Forschung.

Von daher wird es verständlich, daß sich gerade die Geräteforschung zum bevorzugten Untersuchungsgegenstand der ostdeutschen Volkskunde entwickelte. Der Peuckertschüler Wolfgang Jacobeit und der Spamerschüler Reinhard Peesch (beide Berlin), Karl Baumgarten und Ulrich Bentzien (Rostock), entfalteten mit ihren Mitarbeitern eine reich gefächerte Aktivität für die sachkundliche Behandlung des Hirtenwesens, der Fischerei, der Holzbearbeitung, der Bespannungstechniken, der Pflugformen und ihrer Kulturen u.a.m., mit der sie bald eine führende Rolle im internationalen Rahmen dieser Forschungsgebiete einnehmen konnten. Die westdeutschen Kollegen zogen langsam nach, ohne über den gleichen zentralistischen Wissenschaftsapparat wie die Berliner Akademie zu verfügen. Nach dem Marburger Volkskundekongreß von 1965, von der neugegründeten ›Deutschen Gesellschaft für Volkskunde‹ und ihrem Leiter Gerhard Heilfurth veranstaltet und dem Thema der Arbeit gewidmet, konstituierte sich eine gesamtdeutsche Kommission für Geräteforschung für den agrarischen und handwerklichen Bereich. Ihr Leiter, der Detmolder Museumsdirektor und Spamerschüler Wilhelm Hansen, hat es dank seiner komplexen Gesichtspunkte vermocht, das Beziehungsfeld der Geräte weit über das Positivistisch-Museale hinaus auch vom Sprachlichen her (»Wörter und Sachen«, Bezeichnungen der Volkssprache für Geräteteile und Arbeitstechniken), von den historischen Bildquellen aus und von den sozialen und funktionalen Hintergründen her abzustecken. Auf diese Weise entstand in Verbindung mit den neuen Enquêten des »Atlas der deutschen Volkskunde« in Bonn auch in Westdeutschland eine ganz neue umfassende Volkskunde der Arbeit.

Nach 1969 wurde die Geräteforschung durch weitere Bestandsaufnahmen fortgesetzt (Gaál: 1969), immer stärker im Sinne einer Kontextbetrachtung, die die sozio-ökonomischen Bedingungen und historischen Entwicklungen miteinschloß. Hierzu zählen die Arbeiten von Ulrich Bentzien (Rostock), »Haken und Pflug« (1969) und »Bauernarbeit im Feudalismus« (1980). Ganz besondere Erwähnung verdient E. Fél und T. Hofers »Geräte der Atanyer Bauern« (1974) in seiner integrierten Einbettung in die Gesamtuntersuchung zu dem ungarischen Dorf Atany.

Die Sachforschung der letzten Jahre hat sich ganz besonders in Westfalen entwickelt, u. a. in den Museen (Detmold), in dem Volkskunde-Institut der Universität Münster wie in der Volkskundlichen Kommission für Westfalen (Münster). Dies zeigt sich an der stark angewachsenen Publikationsreihe »Beiträge zur Volkskultur in Nordwestdeutschland« und Arbeiten zum Handwerk wie zur Geräteforschung und Kleidung; an Hinrich Siut's (Münster) Gesamtaufnahme »Bäuerliche und handwerkliche Arbeitsgeräte in Westfalen« (1982). Als überzeugendes Ergebnis moderner Geräteforschung gilt Wilhelm Hansen's (Detmold) »Hauswesen und Tagewerk im Alten Lippe« (1982) und Kalenderminiaturen (1984).

Die Keramikforscher der Volkskunde vereinigen sich alljährlich in dem von Paul Stieber (1915–1975) gegründeten »Hafner-Symposion« – unter großer internationaler (auch ost- und südosteuropäischer) Beteiligung.

Kleidungsforschung, Mode und Tracht sind in den letzten Jahren wieder etwas in Bewegung gekommen. Nach einer Phase rein monographischer Regionaldarstellungen erschienen erste Arbeiten, die sich mit dem sozialen und historischen Umfeld von Tracht befaßten (Könenkamp 1978), oder empirisch den Prozeß des Ablegens der Tracht nachwiesen und analysierten (Böth 1980). Die Tagung in Cloppenburg (1985) ist als eine Bestandsaufnahme gegenwärtiger Kleidungsforschung zu sehen, von der wichtige Impulse zur Diskussion um die sozialhistorische Einbettung von Kleidung ausgehen werden.

Literatur:

Arbeit und Volksleben. Deutscher Volkskundekongreß 1965 in Marburg. (Hrsg. Gerhard Heilfurth u. Ingeborg Weber-Kellermann) 1967.

Bentzien, Ulrich: Haken und Pflug. 1969.

Ders.: Bauernarbeit im Feudalismus. 1980.

Böth, Gitta: Kleidungsverhalten in hessischen Trachtendörfern. Der Wechsel von der Frauentracht zur städtischen Kleidung 1969–1976 am Beispiel Mardorf. Zum Rückgang der Trachten in Hessen. 1980.

Bringemeier, Martha: Mode und Tracht. Beiträge zur geistesgeschichtlichen und volkskundlichen Trachtenforschung. 1980; Ein Modejournalist erlebt die Französische Revolution. 1981.

Dieffenbach, Margarethe: Hessischer Trachtenalltag. Tracht als Spiegel ländlicher Lebensweisen. Hrsg. v. Wolfgang Schellmann, Siegfried Bekker, Gaby Mentges u. Ingeborg Weber-Kellermann. 1983.

Fél, Edit; Hofer, Tamás: Geräte der Atányer Bauern. Kopenhagen 1974.

Gaál, Károly: Zum bäuerlichen Gerätebestand im 19. und 20. Jahrhundert. Wien 1969.

Gerndt, Helge: Kleidung als Indikator kultureller Prozesse. In: Schweizer Archiv f. Vkde 70 (1974), S. 81–92.

Hansen, Wilhelm: Hauswesen und Tagewerk im alten Lippe. 1982, [2]1985.

Ders. (Hrsg.): Arbeit und Gerät in volkskundlicher Dokumentation. 1969.

Ders.: Kalenderminiaturen der Stundenbücher. Mittelalterliches Leben im Jahreslauf. 1984.

Jacobeit, Wolfgang: Schafhaltung und Schäfer in Zentraleuropa bis zum Beginn des 20. Jhs. 1961.

Könenkamp, Wolf Dieter: Wirtschaft und Gesellschaft und Kleidungsstil in den Vierlanden während des 18. u. 19. Jahrhunderts. Zur Situation einer Tracht. 1978.

Peesch, Reinhard: Die Fischerkommunen auf Rügen und Hiddensee. 1961; Holzgerät in seinen Urformen. 1966.

Schmidt, Leopold: Bauernwerk der alten Welt. Betrachtungen über den Stand der Erforschung des bäuerlichen Arbeitsgerätes in Österreich. In: Arch. f. Vkde 10 (1955), S. 254–274.

Siuts, Hinrich: Bäuerliche und handwerkliche Arbeitsgeräte in Westfalen. 1982.

Sperber, Helmut: Geräteforschung in Süddeutschland. Ein Literaturbericht. In: Bayer. Bll. Vkde 4 (1977), S. 226–236.

Stolle, Walter: Heuernte und Hausindustrie in Hessen von 1890–1970. 1973.

Umgang mit Sachen. Zur Kulturgeschichte des Dinggebrauchs. 23. Deutscher Volkskundekongreß in Regensburg 1981. Hrsg. Konrad Köstlin und Hermann Bausinger. 1983.

Weber-Kellermann, Ingeborg: Der Kinder neue Kleider. 200 Jahre deutsche Kindermoden. 1985.

Entscheidend beeinflußte die neue soziologische Richtung das Kerngebiet im alten Volkskundekanon: »Sitte und Brauch.« Immer skeptischer stand die jüngere Forschergeneration nach dem Zweiten Weltkrieg dem Begriff »Sitte« als wissenschaftlicher Kategorie gegenüber. Bausinger (Volkskunde, S. 127ff.) bezweifelte nicht nur die Existenz einer hermetisch abgeschlossenen Dorfgemeinschaft mit organischer Prägung durch die Sitte, sondern er relativierte auch die Allgemeingültigkeit des statischen Begriffes durch das Aufzeigen eines Nebeneinander verschiedener, auch konkurrierender Normbegriffe in einer sozialen Gruppe. Es darf daher keine trennende Unterscheidung zwischen Sitte und Brauch geben, da »eine Verletzung der äußeren Vorschriften gleichzeitig auch die inneren Normen antastet und gefährdet«.

In konsequentem Weiterverfolg solcher Gedanken forderte Martin Scharfe, anstelle von »Sitte« den Begriff der »Norm« zu setzen, – Norm verstanden als »Verhaltensforderung für wiederkehrende Situationen«, Bräuche als »konkrete Handlungsmuster, die den Normen zugeordnet« und sanktioniert werden. Sie schaffen den Bezug zwischen dem Brauch und seinen Trägern, der sozialen Gruppe. Soziale Hierarchie innerhalb dieser Gruppen zeigt sich besonders deutlich an der Sanktionierung von Fehlverhalten, z.B. durch Rügebräuche. – Neue Maßstäbe setzte Gottfried Korff (Tübingen).

Die historisch arbeitende Brauchforschung, die sich seit Adolf Spamers Münchner Jahren in München entwickelte und insbesondere durch die Forscherpersönlichkeiten von Hans Moser und Karl-Sigismund Kramer vertreten ist, wirkte entscheidend der Kontinuitätsideologie entgegen und mündete in die historische Erforschung des Alltags, die heute weithin die moderne Volkskunde/Europäische Ethnologie beherrscht. K.-S. Kramers Arbeiten beruhen im wesentlichen auf der Auswertung und Analyse archivalischer Quellen, hierzu hat er grundsätzliche methodische Ansätze vorgelegt.

Eng verknüpft mit historisch-archivalisch orientierter Brauchforschung sind auch Probleme und Arbeitsweise der *Rechtsvolkskunde*, zu deren wesentlichem Vertreter ebenfalls K.-S. Kramer zu zählen ist. Davon zeugt nicht zuletzt seine Festschrift »Vom Recht der Kleinen Leute«. Brauch und Recht stehen in einem engen Zusammenhang: Brauch als Vor-Form kodifiziertem Rechts, als ungeschriebenes, traditionell überliefertes, normatives Handlungsmuster. Hierbei lassen Archivalien – etwa als Vorschriften, Gerichtsurteile, Prozeßberichte u.v.a.m. – wichtige Rückschlüsse auf das reale Sozialgeschehen zu.

Hans Moser hat, ausgehend von historischen Brauchbeschreibungen und ihrem Verfolg bis in unsere Zeit hinein – und umgekehrt –, höchst aufschlußreiche Erkenntnisse gewonnen. Er überprüfte z. B. bei der Herleitung eines bis in die Gegenwart geübten Maskenbrauches die historischen Deutungen der Veranstalter und Chronisten und konnte nachweisen, daß es sich in Wirklichkeit um ein erst kurz zuvor wiederbelebtes, mit neuen Brauchelementen und vor allem -requisiten (Masken) versehenes Geschehen handelte, das aber nach Aussage der Organisatoren auf »uralter Tradition« basieren sollte. Moser nannte diese Erscheinung »Folklorismus« und prägte damit einen Begriff, der die Brauchforschung innerhalb der deutschen, aber auch internationalen Diskussionen nachhaltig beeinflußte. Dies traf ganz besonders bei den in den siebziger Jahren sprunghaft angestiegenen Arbeiten zum öffentlichen Festwesen zu. Sie gründeten sich auf eine ständig wachsende Zahl von Orts-, Heimat- und Volksfesten, für die jeweils eine möglichst lange Tradition reklamiert wurde, sowohl im Interesse von Tourismus und Kommerz, aber auch zur Steigerung lokaler Identifizierung der Bewohner selbst. Für die Festforschung erwies sich hierbei ›Folklorismus‹ als das Schlüsselkonzept zur Analyse der Feststrukturen und Festgeschichte, aber auch zur Erhellung der Anspruchswirklichkeitsebene von Traditionsideologien. Zahlreiche Institute wie Frankfurt, München, Mainz, Münster und Marburg haben sich intensiv unter diesen Aspekten mit Festen befaßt. In Marburg wird seit 1972 mit dem alljährlichen Hessentag ein weithin einmalig gebliebenes landesweites Volksfest untersucht und dokumentiert, bei dem die Verquikkung von (landes-)politischer Intention, volkstümlicher Fröhlichkeit und die Berufung auf die guten hessischen Traditionen in Vergangenheit und Zukunft handfeste politische Wirkung haben sollen. Anhand des Hessentages wurde der Begriff des ›politischen Folklorismus‹ (Brückner) geprägt.

Neben den Festen befaßte sich die Brauchforschung weiterhin mit der Untersuchung einzelner Bräuche, die aber nicht mehr isoliert gesehen wurden, sondern zunehmend im historischen und sozialen Zusammenhang, gelegentlich auch in ihren ökonomischen und politischen Bezügen.

Hans Moser (Göttingen) erhellte die stadtbürgerlichen Hintergründe des Fastnachtsbrauchtums, das man bisher nur zu gern mit dem Stempel vegetationskultischer Sommer-Winter-Kämpfe versehen hatte; Friedrich Sieber (1893–1973) gab dem Todaustragen des Lätaresonntags, seit den Brüdern Grimm ein bevorzugter Gegenstand mythologischer Brauchdeutung, durch sorgfältige Quellenkritik seinen frühen historischen Ort in der bildzauberischen Vernichtung einer Pestdämonin, der vielfältige Koppelungen vorstruktureller und epochaler Brauchelemente folgten; Ingeborg Weber-Kellermann (Marburg) interpretierte die Erntebräuche des 19. Jahrhunderts auf dem Hintergrund der sozialen und wirtschaftlichen Regionalsituation, indem sie das klassische Mannhardtmaterial der Arbeitswelt seiner Befragungszeit einpaßte. Reinhard Peesch (Berlin) zeichnete ein synchrones Bild großstädtischen Kinderspiels in der Intensität der einzelnen Stadtquartiere durch die Bezugssetzung zwischen Spielstoff und kindlicher Spielgruppierung; Dieter Dünninger (Würzburg) erklärte den Hochzeitsbrauch der Wegsperre durch seine Einbettung in die Daten der Rechtsgeschichte und Gemeindeordnung; Günter Wiegelmann (Münster) stellte das volkstümliche Nahrungswesen an seinen natürlichen Platz im Umkreis von Alltag und Fest.

Fastnacht und Karneval als traditionelle Bereiche der volkskundlichen Brauchforschung waren auch weiterhin Gegenstand vieler Studien. Besonders in den Hochburgen der Mainzer Fastnacht (Herbert Schwedt u.a.) und der schwäbisch-alemannischen Fastnacht (Tübinger Arbeitskreis zur Fasnachtsforschung) entstanden wichtige weiterführende Arbeiten. Richtungweisend für die moderne Erforschung der Fastnacht können die von Schwedt initiierten, komplex angelegten Mainzer Untersuchungen gelten. Auf der Basis einer repräsentativen Befragung zur Sozialstatistik und zu Einstellungen der Aktiven sowie der Bevölkerung zur Fastnacht in ihrer Stadt hat Schwedt eine Fülle ergänzender Einzelstudien (meist als Dissertationen) angeregt, die Auskunft über die Fastnachtsvereine, über die Fernsehfastnacht, über die Nicht-Fastnächtler u.v.a.m. geben, – für Kassel durch G. Dürkop.

Ein weiterer Bereich traditioneller Brauchforschung betrifft das Wallfahrtswesen und im engen Zusammenhang damit das große Feld der religiösen Volkskunde, die nach dem Zweiten Weltkrieg vor allem in Würzburg (Dünninger, Brückner) und München (Kretzenbacher) gepflegt wird. Zu einer veränderten, sozialwissenschaftlich orientierten religiösen Volkskunde rief Peter Assion (Marburg) auf, indem er den Themenkatalog z.B. um die Problematik der Jugendreligionen, -sekten erweitert wissen wollte und damit über eine konfessionell gebundene Forschung hinauswies.

Die Behandlung der Bräuche im Lebenslauf verlagerte sich immer stärker in die Familien- und Kinderforschung (s. S. 127f.), dies trifft auch auf die Jahresfeste zu, wie Weihnachten/Ostern, die primär innerfamiliär bestimmt sind. Die Gruppenbezogenheit der Bräuche muß immer mehr zum entscheidenden Kriterium der Forschung werden.

Literatur:

Assion, Peter: Der soziale Gehalt aktueller Frömmigkeitsformen. Zur religiösen Volkskunde der Gegenwart. In: HessBll. f. Volks- und Kulturforschung 14/15 (1982/83), S. 5–17.

Bausinger, Hermann: Folklorismus in Europa. Eine Umfrage. In: ZfVkde 65 (1969), S. 1–55.

Bimmer, Andreas C. (Hrsg.): Hessentag: Ein Fest der Hessen? 1973.

Ders. u. Gruppe-Kelpanides, Heidemarie (Hrsg.): Feste in Hessen. 1978.

Brauch – Familie – Arbeitsleben. Festschrift für Ingeborg Weber-Kellermann. 1978.

Brauch und seine Rolle im Verhaltenscode sozialer Gruppen. Eine Bibliographie. 1973.

Brückner, Wolfgang: Die Verehrung des Heiligen Blutes in Walldürn. 1958.

Ders.: Bildnis und Brauch. 1966.

Ders.: Heimat und Demokratie. Gedanken zum politischen Folklorismus in Westdeutschland. In: ZfVkde 61 (1965), S. 205–213.

Dünninger, Dieter: Wegsperre und Lösung. Formen und Motive eines dörflichen Hochzeitsbrauches. Ein Beitrag zur rechtlich-volkskundlichen Brauchtumsforschung. 1967.

Dürkop, Gabriele: Die Karnevalvereine der Stadt Kassel. 1977.

Frankfurter Feste. Von Wem? Für Wen? (= Notizen 8) 1979.

Fasnacht. Beiträge des Tübinger Arbeitskreises für Fastnachtsforschung. (= Volksleben 6) 1964.

Hävernick, Walter: Gebräuchliches und Brauch. Ursachen der Ritualisierung in volkskundlicher Sicht. In: Beiträge zur Dt. Volks- u. Altertumskunde 13 (1969), S. 7–17.

Köhle-Hezinger, Christel: Evangelisch-Katholisch. 1976.

Köstlin, Konrad; Sievers, Kai-Detlev (Hrsg.): Das Recht der kleinen Leute. Festschrift für Karl-Sigismund Kramer. 1976.

Korff, Gottfried: Kultur. In: Grundzüge der Volkskunde. 1978, S. 17–80.

Kramer, Karl-Sigismund: Grundriß einer rechtlichen Volkskunde. 1974.

Ders.: Zur Erforschung der historischen Volkskultur. Prinzipielles und Methodisches. In: RhJbfVkde 19 (1968), S. 7–41.

Ders.: Archivalische Quellenforschung. In: ZfVkde 55 (1959), S. 91–98.

Masken zwischen Spiel und Ernst. Beiträge des Tübinger Arbeitskreises für Fastnachtsforschung. 1967.

Moser, Hans: Volksbräuche im geschichtlichen Wandel. 1985.

Ders.: Vom Folklorismus in unserer Zeit. In: ZfVkde 58 (1962), S. 177–209.

Ders.: Der Folklorismus als Forschungsproblem der Volkskunde. In: HessBllfVkde 55 (1964), S. 9–58.

Peesch, Reinhard: Das Berliner Kinderspiel der Gegenwart. 1957.

Scharfe, Martin: Zum Rügebrauch. In: HessBllfVkde 61 (1970), S. 45–68.

Schwedt, Herbert (Hrsg.): Analyse eines Stadtfestes: Die Mainzer Fastnacht. 1977.

Schwedt, Herbert; Schwedt, Elke: Schwäbische Bräuche 1984.

Sieber, Friedrich: Aspekte der Brauchforschung. In: Wiss. Annalen 5 (1956), H. 6, S. 497–503.

Ders.: Deutsch-westslawische Beziehungen in Frühlingsbräuchen. Todaustragen und Umgang mit dem Sommer. 1968.
Weber-Kellermann, Ingeborg u. *W. Stolle:* Volksleben in Hessen 1970. 1971.
Weber-Kellermann, Ingeborg: Erntebrauch in der ländlichen Arbeitswelt des 19. Jahrhunderts. 1965.
Dies.: Das Weihnachtsfest. 1978.
Dies.: Volksfeste in Deutschland. 1981.
Dies.: Die Sprache der Bräuche. In: ZfVkde 80 (1984), S. 23–28.
Dies. u. *Hofius, Annegret:* Kodewandel. Eine vergleichende Analyse der Weihnachtsbräuche 1880–1980. In: ZsfSemiotik 5 (1983), S. 49–61.
Dies.: Fest u. Alltag in der Sprache der Bräuche. 1985.
Wiegelmann, Günter: Alltags- und Festspeisen. Wandel und gegenwärtige Stellung. 1967.
Wolfram, Richard: Prinzipien der Brauchforschung. Wien 1972.

Familien- und Kinderforschung

Ein weiteres neues Forschungsgebiet, das sich erst im Zuge eines sozialwissenschaftlichen Fachverständnisses entwickeln konnte, war die Familienforschung. Daraus ging später die Befassung mit Kindern und den kulturellen Mustern der Sozialisation hervor, und wieder eine Entwicklungsstufe weiter entstanden die derzeit viel diskutierten Ansätze einer Frauenforschung innerhalb der Volkskunde.

Zwar hat schon W. H. Riehl 1854 mit seinem Buch »Die Familie« (vgl. S. 50f.) dieser Sozialgruppe zu wissenschaftlicher Relevanz verholfen, und später während der nationalsozialistischen Zeit knüpfte Horst Becker – allerdings in der Ideologie seiner Zeit – an diese Überlegungen an, aber zu einem anerkannten Gebiet der Volkskunde sollte die Familienforschung erst in den Jahren ab 1974 werden, denn Helmut Möllers Buch »Die kleinbürgerliche Familie im 18. Jahrhundert« (1969) hatte zunächst nur wenig weiterführende Wirkung. Erst mit Ingeborg Weber-Kellermanns Taschenbuch »Die deutsche Familie« (1974, Versuch einer Sozialgeschichte) wurde eine Folge zahlreicher Untersuchungen zur Familienforschung angeregt. Innerhalb des Faches konzentrierte sich vornehmlich im Marburger Institut ein Schwerpunkt zu diesen Forschungen mit einem Bild- und Textarchiv und Publikationen zur Familie (1976), zu Weihnachten (1978), zur Kindheit (1979), zur Kinderkleidung (1985), die den Rahmen eines volkskundlichen Familienverständnisses bildeten und den ganzen Bereich der kulturellen Äußerungen – normativ wie materiell – umfaßten und so deutlich machten, daß eine isolierte und begrenzte Betrachtung der Familie überhaupt nicht möglich sei. Mehrere Gebiete des alten Kanons wie Brauch, Spielzeug, Kleidung, Wohnen, Arbeit u.a.m. wurden als Zeichen entschlüsselt und so zur Erhellung der Familienstrukturen herangezogen.

Daraus ergab sich aber auch, daß Familienforschung nur als eine interdisziplinäre Aufgabe zu betreiben ist, wobei die Zusammenarbeit mit Sozialgeschichte, Erziehungswissenschaft und Soziologie im Vordergrund stand. Auch in diesen Disziplinen war weitgehend erkannt worden, daß nur über eine Kooperation mit mindestens der Sozialgeschichte und der Europäischen Ethnologie befriedigende Ergebnisse zu erreichen seien.

Familienforschung gedieh so zu einer der wenigen Gemeinschaftsaufgaben der sozialwissenschaftlichen Disziplinen, eine Chance, die innerhalb der Europäischen Ethnologie allerdings weitgehend nur in Marburg genutzt wurde.

Aus der Befassung mit Fragen der Familie als Sozialgruppe entwickelte sich als Arbeitsgebiet sehr bald die Kinderforschung, zum Teil auch angeregt durch Vorarbeiten in Skandinavien, wo man seit langem für die Erforschung dieser Probleme sehr aufgeschlossen ist. Einzelfragen der Kinderkultur wie Spielzeug, Spielen (Peesch), Lied u.ä. sind auch in der früheren kanonbestimmten Volkskunde erörtert worden. Die systematische Erforschung der kindlichen Lebensbedingungen im Rahmen der Erwachsenenwelt mit ihren Zwängen, aber auch Möglichkeiten konnte jedoch erst durch eine sozialwissenschaftliche Orientierung verwirklicht werden. Den Einstieg gaben Versuche, Spielzeug komplex (Produktion, Verbreitung, Konsumtion) zu betrachten, zunächst in Ausstellungen (Marburg 1973/74, Göttingen 1978/79), wobei Fragen der Rollenfixierung, Kinderarbeit u.a.m. im Vordergrund standen. Ingeborg Weber-Kellermann legte mit ihrem Buch »Die Kindheit. Kleidung und Wohnen, Arbeit und Spiel« (1979) eine Kulturgeschichte dieser Sozialgruppe vor, die dann wieder Ausgangspunkt für weitere Studien wurde, z.B. zum Kindergeburtstag (Falkenberg), zur Kinderkleidung und -mode, zum Wohnen (Hangen), sowie zu einem größeren Forschungsprojekt »Kulturelle Muster der Sozialisation«. Kinderkultur als Forschungsgegenstand der Volkskunde ist auch das Thema des Volkskundekongresses 1985 in Bremen und führt so auf breiter Ebene die Forscher zusammen.

Weniger aus der Familienforschung heraus, aber doch inhaltlich zusammenhängend, hat sich in den letzten Jahren ein Interesse an der Situation der Frauen auch innerhalb der Volkskunde ergeben. Mit dem Buch »Frauenleben im 19. Jahrhundert« (1983) steckte man in Marburg den kulturgeschichtlichen Rahmen ab. Auf dem Berliner Volkskundekongreß 1983 konstituierte sich eine Kommission »Frauenforschung«, die sich inzwischen auf einer ersten Tagung 1984 formiert hat. Hier geht es vor allem um Fragen der Rolle der Frau in der Wissenschaft, Selbstbild – Fremdbild, um die Herausarbeitung von Benachteiligungs- und Unterdrückungsstrategien der männlich dominierten Berufswelt u.a.m.

Im Vergleich zu anderen, jedoch zahlenmäßig größeren Disziplinen hinkt die Volkskunde auch auf diesem Gebiet der allgemeinen Entwicklung etwas hinterher. Dies ist angesichts eines größeren Teils weiblicher Studierender in diesem Fach (in Marburg 65:35) verwunderlich, sicher aber mit einem wesentlich kleineren Anteil von Frauen im volkskundlichen Wissenschaftsberuf zu erklären.

Literatur:

Bimmer, Andreas C.: Gegenwartsfamilie zwischen Gemeinde- und Brauchforschung. In: Europäische Ethnologie in der beruflichen Praxis. 1983, S. 126–135.

Ders. u. *Weber-Kellermann, Ingeborg* (Hrsg.): Sozialkultur der Familie. (= HessBllfVks- u. Kulturforschung 13) 1982.

Daun, Åke: Ethnological Research on Children. In: Ethnologia Scandinavica 1982, S. 42–52.

Falkenberg, Regine: Kindergeburtstag. Eine Brauchstudie über Kinder und ihr Fest. 1982; auch Katalog zu einer Sonderausstellung am Museum für Deutsche Volkskunde, Berlin 1984.

Hangen, Hedwig: To mien Kinnertied. Zum Wandel ländlicher Wohn- und Lebensbedingungen von Kindern im 20. Jh.1981.

Lipp, Carola: Frauenforschung in der Volkskunde. In: Tübinger Korrespondenzblatt 26 (1984), S. 1–16.

Möller, Helmut: Die kleinbürgerliche Familie im 18. Jh. 1969.

Regener, Susanne: Volkskundliche Spielzeugforschung. Ein Überblick. In: Beitr. z. Dt. Volks- und Altertumskunde 22 (1983), S. 17–34.

Weber-Kellermann, Ingeborg: Die deutsche Familie. 1974, ^{8}1984.

Dies.: Die Familie. 1976, ^{3}1984.

Dies.: Das Weihnachtsfest. 1978, ^{2}1985.

Dies.: Die Kindheit. 1979.

Dies.: Frauenleben im 19. Jh. 1983.

Dies.: Der Kinder neue Kleider. 1985.

Weber-Kellermann, Ingeborg u. *Bimmer, Andreas C.:* Familienforschung aus der Sicht der Europäischen Ethnologie. In: Universitas 38 (1983), S. 975–984.

Besonderen Aufschwung hat die volkskundliche Gemeinde- und Regionalforschung in den siebziger Jahren genommen. Die früheren Dorfmonographien, deren Zielrichtung und Untersuchungsgegenstand vornehmlich die »bäuerliche Lebensgemeinschaft« und deren traditionelle Lebensform im Sinne des Kanons waren, wurden zwar schon ab 1955 z.B. mit Bausingers »Neuen Siedlungen« oder Brepohls Ruhrgebiets-Untersuchungen konfrontiert, in denen eine naturgegebene Harmonie ländlichen Zusammenlebens angesichts der nach dem Zweiten Weltkrieg entstandenen Bevölkerungsmobilität keinen Raum mehr hatte. Dennoch waren Arbeiten in alter monographischer Ausrichtung weiterhin vorherrschend, bestärkt auch durch eine enge Anlehnung an die traditionelle Agrarsoziologie, die ihrerseits durch die Adaption der Methoden der rein quantitativen empirischen Sozialforschung statistische und nicht problembezogene Beweisführungen als maßgebendes Kriterium übernahm. Dies führte zu einer Schwerpunktverlagerung innerhalb der volkskundlichen Gemeindeforschung (W. Roth), zu standardisierten Fragebögen mit massivem Verlust an qualitativen Informationen.

Zwei Volkskundekongresse haben sich der Gemeindeforschung, bzw. dem damit eng zusammenhängenden Problem der Stadt-Land-Beziehungen gewidmet (Hamburg 1973 – Braunschweig 1977). Hierbei gewannen die richtungweisenden Studien der ungarischen Forscher Edith Fél und Támas Hofer über das Dorf Atany besonderen Einfluß auf die neueren Diskussionen. Fél und vor allem Hofer, der bei mehreren Amerika-Aufenthalten intensiven Kontakt zu amerikanischen Kulturanthropologen suchte, verstanden es in vorbildlicher Weise, deren Ansätze mit denen der ungarischen Forschungen zu verbinden, so daß geradezu eine Modell-Untersuchung entstanden ist, die nachhaltigen Einfluß auf alle weiteren Gemeindestudien hatte.

In der Folge wurden zahlreiche Untersuchungen im ländlichen Raum durchgeführt, die meist durch einen besonderen Forschungsschwerpunkt bestimmt waren, seltener in der Absicht einer Gesamtmonographie; hierzu zählen etwa die Arbeit von Herbert Schwedt (Kulturstile kleiner Gemeinden), Albrecht Lehmann (Leben in einem Arbeiterdorf), Max Matter (Wertsystem und Innovationsverhalten), Konrad Vanja (mit seiner Studie über Halsdorf) sowie die interethnischen Untersuchungen in Siebenbürgen und im rumänischen Banat von Ingeborg Weber-Kellermann und Annemie Schenk.

Eine wesentliche Neuorientierung im Sinne einer sehr komplex angelegten, mehrjährigen Untersuchung erfuhr die volkskundliche

Gemeindeforschung mit den Arbeiten von Utz Jeggle und seinen Tübinger Kollegen mit der sogenannten Kiebingen-Studie. Zweierlei ist als neuer Zugang zu betrachten: zum einen lebten Jeggle und seine Mitarbeiter für längere Zeit in diesem Ort, übernahmen auch Funktionen wie die des Lehrers, der Kindergärtnerin oder Mitgliedschaften in Vereinen, waren also als Forscher auch Teil der Forschung selbst, da sie über die traditionelle Beobachtung hinaus selbst in das Geschehen eingriffen. Besonders dieser Aspekt wurde in der Fachwelt sehr kontrovers diskutiert. Zum anderen hat Jeggle seine Arbeit sehr intensiv sozialhistorisch durchgeführt und damit den sozio-ökonomischen Zusammenhang entsprechend vertieft. Methodisch fanden hier die seit einigen Jahren immer bedeutender werdenden qualitativen Verfahren ersten Eingang.

Literatur:

Bausinger, Hermann; Braun, Markus; Schwedt, Herbert: Neue Siedlungen. 1959, ²1963.

Brepohl, Wilhelm: Industrievolk im Wandel von der agraren zur industriellen Daseinsform, dargestellt am Ruhrgebiet. 1957.

Fél, Edit; Hofer, Tamás: Proper Peasants. Chicago 1969; dies.: Bäuerliche Denkweise in Wirtschaft und Haushalt. 1972.

Jeggle, Utz: Kiebingen. Eine Heimatgeschichte. 1977.

Kaschuba, Wolfgang; Lipp, Carola: Dörfliches Überleben. 1982.

Kaufmann, Gerhard (Hrsg.): Stadt-Land-Beziehungen. Verhandlungen des 19. Deutschen Volkskundekongresses in Hamburg. 1975.

Lehmann, Albrecht: Leben in einem Arbeiterdorf. 1976.

Matter, Max: Wertsystem und Innovationsverhalten. 1975.

Schwedt, Herbert: Kulturstile kleiner Gemeinden. 1968.

Vanja, Konrad: Dörflicher Strukturwandel zwischen Übervölkerung und Auswanderung. 1978.

Wiegelmann, Günter (Hrsg.): Gemeinde im Wandel. Beiträge des 21. Deutschen Volkskundekongresses in Braunschweig. 1979.

Von der »Sprachinselforschung« zur Interethnik

Die Rückführung auf die Realitäten des Volkslebens tat einem für politischen Mißbrauch anfälligen Forschungsbereich in besonderem Maße not: der sogenannten »Sprachinselvolkskunde«, die sich nach dem Krieg in eine Volkskunde der Heimatvertriebenen verwandelte. Die große Zahl von Flüchtlingen, Vertriebenen und Umsiedlern bot ein reiches Untersuchungsfeld; ihre oft tragischen Schicksale und das Unrecht der Vertreibung schienen aber die Sicht auf das vorangegangene Unrecht während der Hitlerzeit zu verstellen, an dem auch die Volkskunde beteiligt gewesen war (vgl. Kap. XI). Diese Situation barg die Gefahr einer neuen Ideologisierung für das Fach in sich, die sich nicht zuletzt mit dem Begriff »Heimat« verband, einem immer wieder politisierten und affektanfälligen Begriff, der wissenschaftlicher Klärung bedarf. Entschließt man sich, »Heimat« nicht von der subjektiven Wunschwelt des romantischen Sammlers aus, sondern objektiv von der Bewußtseinsebene der untersuchten Gruppe her zu definieren, so zeigt sich ihr dynamischer Charakter als der einer Lebenssituation, in der sich der Mensch in weitgehend harmonisch angepaßter Übereinstimmung mit seiner Umwelt befindet.

Ausgehend vom Begriff des Heimwehs und der Nostalgie hat am nachdrücklichsten Ina-Maria Greverus (Frankfurt/M.) 1972 das Heimatphänomen theoretisch untersucht. Bei ihrem Versuch, die Korrelation zwischen der Umwelt und dem auf sie bezogenen menschlichen Verhalten darzulegen, bediente sie sich für den Humanbereich auch ethologisch-naturwissenschaftlicher Methoden. – Das Thema »Heimat« wurde seitdem vielfach neu durchleuchtet – so auch in einer Untersuchung von Wilfried von Bredow und Hans-Friedrich Foltin (Marburg) über die Renaissance des Heimatgefühls (1981).

Heimat als selbstempfundener Lebensraum einer Gruppe (Weber-Kellermann »Interethnik«, S. 137ff.) kann aber nur beschrieben werden, wenn man sich zu einer komplexen Untersuchung mehrsprachiger Kulturräume in ihrem gegenseitigen Geben und Nehmen versteht. Bahnbrechend auf diesem Gebiet war die Arbeit von Leopold Kretzenbacher (München) über die Luzienverehrung in Südosteuropa. Die Akkulturation und Verheimatung am neuen Wohnort wurde unter Bausingers Leitung von Tübingen aus untersucht; um eine Volkskunde der Donauschwaben aus interethnischer Sicht bemühte sich das Marburger Institut mit einer Studiengruppe, wobei sich auch »Ethnos« als dynamischer und dialektischer Prozeß versteht, erkennbar an der Diffusionsbereitschaft kultureller Elemente. Johannes Künzig (1897–1982) und Alfred Karasek-Langer (1902–1970) haben sich um die traditionelle Aufsammlung der Volksüberlieferungen bei den Umgesiedelten Verdienste erworben, und das »Institut für ostdeutsche Volkskunde« in Freiburg unter der Leitung von Waltraud Werner-Künzig entwickelte sich zu einem Forschungszentrum mit außerordentlich reichem, übersichtlich geordnetem Material.

In wissenschaftlicher Konsequenz hat die Marburger Studiengruppe durch Feldforschungen in Südosteuropa die Forderungen interethnischer Forschung erfüllt. Unterstützt von der Deutschen Forschungsgemeinschaft entstand als Ergebnis längerer Studienaufenthalte, zuerst im rumänischen Banat, eine Studie über Interethnik und sozialen Wandel in einem mehrsprachigen Dorf (1973). Weit systematischer verlief eine repräsentative, interethnisch vergleichende Untersuchung über Familie und Wohnen in einem gemischten siebenbürgischen Dorf (A. Schenk, 1984). Die vorausgegangene repräsentative Befragung im Untersuchungsdorf war ein Beispiel sachbezogener wissenschaftlicher Kooperation und vergleichender Forschung.

Eine wissenschaftsgeschichtliche und ideologiekritische Zusammenfassung der Problematik mit reicher Literaturerfassung liegt in dem Band »Zur Interethnik« vor.

Der Heimatbegriff wird gegenwärtig im Zusammenhang mit der Amerika-Auswanderung im 19. Jahrhundert auch von anderen Aspekten her beleuchtet (Assion).

Literatur:

Bausinger, Hermann; Köstlin, Konrad (Hrsg.): Heimat und Identität. Verhandlungen des Volkskundekongresses in Kiel. 1981.

Foltin, Hans-Friedrich; Bredow, Wilfried von: Zwiespältige Zufluchten. Zur Renaissance des Heimatgefühls. 1981.

Greverus, Ina-Maria: Der territoriale Mensch. 1972.

Dies.: Auf der Suche nach Heimat. 1979.

Kretzenbacher, Leopold: Santa Lucia und die Luzelfrau. Volksglaube und Hochreligion im Spannungsfeld Mittel- und Südosteuropas. 1959.

Schenk, Annemie: Familie und Wohnen in Stolzenburg. Eine Untersuchung bei Sachsen und Rumänien in einem siebenbürgischen Dorf. 1984.

Dies. u. *Weber-Kellermann, Ingeborg:* Interethnik und sozialer Wandel in einem mehrsprachigen Dorf des rumänischen Banats. 1973.

Weber-Kellermann, Ingeborg: Zur Interethnik. Donauschwaben, Siebenbürger Sachsen und ihre Nachbarn. 1978.

Volkskunstforschung

Seit Robert Wildhaber (1902–1982) 1968 in der Ranke-Festschrift eine neue Begriffsbestimmung der Volkskunst angeboten hatte, begann um diesen fragwürdigen Begriff eine lebhafte Diskussion, die die siebziger Jahre erfüllte. In den Kriegsjahren hatte bereits Wolfgang Schuchhardt (Murrhardt/Schwaben), der sich damals der theoretischen Volkskunstforschung am Berliner Museum widmete, in seiner (leider unveröffentlichten) Habilitationsschrift die Frage »Volksrealien oder Volkskunst?« gestellt, um damit von der Museumsseite her die Nähe von Sachforschung und Volkskunstforschung hervorzuheben.

Ein anderer bedeutender Museumsmann, Lenz Kriss-Rettenbeck (München), eröffnete 1972 die wissenschaftliche Diskussion mit der »dreisinnigen Frage«: Was ist Volkskunst? und zwar ihrem Wesen nach, dem Ausschnitt in den Museen entsprechend und von der Bewußtmachung des Gegenstandes her. Er stellte fest, daß es bis heute für die Volkskunst, die die Kunsthistoriker nur am Rande zur Kenntnis nehmen, keine verbindlichen Kategorien gebe und es vielleicht tatsächlich kein Definitionssystem für diesen Bereich geben könne, der sich weniger durch Wissen als durch ästhetische Bildung erkennbar mache. Er sprach also dem Volkskunstbegriff die wissenschaftliche Verwendbarkeit ab und meinte, er umfasse lediglich die ästhetischen Energien, Gebilde und Äußerungen einer regionalen »Umgebung«.

1974 antwortete Martin Scharfe (Tübingen) mit einer präzisen Bilanz auf Kriss-Rettenbecks Ausführungen, in denen er trotz funktionalistischer Versuche eine ahistorische Grundhaltung feststellte. Er griff auf Adolf Spamers vorausblickenden Aufsatz von 1928 (Oberdt. Zs. f. Vkde 2, 1928, S. 1ff.) zurück, der bereits damals vom »Kunstgut des Volkes« sprach, das man vom »Verbraucherstandpunkt« aus betrachten müsse. Auf dieser Basis hätten Friedrich Sieber (1893–1973), Bernward Deneke (Nürnberg) und auch Elke und Herbert Schwedt (Mainz) aufgebaut, wobei Elke Schwedt dem Thema die Kommunikations-, Konsumtions- und Kreativitätsforschung zugesellte. Scharfe möchte im Anschluß an Spamer den Volkskunstbegriff gänzlich aufgeben, denn »da, wo es kein Volk wie ehedem mehr gibt, kann auch keine Volkskunst mehr sein« (S. 220). Dazu genüge jedoch nicht Kriss-Rettenbecks Abgrenzung gegenüber der Stilkunst, sondern es müsse eine neue Ästhetik gefunden werden, die das andere, aber in sich logische Denksystem der »Volkskunst«-produzenten und -konsumenten erfasse. Er legte damit den Akzent auf das gesellschaftliche Vermitteltsein der Gegenstände und eröffnete so auch für die Museen neue Ausstellungsperspektiven. Die Gegenstände der sogenannten Volkskunst sind also in den Augen der modernen Wissenschaft Zeichen, verschlüsselte Aussagen, die der Dekodierung bedürfen.

Nur wenige Museen haben das bisher verstanden und sind um eine entsprechende Ausstellungspraxis bemüht. Doch wächst das Verständnis für derartige Zusammenhänge: Rüsselsheim mit seiner Arbeitergeschichte, Detmold mit seiner Darstellung bäuerlicher und handwerklicher Arbeit, Berlin mit Ausstellungen wie »Dienstbare Geister« und »Kindergeburtstag«, Kiel mit seiner Ausstellung über »Weihnachten in Kiel« u.a.m.

Wichtig auf dem Wege der gesellschaftlichen Vermittlung ist die – wenn auch sehr zögernde – Entwicklung einer Museumspädagogik (D. Kramer, A. Kuntz, G. Sievers), ein wichtiger Berufszweig für die Europäische Ethnologie. Dem zunehmenden Interesse der Studenten entsprechen spezielle Ausbildungsgänge wie in Tübingen und in Marburg, wo Martin Scharfe und Ingeborg Weber-Kellermann in den siebziger und achtziger Jahren regelmäßig mit den Studenten Lernausstellungen vorbereiteten und veranstalteten.

Aber all diese Aktivitäten bewegen sich bereits auf dem Gebiet funktionaler Vermittlung gesellschaftlicher Sachverhalte. »Volkskunst« als Aufreihung »schöner« Gegenstände spielt dabei keine Rolle mehr. Die Namensfrage hat Nils-Arvid Bringéus (Lund) mit seinem Buch über »Bildlore« (1981) höchst elegant gelöst (vom Callwey-Verlag etwas unglücklich als »volkstümliche Bilderkunde« übersetzt – 1982, besser wäre »Bildbotschaften«). Ohne langatmige theoretische Auseinandersetzungen, aber mit der Interpretation eines reichen Bildmaterials, deutet er die Stoffe als Bildbotschaften auf sozialem Hintergrund. Nach diesem Buch brauchen wir über »Volkskunst« nicht mehr zu diskutieren.

Literatur:

Bringéus, Nils-Arvid: Volkstümliche Bilderkunde. 1982.

Brückner, Wolfgang: Expression und Formel in der Massenkunst. Zum Problem des Umformens in der Volkskunsttheorie. In: Anz. d. Germ. Nationalmuseums 1968, S. 122–139.

Ders.: Populäre Druckgraphik Europas: Deutschland vom 15. bis zum 20. Jh. 1975.

Ders.: Elfenreigen, Hochzeitstraum. Die Öldruckfabrikation 1880–1940. 1974.

Deneke, Bernward: Die Entdeckung der Volkskunst für das Kunstgewerbe. In: ZfVkde 60 (1964), S. 168–201.

Kramer, Dieter: Volksbildung in der Industriegemeinde. 1973.

Kriss-Rettenbeck, Lenz: Was ist Volkskunst? In: ZfVkde 68 (1972), S. 1–19.

Mohrmann, Ute: Engagierte Freizeitkunst. 1983.

Peesch, Reinhard: Volkskunst. 1978.

Ders.: Ornamentik der Volkskunst. 1981.

Scharfe, Martin: Die Volkskunst und ihre Metamorphose. In: ZfVkde 70 (1974), S. 215–245.

Schwedt, Elke: Volkskunst und Kunstgewerbe. 1970.

Schwedt, Herbert: Zur Geschichte des Problems »Volkskunst«. In: ZfVkde 65 (1969), S. 169–182.

Sieber, Friedrich: Begriff und Wesen der Volkskunst in der Volkskunstforschung. In: Wissenschaftliche Annalen 4 (1953), H. 1, S. 22–33.

Sievers, Gudrun: Bauernstuben im Museum und historische Wirklichkeit. 1979.

Wildhaber, Robert: Zur Begriffsbestimmung der Volkskunst. In: Festschrift für Kurt Ranke. 1968, S. 473–478.

Museum

Die volkskundlich-kulturgeschichtliche Museumslandschaft fand nach dem Zweiten Weltkrieg eine immense Ausweitung. In den wirtschaftlich prosperierenden sechziger und frühen siebziger Jahren wurden zahlreiche neue Museen (orts- oder regionalbezogen) gegründet, oder in bereits bestehenden wurden die bisherigen – oft von interessierten Heimatforschern – ehrenamtlich geleiteten Museen mit hauptamtlichen Leitern besetzt. Im Zuge eines sich aufbauenden museumswissenschaftlichen Bewußtseins – das sich aus der allgemeinen sozio-pädagogischen Aufbruchstimmung im Bildungswesen herleitete – hatten Bewerber mit volkskundlich-kulturgeschichtlicher Ausbildung, wie sie durch die aktive Mitarbeit an verschiedenen speziellen Ausstellungsprojekten angeboten wurde) in diesen neuen Museen gute Berufschancen, die sogar die Absolventen der traditionellen Museumsdisziplin Kunstgeschichte teilweise überrundeten. Wesentliches Moment dieser Ausbildung war die sozialwissenschaftlich-kulturgeschichtliche Herangehensweise: nicht die Gegenstände an sich und isoliert betrachtet standen im Zentrum des Interesses, sondern die Gegenstände in ihrem sozioökonomischen Kontext und im Bezug zu den Funktionen in dem sie umgebenden Normsystem.

Der Einzug der Kontextbetrachtung in die Museen, wie sie auch von anderen musealen Disziplinen verfolgt wurde, – etwa im viel diskutierten Historischen Museum in Frankfurt a. M. – führte zeitweise zu sehr scharfen Diskussionen aus zwei Lagern. Hierbei ging es um das Verhältnis von sozio-ökonomischem Kontext, erklärendem Text und illustrierenden Bildern. Die Zeugnisse dieser Debatten sind in den Tagungsprotokollen der Arbeitsgemeinschaft Kulturgeschichtliche Museen der DGV Frankfurt 1973 und München 1975 nachzulesen.

Nach einigen Jahren, vor allem seit die ersten Absolventen einer neuen musealen Ausbildung in die Museen eintraten und ihre Ideen mehr und mehr umsetzen konnten, ebbte die Vehemenz, aber auch die feindselige Konfrontation ab, und die Praxis entschärfte manch theoretische Forderung, z.B. zu einem vertretbaren Bezug von Exponat, Bild und Text.

In der 2. Auflage des Berufsleitfadens Volkskunde (1984) konnte A. Lühning (Schleswig) schon feststellen, daß an den meisten Universitäts-Instituten die (mehr oder minder intensive) Ausbildung und Vorbereitung für die spätere Arbeit im Museum zum festen Lehrplan gehört, – ebenso während der Semesterferien die Ableistung eines Praktikums im Museum.

Eine besonders herausragende Stellung unter den volkskundlich orientierten Museen nehmen seit einigen Jahren die Freilichtmuseen ein. Zum einen liegen sie in der Gunst des Publikums weit vorn, zum anderen entwickeln sie sich mehr und mehr zu volkskundlichen Landesmuseen, die neben den wieder errichteten Häusern und ihrem Inventar auch die übrigen Bereiche der Volkskunde sammeln und ausstellen. Die große Popularität der Freilichtmuseen birgt aber auch deutliche Gefahren der Vereinnahmung durch Brauchtümelei und Folklorisierung in sich, gepaart mit Kommerz und Landvolkideologie. Das Konzept des »lebenden Museums« etwa mit Volkstanz, Brotbacken und anderen ›volkstümlichen‹ Aktivitäten sei hier stellvertretend genannt.

Literatur:
Kuntz, Andreas: Das Museum als Volksbildungsstätte. 1976.
Museumsarbeit. Hrsg. v. A. C. Bimmer; H. Burmeister, D. Kramer. (= HessBllfVk. u. Kulturforschung 10) 1980.
Museumsdidaktik und Dokumentationspraxis. Hrsg. v. Ingolf Bauer u. Nina Gockerell. 1976.
Museen in der Provinz. Strukturen – Probleme – Tendenzen – Chancen. Hrsg. v. Martin Scharfe. 1982.
Volkskunde im Museum. Hrsg. v. W. Brückner, B. Deneke. 1976.
Zippelius, Adelhart: Handbuch der europäischen Freilichtmuseen. 1974.

Medien- und Kommunikationsforschung

Im Zuge der Entwicklung und des Ausbaus der modernen Massenkommunikationsmittel wie Presse, Illustrierte, Rundfunk, Fernsehen und Film sah sich die Volkskunde zunehmend vor die Aufgabe gestellt, hierzu Stellung zu nehmen und deren Auswirkungen auf die Volkskultur zu untersuchen. Zunächst wurden Kino, Rundfunk und später erst recht das Fernsehen, aber auch Groschenhefte und die Massenpresse als Bedrohung des traditionellen Volkslebens angesehen. Die gemeinsamen feierabendlichen Vergnügungen wie Singen, Erzählen oder die Ausübung örtlicher Bräuche würden dadurch zum Aussterben verurteilt.

Daneben war aber auch die kulturelle Bedeutung der Massenkommunikation sehr umstritten, da der Kulturbegriff der Volkskunde Traditionsgebundenheit ihrer Gegenstände voraussetzte, und somit ›kurzlebige‹ Erscheinungen, die nicht in der Gemeinschaft ›gewachsen‹ waren, nicht als untersuchenswert ansah. Erst ein veränderter, weil erweiterter Kulturbegriff, der alle gruppengebundene Aktivität einschließt, ermöglichte die Ausdehnung des volkskundlichen Aufgabenbereichs auf die Massenmedien und ihre Wirkungen. Auch hierbei waren wieder die Einflüsse der Sozialwissenschaften, die sich unbefangener mit dem Kommunikationsbegriff interdisziplinär auseinandersetzten, Motor für die interne Fachdiskussion. Für die Volkskunde bot sich eine Differenzierung des Kommunikationsmodells an, die eine Übernahme auch auf andere Bereiche wie die Brauchforschung ermöglichte. Hierbei wurden direkte Kommunikation und Massenkommunikation unterschieden, eine Thematik, unter der der 20. Volkskundekongreß 1975 in Weingarten stand.

Aber auch von anderen Fachtraditionen kamen Impulse zur Auseinandersetzung mit den Medien. In der Folge der philologischen, der Germanistik verbundenen Forschung stand man angesichts des vermeintlichen Zurückweichens oraler Überlieferungen sowie des Vordringens der Massenlesestoffe, die aufgrund vereinfachter und vor allem verbilligter Druckverfahren immer mehr an Bedeutung gewannen, ebenfalls vor der Aufgabe einer Auseinandersetzung. Die Funktion dieser Produkte, den Transfer von Wert- und Normsystemen zu übernehmen, verlagerte sich zunehmend in das Zentrum des volkskundlichen Interesses. Hier sind besonders die Schulen von Freiburg und Tübingen zu nennen, die als erste über die Interpretation mit traditionellen philologischen Methoden hinaus diese Prozesse analysierten.

Dazu zählen z.B. Lutz Röhrich: Der Witz (1977); aus der Tübinger Institutsreihe »Volksleben« die Bände mit Titeln wie »Volkslied – Schlager – Evergreen« (Hermann Fischer), »Das Wildwest-Romanheft« (J. U. Davids), oder die »Kriegsromanhefte in der BRD« (K. F. Geiger). Aus den Marburger Studien zur vergleichenden Ethnosoziologie: D. Eicke zum Backfischlesestoff und Ch. Oberfeld's Untersuchungen zum Jugendbuch.

In der Folgezeit gewann die Auseinandersetzung mit dem Fernsehen in der Forschung immer größere Bedeutung, etwa in einem Tübinger Projekt zum Kinderfernsehen oder in der Studie von Hans-Friedrich Foltin und Gerd Würzberg (Marburg) zur »Arbeitswelt im Fernsehen«. Für die Ausbildung der Studenten erwies sich die Befassung mit den Medien als ein wichtiger Bereich, aus dem heraus sich spätere Berufsmöglichkeiten ergeben. Von daher wird sich die Medien- und Kommunikationsforschung in der Volkskunde noch verstärken.

Eine besondere Entwicklung nahm der wissenschaftliche Film in der Volkskunde. Im wesentlichen wurden am Institut für den wissenschaftlichen Film in Göttingen, im Amt für rheinische Landeskunde Bonn sowie am Institut für Europäische Ethnologie der Universität Marburg – hier in enger Kooperation mit dem Hessischen Rundfunk Frankfurt/M. – ethnologische Filme produziert. Im Rahmen der Göttinger Filmarbeit haben zahlreiche Volkskundler – als wissenschaftliche Berater – an Filmen mitgewirkt. Das Konzept des Göttinger Instituts zielt auf pure positivistische Dokumentation ab, – seit kurzem mit der Original-Tonkulisse (etwa dem Stimmengewirr und der Musik bei Brauchaufführungen). Erläuterungen werden mit einem Beiheft vermittelt. Auf diese Weise entstand eine lange Reihe volkskundlicher Bestandsaufnahmen mit dem Charakter einer Filmkartei.

Anders hat sich das Marburger Konzept mit der Prämisse entwickelt, über die eigentliche Dokumentation, also das filmische Sammeln von Fakten, hinaus zu einer eigenen Interpretation des dargebotenen Materials zu gelangen und damit zur Einordnung in die jeweiligen funktionalen Zusammenhänge zu kommen. In Zusammenarbeit mit dem Hessischen Rundfunk und vorwiegend mit dem Regisseur Harald Schäfer, Marburger Promovent, konnte Ingeborg Weber-Kellermann 42 ethnologische Fernsehfilme erarbeiten.

Literatur:

Direkte Kommunikation und Massenkommunikation. Vhdl. des Volkskundekongresses in Weingarten, Hrsg. Elfriede Moser-Rath und Hermann Bausinger. 1976.

Foltin, Hans-Friedrich; Würzberg Gerd: Arbeitswelt im Fernsehen. 1975.

Oberfeld, Charlotte; Lingelbach, Karl Christoph (Hrsg.): Das Jugendbuch als Medium literarischer Kommunikation. 1974.

Eicke, Dagmar-Renate: »Teenager« zu Kaisers Zeiten. Die höhere Tochter in Gesellschafts-, Anstands- und Mädchenbüchern zwischen 1860 und 1900. 1980.

Grunsky-Peper, Konrad: Deutsche Volkskunde im Film. Gesellschaftliche Leitbilder im Unterrichtsfilm des Dritten Reichs. 1978.

Röhrich, Lutz: Der Witz. Figuren – Formen – Funktionen. 1977.

Schäfer, Harald: Dokumentation und Interpretation. In: Brauch – Familie – Arbeitsleben. 1978, S. 210–221.

Schenda, Rudolf: Volk ohne Buch. Studien zur Sozialgeschichte der populären Lesestoffe 1770–1910. [2]1977.

Industriegesellschaft

»Eine Volkskunde der bürgerlichen Welt und Zeit (müsse) nicht nur deswegen anders aussehen, [...] weil die bürgerliche sich von der bäuerlichen in sehr vielen Erscheinungen unterscheidet, [...] sondern deshalb, weil sie ganz andere ›Aussagen‹ beinhaltet. Weil der sie tragende Gedanke ein anderer als derjenige, der die bäuerliche Welt trägt, ist, und die von ihm verursachte oder getriebene Aussage drum auch eine andere ist. [...]« (Peuckert, Will-Erich: Die kleinbürgerliche Welt im Schundroman. In: Soziale Welt 9 [1958], S. 282.)

Das waren neue Gedanken in der Nachkriegsvolkskunde. Auf gleichem Gebiet liegt eine Reihe von Bemühungen, die die deutsche Volkskundeforschung deutlich kennzeichnet und die sich in der Erkenntnis traf, daß nur eine nüchtern realistische Einschätzung der volkskundlichen Untersuchungsgegenstände wissenschaftlich brauchbare Ergebnisse bringen kann. Befreiend wirkte die Entromantisierung der Volkskunde durch die Habilitationsschrift von Hermann Bausinger (Tübingen) »Volkskultur in der technischen Welt«, in der er die »Natürlichkeit« des Technischen und seine Rolle im Weltbild des einfachen Menschen zeichnet. Endlich war der Bann gebrochen, unter dem sich die volkskundlichen Interpretationen stets nur im Umkreis agrarischer Kulturgedanken bewegt hatten, und neue große Untersuchungen ordneten die Erscheinungen des Volkslebens in jenes reale funktionale Bezugssystem, das ihnen zukommt. Karl-Sigismund Kramer (Kiel) konnte aufgrund reicher archivalischer Studien ganz neue Aufschlüsse für die Lebenswelt des Handwerks geben.

Mit den Problemen der Industrialisierung, ihrem Einfluß auf das Volksleben und den daraus folgenden Veränderungen der dörflichen Lebensformen hat sich in vielbeachteten Studien Richard Braun (Zürich) auseinandergesetzt. Bereits 1957 hat der Soziologe und Volkskundler Wilhelm Brepohl (1893–1975) seine Studien über die Industriebevölkerung im Ruhrgebiet vorgelegt und damit erste Impulse zu einer Beschäftigung mit industriellen Lebensbedingungen gegeben. Innerhalb der Volkskunde wurde Brepohl zwar immer wieder zitiert, aber in seiner Nachfolge sind keine wesentlichen Arbeiten entstanden. Inzwischen sind seine Untersuchungen im Rahmen industrie-soziologischer Wissenschaftsgeschichte kritisch aufgearbeitet worden.

Im Rahmen der Volkskunde des Bergbaus und des Montanwesens legte Gerhard Heilfurth als Synopse seiner bisherigen Einzelstudien die Kulturgeschichte des Bergbaus (1981) vor.

In den letzten Jahren verengte sich die volkskundliche Betrachtung der Industriegesellschaft auf die Probleme der Arbeiterkultur. Während des Kieler Volkskundekongresses 1979 gründete sich im Rahmen der DGV die Kommission für Arbeiterkulturforschung, die inzwischen erste Tagungen veranstaltet hat (Wien 1981; Hamburg

1983; Marburg 1985). Zunächst ist dieser Kreis wohl als ein Forum für die Diskussion und Zusammenfassung laufender Arbeiten aufzufassen. Von Anfang an – und das bleibt hervorzuheben – galt die interdisziplinäre Zusammenarbeit vornehmlich mit der Sozialgeschichte als selbstverständlich, und auch die musealen Projekte und Aktivitäten zur Arbeiterkultur wurden mit einbezogen (Rüsselsheim, Hamburger Museum der Arbeit u. a. m.), so daß eine hinderliche Trennung von Hochschulforschung und Museumspraxis, wie sie in anderen Bereichen der Volkskunde anzutreffen war, ausgeschlossen bleibt.

Die Themen der bisherigen Tagungen waren sehr vielfältig und heterogen, so daß sich noch keine Schwerpunkte in der Arbeiterkulturforschung abzeichnen. Sehr vielversprechend scheinen sich aber die empirischen Zugangswege zu entwickeln, für die aus der englischen Sozialgeschichtsforschung oral history, biographische Methoden und andere qualitative Verfahren übernommen worden sind. Damit findet die volkskundliche Forschung ohne sonst üblichen Verzug Anschluß an die modernen Erhebungsverfahren der allgemeinen Sozialwissenschaften.

Literatur:

Bausinger, Hermann: Volkskultur in der technischen Welt. 1961.

Brepohl, Wilhelm: Industrievolk im Wandel von der agraren zur industriellen Daseinsform, dargestellt am Ruhrgebiet. 1957.

Braun, Rudolf: Industrialisierung und Volksleben. Erlenbach – Zürich 1960.

Ders.: Sozialer und Kultureller Wandel in einem ländlichen Industriegebiet im 19. und 20. Jahrhundert. Erlenbach – Zürich 1965.

Fielhauer, Helmut; Bockhorn, Olaf (Hrsg.): Die andere Kultur. Volkskunde, Sozialwissenschaften und Arbeiterkultur. Ein Tagungsbericht. Wien 1982.

Heilfurth, Gerhard: Der Bergbau und seine Kultur. 1981.

Ders.: Bergbaukultur in Südtirol. 1984.

Lehmann, Albrecht (Hrsg.): Studien zur Arbeiterkultur. 1984.

Weyer, Johannes: Die Forschungsstelle für das Volkstum im Ruhrgebiet (1935–1941) –. Ein Beispiel für Soziologie im Faschismus. In: Soziale Welt 35 (1984), S. 124–145.

Volkskunde in der DDR

Adolf Spamers 1938 durch die Nationalsozialisten verhinderte Aufnahme in die ›Preußische Akademie der Wissenschaften zu Berlin‹ wurde 1946 in ehrenvoller Weise nachgeholt. Ihm wurde die Leitung der neugegründeten »Akademie-Kommission für Volkskunde« übertragen. Noch einmal ging er daran, den alten Traum von einem großen zentralen Volkskunde-Institut zu verwirklichen und stellte ihm »die Beobachtung des Volkslebens aufgrund einer permanenten Statistik« als Aufgabe. Unerläßliche Grundlage sollte die volkskundliche Exzerptierung der archivalischen Bestände sein (was systematisch nur in Bayern durch Moser und Kramer bewältigt worden ist). Zu einem großangelegten organisatorischen Ausbau des Institutes aber reichten Spamers geschwächte Kräfte nicht mehr aus, und so übergab er die Leitung 1951 an Wolfgang Steinitz (1905–1967), der von der Philologie und vergleichenden Sprachwissenschaft herkam und das Institut zu einer bedeutenden Arbeitsstätte im gesamtdeutschen Rahmen emporführte. Die nunmehr fast 50 Bände umfassende Veröffentlichungsreihe des Instituts enthält namhafte Untersuchungen zu vielen Gebieten der Volkskultur und zeugt von der reichen wissenschaftlichen Förderung, die das Fach durch Steinitz erfuhr. 1953 gewann er Wilhelm Fraenger (1890–1964) als anregenden und produktiven Mitarbeiter.

Steinitz war überzeugter und geschulter Marxist, und die »Steinitzschule« bestand in der Koordinierung der Volkskultur mit ihrem sozialökonomischen Hintergrund und brachte in dieser Richtung gute Ergebnisse, die aufmerken ließen. Steinitz selbst veröffentlichte in zwei Bänden seine »Volkslieder demokratischen Charakters«, mit denen er in philologischer Akribie jene Saiten der Volksliedüberlieferung zum Klingen bringen wollte, die von der bürgerlichen Wissenschaft vernachlässigt und unterdrückt worden waren. Die Berechtigung solchen Anliegens und der wissenschaftliche Wert des Werkes fanden Anerkennung.

Problematischer ist die Beurteilung der Grundsatzerörterungen, die von Steinitz und seinem Kreis um die Frage nach dem wissenschaftlichen Gegenstand der Volkskunde geführt wurden. In kritischer Auseinandersetzung mit dem »Psychologismus« eines Spamer und Weiss forderte Steinitz eine gesellschaftliche Definition des volkskundlichen Forschungsgegenstandes und führte aus: »Nach marxistischer Auffassung beschäftigt sich also die deutsche Volkskunde mit der Erforschung des werktätigen deutschen Volkes in seiner materiellen und geistigen Kultur, wobei die sehr verschiedenartigen Erscheinungsformen dieser Kultur im allseitigen Zusammenhang, in ihrer geistigen Bedingtheit und in ihrer historischen Entwicklung betrachtet werden müssen und insbesondere der Beitrag der Werktätigen zur deutschen Nationalkultur zu erforschen ist« (»Volkskundliche Arbeit«, S. 42/43). Der gesellschaftliche Auftrag der Volkskunde ging dahin, den Werktätigen das »Wiedererkennen ihrer eigenen, unter dem Kapitalismus verschütteten Traditionen« zu bescheren (ebda., S. 47). Und folgerichtig standen die Arbeiterkultur in Lied und Sage und die oppositionellen Zeugnisse unterdrückten leibeigenen Bauerntums in der vordersten Linie des Forschungsprogrammes.

Eines ist vorab zu betonen: Es gelang Steinitz, der Volkskunde in der DDR ihren komplexen Charakter im Hinblick auf die Gesamtheit der Volkstraditionen zu bewahren und ihr eine Aufteilung in Folkloristik einerseits (d.h. mündliche Volksüberlieferungen) und Ethnographie andererseits (d.h. sogenannte materielle Kulturerzeugnisse), wie sie in den Ländern Osteuropas ganz allgemein üblich ist, zu ersparen. Mit seiner Teilung der »Nationalkulturen« in eine werktätige, d.h. demokratisch-sozialistische, und eine bürgerlich-kapitalistische, folgte er weitgehend Lenin und den sowjetischen Fachkollegen (Lenin, S. 209, und Tokarew, S. 15). Doch begab er sich mit einer solchen scharfen Trennlinie bedenklich in die Nähe einer nunmehr ideologisch verbrämten Zweischichtentheorie, die eine differenzierende Forschung wenig fördern konnte. Denn die Teilung der Gesellschaft in »Herr und Knecht« erweckt in dieser Form den Anschein eines statischen Antagonismus zwischen zwei Schichten. Tatsächlich aber beinhaltet sie eine dialektische Auseinandersetzung mit Herrschafts- und Überlegenheitssituationen, die den verschiedensten sozialkulturellen Ausdruck finden kann, angefangen vom kritischen Kindervers über den Rügecharakter von Fastnachts- und Erntebräuchen als Ventilsitten in Konfliktlagen bis hin zum oppositionellen Soldatenlied.

Das Kriterium der Werktätigkeit reicht jedenfalls zur Definition einer volkskundlich zu untersuchenden gesellschaftlichen Gruppe kaum aus. Die Determinanten für die Kulturdimensionen Raum, Zeit und soziale Gruppierung müssen jeweils bedeutend hinzutreten und innerhalb dieser die Interessendominanten für die zu untersuchende Gesellung.

Ende der sechziger Jahre stand auch die DDR-Volkskunde vor der Frage, sich in den Bereich der Geschichts- oder der Gesellschaftswissenschaften einzuordnen. Eine Namensdebatte im Zusammenhang mit dem Volksbegriff hat es in der DDR allerdings nicht gegeben. Anders als in der Bundesrepublik, wo dieses Problem von Hochschule zu Hochschule unterschiedlich gelöst wurde, entschieden sich nach Steinitz' Tod die Fachvertreter für die Zuordnung zu den Geschichtswissenschaften und wählten die Fachbezeichnung Volkskunde/Kulturgeschichte. So wurde auch das ›Jahrbuch‹ in seiner NF ab 1973 umbenannt. Dies galt für das Akademie-Institut wie für die einzige universitäre Vertretung an der Humboldt-Universität in Berlin. Dort wurde von Paul Nedo, dem sorbischen Ethnologen (1908–1983), Wolfgang Jacobeit und Ute Mohrmann 1966 ein Diplom-Fernstudiengang Ethnographie errichtet, der seither landesweit eine bestimmte Anzahl von Studenten ausbildet und das Konzept »Kultur und Lebensweise des Proletariats« vermittelt, wobei auch die Gegenwart in der DDR seit den 50er Jahren eingeschlossen wird.

Die Arbeit am Akademie-Institut war zunächst entscheidend durch das große, interdisziplinär angelegte Magdeburger-Börde-Projekt geprägt, das von Mitte der sechziger Jahre bis 1983 lief und u.a. die Dissertationen von Hans Jürgen Rach: Bauernhaus, Landarbeiterkaten und Schnitterkaserne, sowie von Hainer Plaul: Landarbeiterleben im 19. Jahrhundert erbrachte (am letzteren werden allerdings auch die Mängel zu geringer Rezeption westlicher Fachliteratur deutlich). Ziel des Börde-Projektes war es, die »Veränderung der Lebensweise der einheimischen Landarbeiter in den Dörfern der Magdeburger Börde« in der kapitalistischen Zeit herauszuarbeiten.

Das Berliner Akademieinstitut wird von Hermann Strobach geleitet, der neben Grundsätzlichem zur Stellung der DDR-Volkskunde hauptsächlich in der Lied- und Erzählforschung arbeitet. Mohrmann und Jacobeit, der auch länger dem Museum für Deutsche Volkskunde in Berlin vorstand, haben von der Humboldt-Universität aus Arbeiten zu Gegenwartsproblemen der Lebensweise in der DDR angeregt. Themen wie Hochzeitsbrauchtum, Familie, Wohnen u.a.m., häufig in leider nicht zugänglichen Diplomarbeiten, zum Teil in Ausstellungsprojekten (Mohrmann: Hochzeiten in Berlin) sowie in der inzwischen eingestellten Zeitschrift Kultur und Lebensweise (1978ff.) wurden dort behandelt. Im Zusammenhang mit dem umfangreichen Werk des Wirtschaftshistorikers Jürgen Kuczynski erhielt das Thema Alltagskultur zunehmende Bedeutung.

Das Institut für sorbische Volkskunde, durch Nowotny und Nedo 1955/56 gegründet, ist der Erforschung der Lebensweise der sorbischen Minderheit gewidmet. Ergebnisse werden in der volkskundlichen Reihe der Zeitschrift »Lětopis« publiziert, besonders interessant durch ein verstärktes Engagement für die Familienforschung (Siegfried Musiat) sowie für regionale Trachten.

Zu erwähnen bleiben noch die Außenstellen des Akademieinstitutes in Rostock (Wossidlo-Forschungsstelle: Baumgarten, Bentzien u.a.) in Dresden (Friedrich Sieber, 1893–1973, und Rudolf Weinhold) und die Arbeit an der von Fraenger gegründeten und von Rudolf Weinhold weitergeführten Bibliographie »Demos«, die das volkskundliche Schrifttum der sozialistischen Länder in der Form von abstracts dokumentiert.

Es ist sicher an der Zeit, daß die DDR-Volkskunde die Entwicklung seit 1945 institutionell wie inhaltlich, einschließlich der unterschiedlichen Positionen, aus eigener Sicht aufarbeitet und auch bewertet. Von außen kann dies nur bruchstückhaft und in großen Zügen erfolgen.

Literatur:

Jacobeit, Wolfgang: Die Volkskunde – eine eigenständige Disziplin. In: Zs. f. Geschichtswissenschaft XVII (1974), S. 443–447.

Ders.: Wege und Ziele der Volkskunde in der DDR. In: Blätter für Heimatgeschichte. 1985.

Ders.: u. Nedo, Paul (Hrsg.): Probleme und Methoden volkskundlicher Gegenwartsforschung. 1967.

Kuczynski, Jürgen: Geschichte des Alltags des Deutschen Volkes. 5 Bde. 1980ff.

Plaul, Hainer: Landarbeiterleben im 19. Jh. 1979.

Rach, Hans Jürgen: Bauernhaus, Landarbeiterkaten und Schnitterkaserne. 1974.

Steinitz, Wolfgang: Die volkskundliche Arbeit in der DDR. 1955.

Weißel, B.; Strobach, H.; Jacobeit, W. u.a. (Hrsg.): Zur Geschichte der Kultur und Lebensweise der werktätigen Klassen und Schichten des deutschen Volkes vom 11. Jh. bis 1945. Ein Abriß. 1972.

Ausblick

Die oralen Traditionen, der Volkskunde ältester und besterforschter Untersuchungsbereich, fanden, basierend auf umfangreichen Stoffsammlungen, eine verhältnismäßig problemlose Weiterbearbeitung im Rahmen der vergleichenden Methodik. In Göttingen hatte Kurt Ranke (1908–1985) das internationale Unternehmen der Märchenenzyklopädie organisiert, das inzwischen durch informationsreiche Stichwortpublikationen und mit seiner Zeitschrift »Fabula« den neuesten Stand der deutschen Erzählforschung repräsentiert (Bausinger). In Freiburg befaßt sich Lutz Röhrich mit dem ›Handwörterbuch der Sage‹; Marburg beherbergt das ›Zentralarchiv der deutschen Volkserzählung‹ mit 70000 Belegen. Das ›Deutsche Volksliedarchiv‹ in Freiburg mit seinen mehr als 300000 Liedern setzt die Herausgabe des Balladenwerkes fort. Forschungsgeschichte und -bereiche von Märchen, Sage, Legende, Schwank, Fabel, Witz, Rätsel, Fastnachtsspiel, Volkslied usw. finden ihre ausführliche Darstellung in den betreffenden Spezialbänden der Sammlung Metzler.

Überall fordern die Stoffe gebieterisch ihr Recht. Adolf Spamers Sammlung von ca. 22000 Segens- und Beschwörungsformeln in

Berlin fand in der postumen Herausgabe des Romanusbüchleins durch seine Schülerin Johanna Jänecke-Nickel (1916–1984) eine würdige Dokumentation.

Ein Überblick über die Wissenschaftsgeschichte unseres Faches kann keinen entscheidenden Abschluß finden, so lange die Volkskunde/Europäische Ethnologie weiter lebendig existiert, als Universitätsfach zunehmend an inzwischen 15 bundesdeutschen Hochschulen, – als Medienfach in der Kulturpolitik vertreten ist und als Museumsfach an allen kulturwissenschaftlichen und Landesmuseen. Gerade in diesem letzteren Bereich hat sich die Bedeutung der Europäischen Ethnologie auch als Kulturgeschichte auf sozialwissenschaftlicher Grundlage ständig verstärkt. Mit der Erkenntnis, daß die Museumsexponate als kulturelle Zeichen für gesellschaftliche Sachverhalte entschlüsselt werden können, ergeben sich neue und interessante Möglichkeiten für die museale Ausstellung: dann sagen z.B. Form und Dekoration der Möbel etwas aus über das Wohnen und familiäre Zusammenleben in den verschiedenen historischen Epochen und sozialen Schichten, – die Arbeitsgeräte über Wirtschaftsformen und Arbeitsteilung, – das Spielzeug über das Verhältnis der Gesellschaft zu ihren Kindern auf der einen – und über die Probleme der Heimarbeit auf der anderen Seite, – die Trachten und Kostüme über die Sozialisationsprozesse und schichtenspezifischen Abgrenzungen in der Geschichte, um nur einiges zu nennen. Damit kann auch optisch der große Zusammenhang zwischen Kultur und Gesellschaft verdeutlicht werden.

Den Mechanismus dieser Tradierungs-, Wandlungs- und Austauschprozesse zu untersuchen, die jeweilige Korrespondenz zwischen sozialen und kulturellen Strukturen zu bestimmen, ist also eine der Hauptaufgaben für unsere Forschung, denn sie offenbaren Weltbild und Verhaltensnormen der sozialen Gruppen; sie liefern den Schlüssel für die Erkenntnis gruppengebundenen Lebens in der Gesellschaft. Die Volkskunde/Europäische Ethnologie übernimmt dabei die Rolle, die Beziehungssysteme von sozialem und kulturellem Leben zu untersuchen und zwar in ihrem Wechselspiel in Geschichte und Gegenwart, d.h. in ihren dynamischen und dialektischen Prozessen.

Dazu bedarf es präziser Methoden, die vorbildhaft auch bei der modernen sozialwissenschaftlich orientierten Sprachwissenschaft zu suchen sind. Die Erkenntnisse und Arbeitsmethoden der strukturalistischen Linguistik wären in vieler Hinsicht auf Folkloristik und Brauchforschung (Lévi-Strauss, Pop), ja im Grunde auf alle Sachbereiche der Volkskunde anzuwenden.

Die Bauelemente der Sozialkultur ordnen sich in einem System mit genau bestimmten Stellenwerten, die den Interessendominanten innerhalb der sozialen Trägergruppen entsprechen; es können also in den Struktursystemen die verschiedensten Kulturinhalte zusammentreffen: Archaismen und Modetendenzen, Alttradiertes und Novationen. Entscheidend ist die Bedeutung, die sie für die jeweils Ausübenden besitzen. In seiner Unabhängigkeit von jedweder fixierten Form drückt sich die Souveränität und schöpferische Fähigkeit des Überlieferungsträgers aus; in ihr ist zugleich der Unterschied zur nicht veränderbaren literarischen und individualkünstlerischen Form enthalten. Die Objektivationen, mit denen es die Europäische Ethnologie zu tun hat, sind daher zum größten Teil variabel – sowohl als Produkte längerer Entwicklungsreihen wie als Ausgangspunkte neuer Varianten.

Wir haben in diesem letzten Kapitel versucht, die neuen wissenschaftlichen Bewegungen unseres Faches in groben Umrissen zu referieren. Damit sind wir lediglich an einem Punkt in der Geschichte der Europäischen Ethnologie angelangt, denn jede derartige Darstellung bedeutet nur einen Schritt auf dem wissenschaftlichen Wege. Daß die Entwicklung zügig weitergeht, hat die kaum zu bewältigende Fülle der Publikationen gezeigt, über die für die letzten 16 Jahre zu berichten war.

Literatur
(vergleichende und einführende, neuere Literatur s. auch S. X):

Abschied vom Volksleben. 1970.

Assion, Peter: Volkskunde in Baden. Versuch einer Standortbestimmung. In: Badische Heimat 64 (1984), S. 463–490.

Bausinger, Hermann: Formen der Volkspoesie. 1968.

Ders. (Hrsg.): Berufsleitfaden Volkskunde. 1980, 1983.

Bausinger, Hermann; Brückner, Wolfgang (Hrsg.): Kontinuität? Geschichtlichkeit und Dauer als volkskundliches Problem. 1969.

Bimmer, Andreas C. (Hrsg.): Europäische Ethnologie in der beruflichen Praxis. 1983.

Ders.: Volkskunde/Europäische Ethnologie an der Universität Marburg. In: Kasseler Jahrbuch. 1981, S. 55–59.

Binder, Fred: Die Brotnahrung. Auswahlbibliographie. 1973 ff.

Brückner, Wolfgang (Hrsg.): Falkensteiner Protokolle. 1971.

Brückner, Wolfgang; Beitl, Klaus (Hrsg.): Volkskunde als akademische Disziplin. Studien zur Institutionenausbildung. Wien 1983.

Dorson, Richard M.: Volksleben in Amerika. 1976.

Dow, James, Lixfeld, Hannjost: (Hrsg.): German Volkskunde 1967–1977. Bloomington 1985.

Erixon, Sigurd: European Ethnology as a social science. In: Actes du congrès international d'ethnologie régionale. Arnheim 1956, S. 56–61; Technik und Gemeinschaftsbildung im schwedischen Traditionsmilieu. Stockholm 1957.

Frazer, James: The golden bough. 12 Bände. London [3]1911–1918.

Gerndt, Helge: Vergleichende Volkskunde. In: ZfVkde 68 (1972), S. 179–195.

Gustavson, Anders (Hrsg.): Kulturmote och kulturell forandring from tysk etnologi. En antologi. Malmö 1985.

Hähnel, Joachim: Hauskundliche Bibliographie. 1972ff.

Heilfurth, Gerhard: Volkskunde jenseits der Ideologien. 1961; Volkskunde. In: Hb. d. empir. Sozialforschung, Bd. 1. [2]1967, S. 776–788; Das Bergmannslied. Wesen/Leben/Funktion. Ein Beitrag zur Erhellung von Bestand u. Wandlung der sozialkulturellen Elemente im Aufbau der industriellen Gesellschaft. 1954; gemeinsam mit Ina-Maria Greverus: Bergbau und Bergmann in der deutschsprachigen Sagenüberlieferung Mitteleuropas. 1967.

Ders.: Volkskunde. In: Hb. d. empir. Sozialforschung, Bd. 4.1974, S. 162–225.

Jacobeit, Wolfgang: Schafhaltung und Schäfer in Zentraleuropa bis zum Beginn des 20. Jhs. 1961; Zur Frage einer intensiveren internationalen Zusammenarbeit auf dem Gebiet der europäischen Agrarethnographie. In: Festschrift für Christo Vakarelski. Sofia 1963, S. 93ff.; Bäuerliche Arbeit und Wirtschaft. 1965.

Jacobeit, Wolfgang u. *Mohrmann, Ute* (Hrsg.): Kultur und Lebensweise des Proletariats. 1973.

Kramer, Dieter: Vom Nutzen und Nachteil der Volkskunde: Wem nützt Volkskunde? Mit Diskussionsbeiträgen. In: ZfVkde 66 (1970), S. 1–59.

Kramer, Karl-Sigismund: Bauern und Bürger im nachmittelalterlichen Unterfranken. 1957; Volksleben im Fürstentum Ansbach und seinen Nachbargebieten (1500–1800). 1961; Volkskunde jenseits der Philologie. In: ZfVkde 64 (1968), S. 1–29(mit Diskussionsbeiträgen).

Krohn, Kaarle: Die folkloristische Arbeitsmethode. Oslo 1926.

Künzig, Johannes: Ehe sie verklingen. Alte dt. Volksweisen vom Böhmerwald bis zur Wolga. Mit 4 Schallplatten u. 24 Bildtafeln 1958.

Lenin, Wladimir Iljitsch: Kritische Bemerkungen zur nationalen Frage. In: Lenin: Über Kultur und Kunst. 1960, S. 209ff.

Lévi-Strauss, Claude: Strukturale Anthropologie. 1967.

Malinowski, Bronislaw: Die Dynamik des Kulturwandels. 1951.

Maus, Heinz: Zur Situation der dt. Volkskunde. In: Die Umschau 1/2 (1946/47), S. 349–359.

Moser, Hans: Gedanken zur heutigen Volkskunde. Ihre Situation, ihre Problematik, ihre Aufgaben. In: Bayer. Jb. f. Vkde 1954, S. 208–234; Die Geschichte der Fasnacht im Spiegel von Archivforschungen, In: Fasnacht. Beiträge des Tübinger Arbeitskreises für Fasnachtsforschung. 1964, S. 15–41; Städtische Fasnacht des Mittelalters. In: Masken zwischen Spiel u. Ernst. 1967, S. 135–202.

Mühlmann, Wilhelm Emil, gemeinsam mit *Ernst W. Müller:* Kulturanthropologie. 1966.

Niederer, Arnold: Gemeinwerk im Wallis. Bäuerliche Gemeinschaftsarbeit in Vergangenheit und Gegenwart. (= SchrSchweizGesVk 37) Basel 1956.
Peuckert, Will-Erich, gemeinsam mit *Otto Lauffer*: Volkskunde. 1951 (insbesondere S. 82 ff.).
Pop, Mihai: Der formelhafte Charakter der Volksdichtung. In: Dt. Jb. f. Vkde 14 (1968), S. 1–15 (und die dort angegebene Literatur zum Strukturalismus).
Populus Revisus. Beiträge zur Erforschung der Gegenwart. 1966.
Röhrich, Lutz, gemeinsam mit *Rolf Brednich:* Deutsche Volkslieder. Texte und Melodien. Bd. 1: Erzählende Lieder, Bd. 2: Lieder aus dem Volksleben. 1965/67; Der Witz. Figuren – Formen – Funktionen. 1977.
Scharfe, Martin: Auf dem Wege zur Kulturgeschichtsschreibung. Notizen zum Stand der Volkskunde in deutschsprachigen Ländern. In: Blätter f. württemberg. Kirchengeschichte 77 (1977), S. 185–200.
Schmidt, Leopold: Geschichtliche Grundlagen der Gerätekultur. In: Carinthia I (1957), S. 773–802; Das dt. Volksschauspiel. Ein Handbuch. 1962; Volksglaube und Volksbrauch. Gestalten – Gebilde – Gebärde. 1966.
Schulze, Fritz Willy: Folklore. Zur Ableitung der Vorgeschichte einer Wissenschaftsbezeichnung. 1949.
Sieber, Friedrich: Die bergmännische Lebenswelt als Forschungsgegenstand der Volkskunde. In: Dt. Jb. f. Vkde 5 (1959), S. 237–242.
Spamer, Adolf (aus dem Nachlaß hrsg. v. Johanna Nickel): Romanusbüchlein. Historisch-philolog. Kommentar zu einem dt. Zauberbuch. 1958.
Steinitz, Wolfgang: Deutsche Volkslieder demokrat. Charakters aus 6 Jahrhunderten. 2 Bde. 1954/62.
Stoklund, Bjarne: Europäische Ethnologie zwischen Scylla und Charibdisl In: Ethnologia Scandinavica 1972, S. 3–14; ders. u. Holbek, Bengt: Europäische Ethnologie/Folkloristik. (= Ethnologia Bavarica 9) 1981.
Sydow, C. W. von: Selected Papers on Folklore. Copenhagen 1948.
Thurnwald, Richard: Die menschliche Gesellschaft in ihren ethno-soziologischen Grundlagen. 5 Bde. 1931–1935; Forschungsprinzipien und Umrisse meiner soziologischen Betrachtungsweise. In: Sociologus NF (1955), S. 97–104.
Tokarew, S. A.: Die nationale Politik der Sowjetunion und die Aufgaben und Erfolge der sowjetischen Ethnographie. In: Völkerforschung 1954, S. 7–22; Die Grenzen der ethnologischen Erforschung der Völker industrieller Länder. In: Ethnologia Europaea I (1967), S. 30–37.
Weber-Kellermann, Ingeborg: Erntebrauch in der ländlichen Arbeitswelt des 19. Jhs. Auf Grund der Mannhardtbefragung in Deutschland von 1865. 1965; Zehn Jahre Institut für deutsche Volkskunde. In: Festschrift der Dt. Akademie der Wiss. zu Berlin. 1956, S. 435–447; Der Volksliedbestand in einem deutsch-ungarischen Dorf. In: Jb. d. österr. Volksliedwerkes 13 (1964), S. 98–130; Probleme interethnischer Forschungen in Südosteuropa. Eine methodische Betrachtung. In: Ethnologia Europaea I (1967), S. 218–231; Mode und Tradition. Ein Beitrag zur Wesenserhellung des volkstümlichen Überlieferungsvorganges. In: Populus revisus. 1966, S. 17–27.

Weiss, Richard: Volkskunde der Schweiz. 1946; Einführung in den Atlas der schweizerischen Volkskunde. 1950.
Wiegelmann, Günter: Zur Sachforschung im bäuerlichen Bereich. Möglichkeiten und Probleme von Übersichtsbefragung und Dorfmonographie. In: ZfVkde 58 (1962), S. 99–113; Theoretische Konzepte in der Europäischen Ethnologie. In: ZfVkde 68 (1972), S. 196–212; »Materielle« und »geistige« Volkskultur. Zu den Gliederungsprinzipien der Volkskunde. In: Ethnologia Europaea 4 (1970), S. 187–193.
Wilsdorf, Helmut, gemeinsam mit *Herta Uhlrich:* Bergleute und Hüttenmänner in deutschsprachigen Untersuchungen von 1945 bis 1964. Eine montanethnograph. Bibliographie. 1966.
Wossidlo, Richard und *Gisela Schneidewind:* Herr und Knecht. Antifeudale Sagen aus Mecklenburg. 1960.
Zender, Matthias: Räume und Schichten mittelalterlicher Heiligenverehrung in ihrer Bedeutung für die Volkskunde. 1959.

Zur weiteren mündlichen Volksüberlieferung vgl. auch die folgenden Bände der »Sammlung Metzler«:
Hain, Mathilde, Rätsel. Stuttgart 1966.
Leibfried, Erwin, Fabel. Stuttgart [4]1982.
Lüthi, Max, Märchen. Stuttgart [7]1979.
Petzoldt, Leander, Bänkelsang. Stuttgart 1974.
Röhrich, Lutz, Sage. Stuttgart [2]1971.
Röhrich, Lutz/Mieder, Wolfgang, Sprichwort. Stuttgart 1977.
Rosenfeld, Helmut, Legende. Stuttgart [4]1982.
Straßner, Erich, Schwank. Stuttgart [2]1978.
Suppan, Wolfgang, Volkslied. Seine Sammlung und Erforschung. Stuttgart [2]1978.

SAMMLUNG METZLER

M 66 Leibfried *Fabel*
M 67 von See *Germanische Verskunst*
M 68 Kimpel *Der Roman der Aufklärung (1670–1774)*
M 70 Schlegel *Gespräch über die Poesie. Faksimiledruck*
M 71 Helmers *Wilhelm Raabe*
M 72 Düwel *Einführung in die Runenkunde*
M 73 Raabe *Einführung in die Quellenkunde*
M 74 Raabe/Ruppelt *Quellenrepertorium*
M 75 Hoefert *Das Drama des Naturalismus*
M 76 Mannack *Andreas Gryphius*
M 77 Straßner *Schwank*
M 78 Schier *Saga*
M 79 Weber-Kellermann/Bimmer *Einführung in die Volkskunde/ Europäische Ethnologie*
M 80 Kully *Johann Peter Hebel*
M 81 Jost *Literarischer Jugendstil*
M 82 Reichmann *Germanistische Lexikologie*
M 84 Boeschenstein *Gottfried Keller*
M 85 Boerner *Tagebuch*
M 86 Sjölin *Einführung in das Friesische*
M 87 Sandkühler *Schelling*
M 88 Opitz *Jugendschriften. Faksimiledruck*
M 90 Winkler *Stefan George*
M 92 Hein *Ferdinand Raimund*
M 93 Barth *Literarisches Weimar. 16.–20. Jh.*
M 94 Könneker *Hans Sachs*
M 95 Sommer *Christoph Martin Wieland*
M 96 van Ingen *Philipp von Zesen*
M 97 Asmuth *Daniel Casper von Lohenstein*
M 98 Schulte-Sasse *Literarische Wertung*
M 99 Weydt *H. J. Chr. von Grimmelshausen*
M 100 Denecke *Jacob Grimm und sein Bruder Wilhelm*
M 101 Grothe *Anekdote*
M 102 Fehr *Conrad Ferdinand Meyer*
M 103 Sowinski *Lehrhafte Dichtung des Mittelalters*
M 104 Heike *Phonologie*
M 106 Uecker *Germanische Heldensage*
M 107 Hoefert *Gerhart Hauptmann*
M 109 Otto *Sprachgesellschaften des 17. Jh.*
M 110 Winkler *George-Kreis*
M 111 Orendel *Der Graue Rock (Faksimileausgabe)*
M 112 Schlawe *Neudeutsche Metrik*
M 113 Bender *Bodmer/Breitinger*
M 114 Jolles *Theodor Fontane*
M 115 Foltin *Franz Werfel*
M 116 Guthke *Das deutsche bürgerliche Trauerspiel*
M 117 Nägele *J. P. Jacobsen*
M 118 Schiller *Anthologie auf das Jahr 1782 (Faksimileausgabe)*
M 119 Hoffmeister *Petrarkistische Lyrik*
M 120 Soudek *Meister Eckhart*
M 121 Hocks/Schmidt *Lit. u. polit. Zeitschriften 1789–1805*
M 122 Vinçon *Theodor Storm*
M 123 Buntz *Die deutsche Alexanderdichtung des Mittelalters*

M 124 Saas *Georg Trakl*
M 126 Klopstock *Oden und Elegien (Faksimileausgabe)*
M 127 Biesterfeld *Die literarische Utopie*
M 128 Meid *Barockroman*
M 129 King *Literarische Zeitschriften 1945–1970*
M 130 Petzoldt *Bänkelsang*
M 131 Fischer *Karl Kraus*
M 132 Stein *Epochenproblem »Vormärz« (1815–1848)*
M 133 Koch *Das deutsche Singspiel*
M 134 Christiansen *Fritz Reuter*
M 135 Kartschoke *Altdeutsche Bibeldichtung*
M 136 Koester *Hermann Hesse*
M 138 Dietz *Franz Kafka*
M 140 Groseclose/Murdoch *Ahd. poetische Denkmäler*
M 141 Franzen *Martin Heidegger*
M 142 Ketelsen *Völkisch-nationale und NS-Literatur*
M 143 Jörgensen *Johann Georg Hamann*
M 144 Schutte *Lyrik des deutschen Naturalismus (1885–1893)*
M 145 Hein *Dorfgeschichte*
M 146 Daus *Zola und der französische Naturalismus*
M 147 Daus *Das Theater des Absurden*
M 148 Grimm u. a. *Einführung in die frz. Lit.wissenschaft*
M 149 Ludwig *Arbeiterliteratur in Deutschland*
M 150 Stephan *Literarischer Jakobinismus in Deutschland*
M 151 Haymes *Das mündliche Epos*
M 152 Widhammer *Literaturtheorie des Realismus*
M 153 Schneider *A. v. Droste-Hülshoff*
M 154 Röhrich-Mieder *Sprichwort*
M 155 Tismar *Kunstmärchen*
M 156 Steiner *Georg Forster*
M 157 Aust *Literatur des Realismus*
M 158 Fähnders *Proletarisch-revolutionäre Literatur*
M 159 Knapp *Georg Büchner*
M 160 Wiegmann *Geschichte der Poetik*
M 161 Brockmeier *François Villon*
M 162 Wetzel *Romanische Novelle*
M 163 Pape *Wilhelm Busch*
M 164 Siegel *Die Reportage*
M 165 Dinse/Liptzin *Jiddische Literatur*
M 166 Köpf *Märendichtung*
M 167 Ebert *Historische Syntax d. Deutschen*
M 168 Bernstein *Literatur d. deutschen Frühhumanismus*
M 169 Leibfried/Werle *Texte z. Theorie d. Fabel*
M 170 Hoffmeister *Deutsche u. europ. Romantik*
M 171 Peter *Friedrich Schlegel*
M 172 Würffel *Das deutsche Hörspiel*
M 173 Petersen *Max Frisch*
M 174 Wilke *Zeitschriften des 18. Jahrhunderts I: Grundlegung*
M 175 Wilke *Zeitschriften des 18. Jahrhunderts II: Repertorium*
M 176 Hausmann *François Rabelais*
M 177 Schlütter/Borgmeier/Wittschier *Sonett*
M 178 Paul *August Strindberg*
M 179 Neuhaus *Günter Grass*

M 180 Barnouw *Elias Canetti*
M 181 Kröll *Gruppe 47*
M 182 Helferich *G. W. Fr. Hegel*
M 183 Schwenger *Literaturproduktion*
M 184 Naumann *Literaturtheorie u. Geschichtsphilosophie, Teil I*
M 185 Paulin *Ludwig Tieck*
M 186 Naumann *Adalbert Stifter*
M 187 Ollig *Der Neukantianismus*
M 188 Asmuth *Dramenanalyse*
M 189 Haupt *Heinrich Mann*
M 190 Zima *Textsoziologie*
M 191 Nusser *Der Kriminalroman*
M 192 Weißert *Ballade*
M 193 Wolf *Martin Luther*
M 194 Reese *Literarische Rezeption*
M 195 Schrimpf *Karl Philipp Moritz*
M 196 Knapp *Friedrich Dürrenmatt*
M 197 Schulz *Heiner Müller*
M 198 Pilz *Phraseologie*
M 199 Siegel *Sowjetische Literaturtheorie*
M 200 Freund *Die literarische Parodie*
M 201 Kaempfer *Ernst Jünger*
M 202 Bayertz *Wissenschaftstheorie u. Paradigma-Begriff*
M 203 Korte *Georg Heym*
M 204 Weissberg *Edgar Allan Poe*
M 205 Wisniewski *Dietrichepik*
M 206 Apel *Literarische Übersetzung*
M 207 Wehdeking *Alfred Andersch*
M 208 Fricke *Aphorismus*
M 209 Alexander *Das deutsche Barockdrama*
M 210 Krull *Prosa des Expressionismus*
M 211 Hansen *Thomas Mann*
M 212 Grimm *Molière*
M 213 Riley *Clemens Brentano*
M 214 Selbmann *Der deutsche Bildungsroman*
M 215 Wackwitz *Friedrich Hölderlin*
M 216 Marx *Die deutsche Kurzgeschichte*
M 217 Schutte *Einführung in die Literaturinterpretation*
M 218 Renner *Peter Handke*
M 219 Lutzeier *Linguistische Semantik*
M 220 Gmünder *Kritische Theorie*
M 221 Kretschmer *Christian Morgenstern*
M 222 Schmidt *Ernst Bloch*

J.B. METZLER